城市夜间旅游的
空间生产研究

余构雄 著

商务印书馆
The Commercial Press
创于1897

图书在版编目(CIP)数据

城市夜间旅游的空间生产研究 / 余构雄著. — 北京：
商务印书馆，2023
ISBN 978-7-100-22497-0

Ⅰ．①城… Ⅱ．①余… Ⅲ．①城市旅游－旅游业发展
－研究－中国 Ⅳ．① F592

中国国家版本馆 CIP 数据核字 (2023) 第 093248 号

城市夜间旅游的空间生产研究

余构雄 著

商 务 印 书 馆 出 版
（北京王府井大街 36 号　邮政编码 100710）
商 务 印 书 馆 发 行
艺堂印刷（天津）有限公司印刷
ISBN　978-7-100-22497-0

2023 年 12 月第 1 版　　　　开本 710×1000　1/16
2023 年 12 月第 1 次印刷　　　印张 16½
定价：95.00 元

序

在中国当代旅游研究史上，地理学者占据浓厚的一笔，空间研究一直是地理学研究的核心问题，对旅游空间的研究自然成为旅游研究的热点之一。然而，长期以来，受经典旅游地理区划研究视角的影响，对旅游空间的研究集中在旅游地空间结构，关注旅游空间要素的识别及影响因素，本质是以旅游目的地经济效应为研究导向。受当代学术思潮"空间转向"以及我国旅游业的纵深发展的影响，旅游研究同样出现了"空间转向"，对旅游空间的认识不再局限于旅游地空间结构，而是认识到旅游空间是一个蕴含各种社会关系的时空建构，是一个不断生产和再生产的社会性产物，社会关系、权力和资本推动旅游空间的生产。

本书以列斐伏尔"空间三元论"、福柯微观权力中的空间生产学说为理论基础，以广州珠江夜游为案例，探讨城市水上夜间旅游的空间生产机制。不仅有助于拓展旅游研究新视角，且为城市夜间旅游形象的塑造与营销提供有益参考。概括起来，本书具有以下特点。

1. 系统性。本书遵循从理论研究到实证研究的逻辑实证主义思路，采取"总述—分述—总述"的规范研究手法，在汲取空间生产逻辑的理论思想基础上，基于空间三元与微观权力两大视角研究游船空间和游线空间，从而解剖城市水上夜间旅游的空间生产机制。

2. 创新性。列斐伏尔的空间生产学说，将马克思的社会历史辩证法翻转为一种"空间化本体论"，从而构造了"历史性－社会性－空间性"的三元辩证法；福柯的空间生产学说，立足于微观的权力－空间视角，认为权力主要体现为一种控制与支配的关系，通过空间的生产贯彻自身的意志并形成规训的治理术。本书综合运用了列斐伏尔与福柯的空间生产学说，在一定程度上，为旅游空间生产研究提供了另一重要的理论视角。

3. 开拓性。此前，旅游空间生产研究的实证对象涉及古镇旅游空间、民族旅游空间、乡村旅游空间、社区旅游空间、节事旅游空间。本书研究的城市水上夜间旅游空间，不同于上述旅游类型的空间生产研究，在一定程度上，可视为将空间生产理论应用于"新"类型的旅游空间研究，开拓了新的实证对象。

4. 规范性。本书认识到，基于建构主义及质性研究，容易出现主观性过重及过度解读等问题，因此借助三角互证法弥补这一不足。作者运用了资料的三角互证、研究人群的三角互证、研究理论的三角互证和研究方法的三角互证，研究资料具体翔实，研究手段丰富多样，研究过程严谨规范。

是为序。

戴光全

华南理工大学

2022 年 12 月 27 日

目　录

绪　论……………………………………………………………… 1

　　一、前言………………………………………………………… 1

　　二、研究方法及检验…………………………………………… 4

第一章　城市水上夜游空间生产理论框架………………………… 10

　　一、概念体系…………………………………………………… 10

　　二、空间生产逻辑……………………………………………… 13

　　三、城市水上夜游空间生产理论分析框架…………………… 16

第二章　空间三元论视角下的游船空间生产……………………… 21

　　第一节　游船的空间实践……………………………………… 21

　　　　一、游船空间在珠江上的演绎…………………………… 21

　　　　二、游船空间在珠江上演绎的实质……………………… 31

　　第二节　游船的空间表征……………………………………… 32

　　　　一、官方宣传文本对游船空间的建构…………………… 32

　　　　二、官方命名对游船空间的建构………………………… 39

　　　　三、官方对游船空间建构的实质………………………… 47

　　第三节　游船的表征空间……………………………………… 48

　　　　一、游客视角下的游船空间属性认知…………………… 48

　　　　二、居民视角下的游船空间性质生成…………………… 49

　　　　三、使用者体验到的游船空间的实质…………………… 56

第四节 游船空间生产的三元辩证关系 …………………………… 58

一、游船空间生产三元辩证下的二元张力 ……………… 58

二、游船空间生产的三元辩证 ……………………………… 59

第三章 微观权力视角下的游船空间生产 ……………… 64

第一节 话语的语境 ………………………………………… 65

一、话语的现实实践语境 ……………………………… 65

二、话语的社会文化语境 ……………………………… 65

第二节 规训权力的生产 …………………………………… 68

第三节 工具性空间的生产 ………………………………… 69

一、空间的分割 ………………………………………… 69

二、时间的编排 ………………………………………… 71

三、话语的渗透 ………………………………………… 72

四、身体的控制 ………………………………………… 75

五、空间权力主体嫁接 ………………………………… 77

六、空间意义重新抒写 ………………………………… 78

七、空间性质改写 ……………………………………… 79

第四节 权力的反抗 ………………………………………… 80

第四章 空间三元论视角下的游线空间生产 …………… 82

第一节 游线的空间实践 …………………………………… 82

一、空间形态的历史演变 ……………………………… 83

二、空间当下主要形态 ………………………………… 97

三、游线空间形态历史演变的实质 …………………… 107

第二节 游线的空间表征 …………………………………… 109

一、游线空间表征的标志性事件 ……………………… 109

二、游线空间表征的演变：政策与规划文本 ………… 111

三、游线空间构想的实质 ……………………………… 124

第三节 游线的表征空间 …………………………………… 128

一、资料来源 ……………………………………… 128

二、理论模型构建 ………………………………… 128

三、初始验证模型构建与量表开发 ……………… 142

四、正式验证模型构建与检验 …………………… 156

五、结果分析 ……………………………………… 176

六、游线表征空间的实质 ………………………… 179

第五章 微观权力视角下的游线空间生产 …………… 181

第一节 现代性语境下的"异托邦" …………… 181

第二节 "异托邦"空间生产 …………………… 183

一、官方建构下的"异托邦"空间生产 ………… 183

二、游客建构下的"异托邦"空间生产 ………… 190

三、游线空间生产机制 …………………………… 194

四、游线空间生产反思 …………………………… 194

第六章 空间反思:城市水上夜游空间正义探索 …… 196

一、谁的空间:城市水上夜游空间为谁生产 …… 196

二、空间异化与人的异化 ………………………… 200

三、城市水上夜游空间正义探索 ………………… 202

第七章 结 论 …………………………………………… 212

一、主要结论 ……………………………………… 212

二、主要创新 ……………………………………… 216

三、研究不足与展望 ……………………………… 217

参考文献 …………………………………………………… 219

附 录 …………………………………………………… 241

后 记 …………………………………………………… 255

绪　论

一、前言

（一）城市夜间旅游空间是城市名片的重要表征

在城市夜间旅游产品中，城市水上夜游是重要代表类型，主要指一种游船旅游与游线旅游，整条游线空间（本文的游线空间主要指的是"两岸空间"，在下文部分章节中，有时会根据语境需要以"两岸空间"或"珠江两岸"出现）是由各种商业景观、建筑景观、民俗风情景观等组成，逐渐成为城市名片的重要表征。首先，透过游线上的景观，展示城市的现代气息与时髦动感。城市水上夜游的游线，往往是处于城市最繁华的地段，最典型的国外如法国巴黎的塞纳河夜游、日本大阪的水上巴士夜游、新加坡的新加坡河夜游等，国内的如上海的黄浦江夜游、广州的珠江夜游、天津的海河夜游等，水上夜游成为游客感受城市欣欣向荣的重要载体。其次，透过游线上的景观，展示城市的历史底蕴与文化传承。水上夜游作为景观的组合，其游线上的景观类型多样、交相辉映，既有体现城市五光十色的现代元素，又有浪漫怀旧的复古符号，游客可以在游线上领略传统与现代的交汇融合，有助于在视觉上形成冲击，情感上引起共鸣，增强城市对游客的吸引力。此外，透过游线上的景观，有助于城市在城市形象的竞争中脱颖而出。时至今日，在市场经济发展较为充分的中国，一方面，城市形象同质化的现象比比皆是；另一方面，城市形象的竞争尤为激烈。拥有良好的城市形象且能进行有效的传播，对城市在激烈的内外竞争中获得有利的地位有着重要的作用，水上夜游无疑是城市形象的重要传播手段。

（二）城市夜间旅游空间是城市旅游空间的重要部分

"白天看庙，晚上睡觉；下车拍照，上车睡觉"是我国旅游初级发展的表现形式，侧面反映出旅游活动的单一化与同质化。然而，一方面，随着经济的快速发展、人们收入水平提高、思想观念日益多元化、消费观念逐渐成熟化，旅游者不再满足以往这种初级旅游模式，追求旅游活动丰富化、旅游体验深度化、旅游经历个性化等是当代旅游者的诉求，迫使旅游行政管理者及旅游业经营者，在观念及行动上需要与时俱进。水上夜游空间的生产有利于摆脱初级旅游模式的困境，是拓展旅游链条、延长旅游时间、增加旅游消费的有效途径，亦是城市旅游空间的重要组成部分。另一方面，已有研究指出："一个城市的'夜生活'质量是考察这个城市的国际化程度、大众消费取向和投资发展空间的一个重要因素"[①]，而水上夜游空间的生产正是城市"夜生活"的重要体现，亦是体现社会经济开放程度和繁荣程度的大城市特征。此外，在后现代主义思潮的影响下，人们对事物的认识视角独特且多元，以往以太阳为界划定的白天、以月亮为界划定的黑夜的时间界限正在逐渐变得模糊，对夜空间及在该空间下的消费活动的认识显得尤其重要。

（三）当代学术思潮出现了空间转向

20 世纪 60 年代开始，西方思想界出现了空间转向，即基于后现代主义和新马克思学说的空间研究转向。后现代主义主要是对现代主义的批判，反对理性主义，拒绝整体性、确定性、统一性、权威、规律等，认为不存在包罗万象的、普遍适用的宏大理论，主张事件及观点皆非一成不变的，其存在是有条件和不稳定的，是在某种情况下才能产生的[②]。大卫·哈维等（Harvey，2016）在学术访谈时宣称："所谓的'空间转向'其实在很大程度上与后现代主义试图摧毁各种宏观理论的尝试是密切相关的。福柯等理论家认为，宏观理论是错误的、误人子弟的，因此人们应该更加关注微观程序，应该返回身体层面，细究规训措施，关注生命政治等等。空间概念一旦被引入社会学理论，通常就会扰乱各种元叙事，而这些叙事通常是某种历史化或者时间化的结果，或者暗合某种目的论。空间概念会破坏理论的统一性，将混乱因素引入普遍性理论框架。"[③]值得注意的是，大卫·哈维认为后现代主义者通过借用空间来攻击元理论，将空间和时间概念当作破坏宏观理论建构的武器，是一个极大的错误。新马克思学说针对

---

①　顾玉兰，余芳.灯红酒绿不是春［M］.武汉：武汉大学出版社，2008.

②　马润潮.人文主义与后现代主义之兴起及西方新区域地理学之发展［J］.地理学报，1999，54（4）：365-372.

③　大卫·哈维，周宪，何成洲，等.空间转向、空间修复与全球化进程中的中国［J］.学术研究，2016，（8）：144-148.

马克思主义在剖析资本主义主要形态时，没有直接或明确地联系空间问题的薄弱之处，在继承马克思的辩证唯物主义、历史唯物主义和对马克思主义空间思想深度解读的基础上，将空间维度植入马克思主义理论体系，以空间为主线对资本主义实践展开全景式扫描，大力推进马克思主义理论的空间化转向①，其实质是将马克思学说重新引入空间研究领域，在继承与批判交互下，逐渐发展为一种新的研究范式。空间的批判性思潮，对包括哲学、社会学、政治学、地理学等人文社会科学的影响极其巨大，甚至使研究范式出现了转变，不同学科的学者重新思考空间在社会实践中、日常生活中、理论体系中的作用，而这同时也将促使人们更加关注旅游与空间的关系。

（四）空间转向渐入旅游研究视野

从旅游业及旅游研究发展历程来看，中国的旅游研究始于1978年的改革开放之后，早期注重旅游的创汇创收，关注旅游所产生的经济效应，相应的研究以解决旅游发展过程中所产生的问题为主，应用性研究较为突出，2000年后，逐渐有一小部分学者转向旅游研究的理论建设，真正意义的理论研究始于最近几年②。而国外（特别是欧洲）早期对旅游研究的关注始于第二次世界大战之后，将旅游发展视为重建战后经济发展的重要手段，旅游意味着金钱、外汇储备、增加就业等，对旅游的研究集中于经济视角。进入20世纪70年代，国外学者逐渐认识到旅游不仅带来经济效应，还产生社会效应、环境效应、文化效应等，对旅游的研究呈现多学科视角③，而创刊于1973年11月的纯旅游国际学术刊物——《旅游研究纪事》，可视为国外进入旅游理论研究的重要标志。对比而言，中国旅游发展与旅游研究与国外旅游发展与旅游研究有较为明显的一致性，早期均视旅游为经济现象，注重经济效应研究，后期逐步呈现多学科视角对旅游进行研究。在中国当代的旅游研究史上，地理学者占据浓厚的一笔，而空间研究一直是地理学研究的核心问题，对旅游的空间研究亦一直是旅游研究的热点问题。

---

① 张凤超.资本逻辑与空间化秩序——新马克思主义空间理论解析［J］.马克思主义研究，2010，（7）：37-45.

② Bao J G, Chen G H, Ma L. Tourism research in China: Insights from insiders［J］. Annals of Tourism Research, 2014, 45 (1): 167–181.

③ Xiao H G, Jafari J, Cloke P, et al. Annals: 40–40 Vision［J］. Annals of Tourism Research, 2013, 40 (1): 352–385.

然而，以往对旅游空间的研究主要聚焦于旅游目的地空间结构，而该研究视角起源于经典的旅游地理区划研究，关注旅游空间要素的识别及影响因素[①]，服务于旅游规划是其重要目标之一，实质仍是追求旅游目的地的经济效应，关注的是"旅游空间中的要素/因素"。受当代学术思潮空间转向以及我国旅游业的纵深发展的影响，对旅游现象的认识不再局限于以往较单一、较封闭、较静态的认识，空间转向的认识亦渐入旅游研究视野，出现了关注"旅游空间本身"而非"旅游空间中的要素"的旅游空间生产研究[②]。

我国的旅游研究是在 1978 年的改革开放之后，对旅游研究的理论建设亦是在 2000 年以后，旅游尚未成为一门真正意义的学科，长期以来，旅游研究呈现多学科、跨学科研究，从新马克思主义空间生产视角关注旅游现象、进行旅游研究，亦是最近几年才出现，相关研究成果仍较为少见，而结合城市水上夜游空间这种特殊的旅游空间进行研究的，更是少之又少。本书对城市水上夜游空间生产的研究，不仅有助于拓展旅游研究新视角，深化人们对城市水上夜游空间生产的新认识，具有一定的理论探索价值，还是对新马克思主义地理学实践场所的有效补充，能够丰富新马克思主义地理学的理论学说。

二、研究方法及检验

（一）研究方法

1. 理论演绎法

演绎法是一种运用一般理论来分析和说明特殊（或个别）对象或现象的思维方法，即从普遍到特殊，从一般到个别，从抽象到具象。本文的理论演绎法，主要指以新马克思主义理论学说的空间生产理论为理论框架，特别是针对马克思空间观、列斐伏尔空间三元论、福柯空间规训、哈维空间观中的有关空间生产的理论，通过演绎法将其运用于研究城市水上夜游空间上。

2. 实证分析法

结合理论演绎，将具体案例的广州珠江夜游空间生产从实证角度进行

---

① 杨新军，马晓龙.区域旅游：空间结构及其研究进展［J］.人文地理，2004，（1）：76-81.

② 郭文.旅游空间生产：理论探索与古镇实践［M］.北京：科学出版社，2015.

分析。贯穿全文的实证逻辑主要是：第一，从空间三元论视角厘清城市水上夜游空间生产机制；第二，从微观权力视角厘清城市水上夜游空间生产机制；第三，多主体视角下的城市水上夜游空间形象建构。实证分析过程通过以下具体方法展开：

（1）观察法。采用参与式 / 半参与式的观察法，通过参与到所研究的实证对象上，系统地记录所观察到的现象。本文主要用于记录居民、旅游者、游船工作人员的行为活动。

（2）深度访谈法。采用半结构式访谈，通过与受访者一对一较长时间的访谈，力图从中获得深入且细致的信息。本文访谈对象主要有珠江两岸居民、旅游者、游船公司管理人员与工作人员、码头工作人员等。

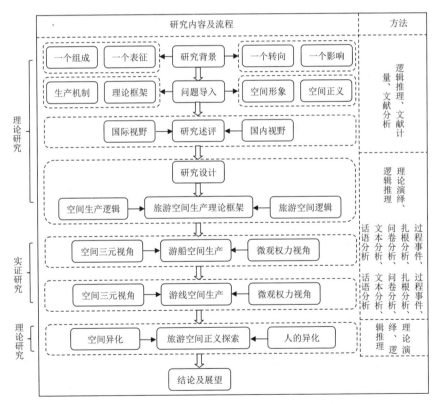

图 1　研究技术路线

资料来源：本研究整理。

（3）话语分析法。话语是沟通对象彼此之间在特定的社会语境及社会背景中，通过文本进行沟通的言语活动，需要考虑说话人、受话人、文本、沟通、语境等要素，话语体现着社会关系和权力关系。本文主要对地方志、地方年鉴、媒体报道、官方宣传文本、游客评论及上述深度访谈人员的话语进行分析。

（4）问卷调查法。通过问卷，了解被调查对象的基本信息，掌握游客视角下的城市水上夜游空间形象与空间体验。本文问卷调查对象主要是旅游者。

（5）扎根理论研究法。结合参与式/半参与式的观察法，从所访谈的原始资料中归纳出经验概括，然后上升到理论。

（6）过程－事件法。通过历史文献及半结构访谈，试图将所研究对象置于主线引导下，将有代表性事件进行提炼，从而使原本的静态结构转变为由代表性事件构成的动态过程。

（二）研究对象与资料来源

1. 研究对象

研究对象为城市水上夜游空间，以广州珠江夜游为个案研究。城市水上夜游兼有水上旅游、夜间旅游与城市旅游的特点，对比其他不同类型的旅游空间，其典型性直接体现在第二章的"城市水上夜游空间逻辑"部分。珠江夜游不仅是广州新八景之一，且所依托的地段是广州最重要的一张城市名片，将珠江夜游作为研究案例地，在城市水上夜游中具有较好的典型性。珠江流经广州的河段可分为上、下两段，具体分为西航道、前航道、后航道和黄埔水道四个航道。其中，除前航道外，其余三个航道主要功能为交通运输，而前航道由西向东贯穿广州城区，流经北岸的荔湾区、越秀区、天河区以及南岸海珠区，范围从珠江广州水域白鹅潭地段至琶洲地段，该地段属于珠江在广州的城区段，河道全长 23.24 千米，主要功能兼具旅游与旅客运输，白天以旅客运输为主，晚上（主要是在 18 点 30 分至 23 点期间）开展珠江夜游活动。图 1-11 中的经典线与亚运线合并为完整的珠江夜游航线，文章的个案研究对象正是处于珠江广州城区前航道上（以下简称珠江广州城区段）的珠江夜游空间（图 1-11）。目前由广州市客轮有限公司、广东省珠江航运有限公司、广州港集团有限公司和广东珠江投资管理集团有限公司四大公司经营珠江夜游。其中，广州市客轮公司的游船最多，主要通过旗下的广州之星游轮有限公司经营珠江夜游。广东省珠江航运有限公司通过旗下的广州蓝海豚游船有限公司经营珠江夜游，其所依托的广州蓝海豚旅运有限公司是一家上市公司，亦是经营珠江夜游的唯一一家上市公司。广州港集团游船有限公司和广东珠江投资控股有限公司经营珠江夜游的历史较短且游船均较少，如广东珠江投资控股有限公司在2016年才开始经营珠江夜游，仅有"珠江红船号"一艘游船。笔者通过熟人引荐，先后到广州蓝海豚游船有限公司和广州之星游轮有限公司进行内部调研，所直接调研的游船公司对珠江夜游的经营具有较好的代表性与较强的影响力。关于珠江夜游和游船公司的具体介绍将在后文各章节展开。

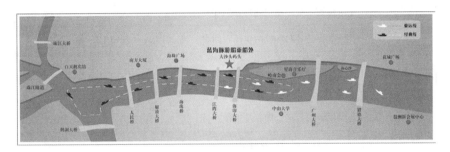

图 2　珠江夜游空间

资料来源：广州蓝海豚游船有限公司。

2. 资料来源及处理

2016年7月至2019年12月，笔者曾过百次前往广州天字码头、大沙头码头、海心沙码头、广州塔码头、沿江两岸、猎德大桥等地对游船空间和游线空间进行实地考察和实地调研。实地考察和调研以两种方式进入，第一种是前期（2016年7月—2017年8月）由笔者自行购票，以游客的身份对游船和游线空间进行考察与调研，第二种是后期（2017年8月—2019年12月）由熟人介绍到广州蓝海豚游船有限公司和广州之星游轮有限公司进行调研。实地考察和调研的主要任务为：①现场收集珠江夜游的官方宣传文本和游船的官方宣传文本；②非参与观察和参与观察了解居民及游客对珠江夜游的感受；③记录游客之间的对话、游船工作人员之间的对话、游船工作人员与游客之间的对话等；④半结构访谈居民、游客及游船公司管理人员；⑤对游客进行问卷调查；⑥现场拍摄珠江夜游的有关相片；⑦现场录制游船上的活动。此外，通过其他方式收集二手资料，如地方志、地方年鉴，收集记载珠江夜游及游船相关历史资料；收集针对珠江夜游及游船的新闻报道；收集广州政府门户网站对珠江夜游的介绍及所介绍各个景点的历史记载；收集大众点评网、携程旅行网和驴妈妈旅游网中游客对珠江夜游的评论；收集珠江夜游的导游词；收集珠江两岸的系列规划文本等。

表 1　资料收集概况

资料形式	资料概况	获取时间	获取方式
宣传文本	游船官方宣传文本 24 份	2016.10—2016.11	实地＋互联网
调查问卷	158 份游客对游船空间形象感知问卷	2017.5	实地
	935 份游客对珠江两岸体验问卷	2017.11—2017.12	实地
访谈文本	29 位居民访谈	2017.7	实地
	35 名游客访谈	2016.11、2017.1	实地
	8 位游船公司管理者及工作人员	2017.10	实地
照片文本	300 多张游船及两岸照片	长期	实地
新闻报刊	300 多篇游船与珠江夜游有关新闻报刊	长期	互联网
规划文本	20 多份珠江两岸和广州城市规划文本	2017.9	实地＋互联网
地方志及年鉴	10 多本地方志及地方年鉴	2016.12	实地＋互联网
评论文本	2486 条游客对珠江夜游评论文本	2017.10	互联网
其他文本	1 份游时排列表、2 份游船座位表、3 份游船表演活动、5 份导游词文本等	长期	实地＋互联网

资料来源：本研究整理。

　　资料的处理主要借助 Citespace、ROST CM、NetDraw、Nvivo、SPSS、AMOS、Excel 等软件，其中，Citespace 用于对文献资料的梳理，ROST CM 对质性文本材料进行分词，NetDraw 将质性文本材料生成社会语义网络图，Nvivo 对质性文本材料进行编码及生成模型图等，SPSS 用于调查问卷的描述性统计分析、探索性因子分析等，AMOS 用于调查问卷的验证性因子分析、信效度检验分析、结构方程模型检验等，Excel 用于资料的描述性统计分析及图表制作。具体研究资料的收集与处理过程将在后文各章节展开。

（三）研究的检验

本文遵循建构主义研究范式，采用质性研究与量化研究相结合的混合研究方法，以质性研究方法为主。鉴于基于建构主义及质性研究所容易出现的主观性过重及过度解读等问题，本文注重通过三角测量法亦称三角互证法（triangulation）弥补其不足。陈向明（2000）认为质性研究应着重关注研究的效度而非信度，效度可通过内部效度和外部效度来探讨，重点解决的是内部效度而非外部效度①。在质性研究中，三角互证能够有效地提高研究效度，被用来表示采用不同的测量方法来测量同一研究对象，以检验测量工具的效度②。登青（Denzin，1978）指出，在同一项研究中，结合使用不同的经验材料、不同的观察者、不同的观察指导和不同的研究方法，应该被理解为一种增加研究之严谨性、规范性、丰富性、广度和深度的策略，三角互证法有四种不同的形式，包括研究资料的多元结合、研究者的多元结合、研究理论的多元结合和研究方法的多元结合③。本文的研究首先采用资料三角互证法，采取不同的资料来源，相互支撑和印证，如网络文本、地方史志、官方正史、报纸期刊资料、观察资料和访谈资料等的多重结合，由此增强资料间相互的效度检验。其次，研究者的三角互证法，在研究过程中，对游船公司的官方宣传文本、居民和游客访谈文本、游客评论文本的编码和饱和度验证等，对游客调查问卷的制作及修订等都是经过多位研究人员讨论的方式进行的，尽可能减少个人的主观性，提高研究的科学性与规范性。再次，对游船空间和游线空间的研究，分别使用列斐伏尔的空间三元论与福柯的微观权力学说进行探讨，一定程度上是研究理论的三角互证法，有助于从不同理论视角，深化对研究对象的认识。最后，研究方法的三角互证，如对游线表征空间的研究中，采集游客评论，通过扎根理论研究方法构建 L–U–S 游线空间体验理论模型，进而以验证性因子分析方法和结构方程模型方法予以验证。

---

①　陈向明.质的研究方法与社会科学研究［M］北京：教育科学出版社，2000：388–423.

②　孙进.作为质的研究与量的研究相结合的"三角测量法"［J］.教育学研究，2006，（10）：122–128.

③　Denzin N K. The research act a theoretical introduction to sociological methods［J］. Teaching Sociology, 1978, 17 (4): 271–293.

第一章 城市水上夜游空间生产理论框架

一、概念体系

（一）水上旅游

　　俞宗丽（2008）指出："水上旅游，比涉水旅游范围要小，比滨水旅游范围要大，它是以水文化为主线，以运用水上交通工具和水上活动为主、水陆互动为辅的旅游产品，可以概括为'二动、三游、四水'。二动，从水的性质来看，指水上旅游具有流动性和活动性特点；三游，从参与水上旅游的交通工具来看，指游船、游轮和游艇；四水，从水的空间形态来看，指江、河、湖、海。"[①] 张睿（2012）认为："水上旅游是以景观水系为核心，以岸上资源为补充，以游船、游艇、邮轮为工具，水陆互动而开展的一项旅游活动。"[②] 上述两个定义均有一定的代表性，且概括性较强，然而从定义的具体指涉来看，首先，主要是对水上旅游的依托、特点及背景的概括，如所概括的"二动、三游、四水"均主要是这方面的体现，而对核心内容的指向不明晰；其次，将水文化视为主线，太过于突出水在水上旅游的核心地位，使得水及由此所形成的水文化成为水上旅游的独特卖点与看点，较适合水体较奇特、水质质量较高、水文化较丰富的水上旅游，而对于水上旅游中占据较大份额的、主要以游览城市的现代气息与时髦动感的城市水上旅游，水及由此所形成的水文化并非其主线，而仅是载体及依托；最后，仅将游船、游轮和游艇当作水上旅游的交通工具，忽略了其自身的旅游属性。鲍捷和陆林（2017）分别从旅游主体（对应于利用形式与程度）

---

　　① 俞宗丽.长三角水上旅游合作模式研究［D］.上海：华东师范大学，2008.
　　② 张睿.长三角水上旅游整合研究［D］.上海：华东师范大学，2012.

及河流客体（对应于人工干预程度）视角出发，对河流旅游的内涵进行探讨，构建了完全亲近－部分亲近－部分疏离－完全疏离4个维度、无干预－弱干预－强干预－完全干预4个维度的连续概念①。综合上述水上旅游与河流旅游的代表性定义，本文认为，水上旅游是指特定地域范围内，以水及各类船舶为载体，以游线空间的自然生态、城市风光、人文历史、民俗文化、水体奇观、船舶休闲、节事风情等为旅游吸引物，开展水上活动、观光游览、休闲度假、娱乐放松等游憩活动。

（二）夜间旅游

从词的属性对应上来看，夜间旅游相对的是日间旅游，现有文献对日游与夜游的界定主要有两种方式，从时间的角度和以旅游者某种标志性活动为划分依据。前者较有代表性的如文彤（2007）指出，夜间旅游是指活动时间主要在夜晚的旅游形式，通常来说集中于从傍晚到深夜约5个小时的时段内②；曹新向（2008）认为夜间旅游一般指游客在晚上19点到24点的旅游活动③。后者如岳超（2014）以晚餐和就寝作为划分界限，指出夜间旅游是游客从开始晚餐到就寝之间的时段内，所进行的各类旅游和休闲活动④。上述夜游概念中，以时间为界定方式，特别是具体的时间点为划定依据，显然有其局限性，过于依赖客体即时间的自然规律，显得呆板与非辩证，而后现代视角下，往往不再以太阳为界划定白天、以月亮为界划定黑夜，时间界限逐渐变得模糊。以游客晚餐和就寝为界定方式，又过于突出主体即人的行为规律，而主体的行为模式往往具有多变性及不确定性，此外，晚餐与就寝这两种行为均为人的一般生理行为，将满足于正常生存生理需要的行为视为划分依据，使得概念的界定较为宽泛，概念的信息量丢失较大。因此，本文认为，夜游是游客在特定地域，特定季节中，从当地居民日间工作时间（节假日亦与工作日对应）结束后，游客心里所感知的进入夜间直至回到所居地休息期间所开展的相关旅游活动。

① 鲍捷，陆林.河流旅游：缘起、内涵及其研究体系——一个本体论的诠释［J］.地理科学，2017，37（7）：1069–1079.

② 文彤.城市夜间旅游产品研究［J］.城市问题，2007，（8）：42–45.

③ 曹新向.我国城市夜间旅游的开发——以开封市为例［J］.商业研究，2008（11）：213–216.

④ 岳超.基于多视角的曲阜夜间旅游开发研究［D］.济宁：曲阜师范大学，2014.

（三）城市旅游

城市既包括了历史文化小城，也包括了工业化、商业化的大城市①。都市是个现代概念，它是从城市（city）扩展到都市（urban），再从都市提升到大都市（metropolis）的过程②，国内较早由宋家增（1996）定义都市旅游，认为都市旅游是以都市风貌、风光、风物、风情为特色的旅游③。此后，张毓峰、张梦和胡雯（2009）指出，都市旅游是大城市发展到成熟和高层次阶段的产物，是依托都市的经济、文化、政治、交通和信息等区域中心地位，利用都市中存在的自然和人文旅游资源、个性化整体形象、发达的服务接待设施等多样化因素，吸引人们在都市地域范围内进行的各种旅游活动④。因此，城市旅游有异于城镇旅游及乡村旅游，而城市水上旅游也有别于城镇或乡村水上旅游。

（四）城市水上夜游

水上旅游按游览距离的远近程度，可以分为远程长时旅游和近程短时旅游，远程长时旅游主要指邮船/邮轮旅游，多为远洋型和沿海型休闲度假旅游；近程短时旅游主要指游船/游轮旅游，多为江河湖型观光旅游。城市水上夜游是近程短时的江河湖型游船观光旅游，指在特定地域范围内，主要以游线空间的城市风光、人文历史、船舶休闲等为旅游吸引物，依托游船夜间较为固定的航线航时，开展观光游览、娱乐放松等游憩活动。城市水上夜游与城镇水上夜游和乡村水上夜游的主要区别体现在游线空间上，后两者游线空间主要以自然生态、民俗文化、水体奇观、节事风情等为旅游吸引物，前者游线空间往往是处于城市最繁华的地段，以感受及领略城市的现代性景观为主。

① 古诗韵，保继刚.城市旅游研究进展［J］.旅游学刊，1999，（2）：15-20，78.
② 刘住，樊小兰.都市旅游研究：多维透视与发展模式［J］.旅游学刊，2008，23，（1）：26-29.
③ 宋家增.发展都市旅游之我见［J］.旅游学刊，1996，（3）：23-25.
④ 张毓峰，张梦，胡雯.都市旅游可持续发展：一个理论分析框架［J］.财经科学，2009，（2）：116-124.

二、空间生产逻辑

（一）空间生产的权力逻辑

1. 权力逻辑内在洞察——权力空间化

列斐伏尔认为权力到处都是，它无所不在，充满整个存在，遍布于空间，将权力视为维护依附与剥削关系的权力[①]，每个成员都是恐怖分子，因为他们都想掌握权力，这个体系，掌握着每个相互孤立的成员，让他们服从于整体，即服从于一种策略，一种暗藏的目的，一种无人知晓的，也无人质问的，但都处于权力之中的人们的目标[②]。列斐伏尔这一认识是基于自身的经历及所生存的时代，主要是对资本主义社会空间不平衡发展的认识。然而无论是维护依附还是剥削关系，最终均指向维护权力拥有方的利益、实现权力拥有方的诉求，空间不由自主地被纳入权力的视野下。福柯则将权力关系视为是推动历史和转化（客体化）主体的宰制性力量[③]，空间就是关于权力话语和知识话语转化为具体权力关系的地方[④]。其经典性著作如《疯癫与文明：理性时代的疯癫史》《临床医学的诞生》《规训与惩罚：现代监狱的诞生》等，均深刻地勾勒出权力如何借助空间实现其对社会的某种监管、控制及对其管辖范围进行更好的治理。空间生产的权力逻辑可以解读为：首先，空间是由权力主体所创造的，不同性质的权力主体，会产生相应的权力模式，如政治权力、经济权力、文化权力、社会权力等，离开了权力主体，空间就无法生产。其次，权力主体行使权力需要通过空间来实现，这时空间成为一种工具，成为权力关系藉以发挥作用的场所、容器和手段，就像其他商品一样，空间最终走向"生产"。权力应该首先被看作是"一种生产性的实践或者说生产性网络"[⑤]，"权力的成功运行需要诸多'媒介'的参与配合"[⑥]，实践、网络及媒介均主要指在空间中运行或实现。最后，主体的意识形态通过权力导入到空间中，使得空间充满着空间性，

---

① 爱德华·索亚.第三空间——去往洛杉矶和其他真实和想象地方的旅程［M］.陆扬，等译.上海：上海教育出版社，2005：38–39.

② 刘怀玉.现代性的平庸与神奇：列斐伏尔日常生活批判哲学的文本学解读［M］.北京：中央编译出版社，2006：324–325.

③ 林淑芬.傅科论权力与主体［J］.人文及社会科学集刊，2004，16（1）：117–150.

④ 爱德华·索亚.第三空间——去往洛杉矶和其他真实和想象地方的旅程［M］.陆扬，等译.上海：上海教育出版社，2005：294.

⑤ 谢立中.现代性、后现代性社会理论［M］.北京：北京大学出版社，2004：163.

⑥ 赫伯特·阿特休尔.权力的媒介［M］.黄煜，裘伯康，译.北京：华夏出版社，1989：6.

实现空间关系的生产与再生产。

2. 权力逻辑外在表现——文本空间化

权力对空间生产的作用主要通过文本空间化来实现,文本体现在政治制度和行政规划上,这两者是政治主体将空间构想为一个概念化的空间想象,是政治精英通过文本的形式将意图、理念、理想注入空间中,是一个空间的表征。殷洁和罗小龙(2012)认为全球化时期的生产方式从根本上决定了权力是城市空间产生和演化的主要动力之一,权力主要作用于抽象的、政治—制度空间的生产[①]。在人类文明史进程中,伴随着“自然空间”不断被改造与开发,在“自然空间”上强制性地生产出新的空间,如商业空间、住宅空间、旅游空间等,这些新空间的生产,形成一种政治策略,体现在权力作用于政治制度及行政规划空间的生产。正如列斐伏尔(1977)指出:“自然环境被政治化了,因为它构成了各种有意无意之政治策略的一部分。国家公司的位置,等等,已经是一种策略,虽然只是一个小的策略或者战术。”[②]

(二)空间生产的资本逻辑

1. 资本空间化

马克思认为,追逐最大限度的利润是资本的本性,显然,资本的本性是增殖与逐利。资本空间化表现在生产、交换及消费环节。生产环节:资本需要在生产中实现增殖,而扩大再生产则可以尽可能地实现最大限度的增殖,物质资料的生产需要一定的空间,在空间中实现,显然,要实现扩大再生产,首先要将生产的空间扩大,表现为资本扩大空间的规模来生产更多的产品,这是资本空间化最直接的表现。其次,资本要获得最大限度的利润,需要生产效率的提高,高新技术的使用、劳动者劳动技能及知识素养的提升等能有效提高生产效率。然而,不可忽视的是,空间规模的扩大也是提高生产效率的重要手段,简言之,通过空间来换取时间,把一件产品的生产环节进行细分,在更大的空间通过具体的分工同时进行生产,进而提高生产效率,这是资本空间化在生产环节的另一表现。交换及消费环节:马克思指出,“不断扩大产品销路的需要,驱使资产阶级奔走于全球

---

① 殷洁,罗小龙.资本、权力与空间:“空间的生产”解析[J].人文地理,2012,27(2):12-16.

② 包亚明.现代性与空间的生产[M].上海:上海教育出版社,2003:67.

各地。它必须到处落户，到处开发，到处建立联系。"①这是因为资本的增殖起源于生产，最终需要在交换及消费中获取其利润，使得资本诉求于空间的扩张。

2. 空间资本化

在资本空间化阶段中，资本增殖主要着眼于物质资料的生产，将空间当成生产的工具，即资本推动空间中的事物生产。而随着资本在空间中的不断扩张，一方面，生产出越来越多的物质产品，而人类对物质产品的需求是有限的；另一方面，空间的存在首先是客观的，对空间规模的扩张不可能无穷无尽，而且资本对空间的扩张是建立在能生产出利润的空间上。资本逐利的本性无法持续发展，迫使资本重新认识生产的本质，重新评估利润来源的可能性。逐渐从把具体物质资料生产视为获取利润的主要途径，转向生产物质资料的工具即空间本身亦能创造价值；从把空间当成资本存在的条件，转向空间直接成为资本存在的具体形式；从把空间当成事物生产的容器，转向为空间本身就是产品。从而深刻认识到资本可持续发展的突破口是空间，从对具体物品的消费，转向对空间的消费，从关注具体物品的使用价值，转向关注物品在空间中的价值及空间本身的价值，一切空间要素都处于资本生产中，空间生产本身亦成为资本生产，空间被资本化了。

3. 资本三次循环

哈维深受马克思资本生产理论及列斐伏尔空间生产的影响，提出了资本三次循环（三个回路），资本第一次循环是资本向一般生产资料和消费资料的生产性投入；资本第二次循环是资本向城市的投入，包括生产性和消费性物质环境的投入；资本第三次循环是资本向社会性花费（教育、卫生、福利等方面）的投入，为提高劳动力素质进而提高劳动生产率获取剩余价值②。资本三次循环是一个资本空间化向空间资本化转变的过程，资本在第一次循环主要是资本空间化的体现，进入第二次循环开启了空间资本化的进程，到了第三次循环使得空间生产在资本生产中逐渐处于中心地位。

（三）空间生产的市场逻辑

资本的逐利本性确保其不会将触角伸向无利可图的空间，资本始终

---

① 中央编译局. 马克思恩格斯选集（第2卷）[M].北京：人民出版社，1995：276.
② 杨宇振. 资本空间化：资本积累、城镇化与空间生产[M].南京：东南大学出版社，2016：13.

对市场拥有灵敏的触觉。正如规训不会浪费在那些不会产生回报的人身上——如国家对待麻风病人和控制瘟疫会采取不同的空间政策（对没有生产力的实行禁闭，对可能受感染的人群进行区分和隔离）、军队不会对逃兵进行规训、学校也不对智障儿童进行指导[①]。空间必须按照主导的市场需求进行生产，需求者的爱好与习惯很大程度上决定了空间生产的策略及成为其生产成功与否的衡量标准，引导空间的生产与再生产。

（四）空间生产的事件逻辑

事件（Event）特别是重大事件与权力和资本的关系紧密，往往能够助推空间的生产，扮演着助推器与催化剂的效用。保继刚和李郇（2012）回顾了 1980 年以来我国城市的大型事件与投资，发现城市政府总是热衷于举办各种大型运动会、博览会等大型事件，认为重大事件不过是城市政府突破各种约束获得更多发展资源，达到政治目标的"借口"[②]。史密斯（Smith，2014）对 2012 年伦敦奥运会和残奥会的马术比赛场地的格林威治公园研究表明，公园作为奥运会比赛场地，仅是一个开始，一个奥运会（重大事件）充当空间性质转变的最好的"借口"[③]。从这个角度来看，事件的价值及意义已远远超越了举办事件的内容本身，一方面，事件成为权力主体方施行相关权力、达到自身利益的"借口"，另一方面，事件往往是空间进行生产的"借口"。

三、城市水上夜游空间生产理论分析框架

（一）城市水上夜游空间逻辑

城市水上夜游空间是一种特殊的旅游空间，有别于其他的旅游空间，如古镇旅游空间、民族旅游空间、乡村旅游空间、社区旅游空间、节事旅游空间、历史街区旅游空间等，其特殊性突出表现在：第一，城市水上夜游空间主要是一个由游线所决定的单质与异质辩证统一的空间。单质空间指在特定地域（水上）特定时间（航时上）内本身是一个旅游空间，此地

---

① 王丰龙，刘云刚.空间生产再考：从哈维到福柯 [J].地理科学，2013，33（11）：1293–1301.

② 保继刚，李郇."借口"：中国城市资本高度集聚的政治经济学分析框架 [J].人文地理，2012，27（4）：1–8.

③ Smith A. "Borrowing" public space to stage major events: The Greenwich park controversy [J]. Urban Studies, 2014, 51 (2): 247–263.

此时旅游是这个整体空间的本质属性；异质空间指整体空间是由多个主体功能或性质不同的空间所构成，这些空间的首要功能或性质往往并非旅游，有的是居住空间，有的是商业空间，有的是娱乐空间，多数并非纯粹意义上的旅游空间，这些异质空间只有在特定时空范围内才形成单质的空间，即旅游空间，是一个纯粹空间中的不纯粹空间。第二，对于旅游者而言，城市水上夜游空间是一个"缺席的在场"。游客并没有直接进入到游线空间中，游客的旅游活动是远距离地体验游线空间，其旅游活动亦不直接对游线空间产生实质影响，从这个角度看，游客在游线空间中是"缺席"的；但游客又是"在场"的，其所获得的真实旅游体验只存在于此时此刻此景。第三，城市水上夜游空间是一个动态、流动的旅游空间。游客的整个游览过程起始于游船亦结束于游船，游船具有双重性，一方面，游船空间是一个具有"船舶休闲"功能的旅游空间；另一方面，游船是一种交通工具，游客是通过乘坐游船对游线空间进行旅游体验，游船具有一定的速度，这种速度与游客步行游览的速度不同，使得游线空间成为一个动态、流动的视觉景观空间。

城市水上夜游空间作为一种特殊旅游空间，其空间逻辑可总结为：空间转换。首先，场景转换，原本的居住、商业、文化等空间转换成旅游空间；由"世俗"转向"神圣"。其次，行为转换，传统船转换成游船，游客搭船到旅游目的地实现旅游体验转换成游客搭游船游览旅游目的地，传统的以脚步行旅游转换成游船行驶旅游。再次，动静转换，游线空间上建筑物的静态转换成游船空间上建筑物的动态。最后，离合转换，一般真正的旅游意义是游客与交通工具的分离，即游客下了交通工具到旅游目的地，转换成乘坐交通工具的过程就是在旅游的过程，旅游是在交通工具上实现的，两者融合在一起。在城市水上夜游空间视角下，其空间自身的性质、空间中的行为、空间中的关系等均实现了转换，这有别于其他类型的旅游空间。综上，鉴于城市水上夜游空间的特殊性，结合研究案例地即珠江夜游空间的实际情况，本文在珠江夜游整体旅游空间的视角下，将整体旅游空间分为游船空间和游线空间两类旅游空间，单独研究游船空间和游线空间的空间生产过程，最后从整体性视角进一步审视城市水上旅游空间。需要说明的是，严格意义来讲，珠江夜游空间除游船空间和游线空间外，还有水面空间，本文并未研究水面空间，即未将其当成重要的旅游吸引物，主要是基于以下几方面的现实考虑：首先，珠江广州城区段上的水面并不

壮观，平均宽度仅有 264 米；其次，水体水质并不清澈，干旱季节时，在
游船上还能闻到异味；此外，夜晚上的水面是一片漆黑。

（二）空间三元论下的分析框架

　　从"空间转向"谱系来看，后现代空间论的起始点通常被追溯到福柯
以及列斐伏尔对社会空间的批判性阐述[①]；从人文地理学对空间研究的演进
来看，"空间转向"两个理论源泉为列斐伏尔的空间生产理论和福柯的权
力空间理论[②③]。在列斐伏尔看来，空间实质上就是一种社会性的产品，（社
会）空间是（社会）产物[④]。在本体论上，将马克思的社会历史辩证法翻转
为一种"空间化本体论"[⑤]，从而构造了"历史性－社会性－空间性"的三
元辩证法。在认识论上，将社会空间理解为：空间实践－感知的空间，空
间的表征－构想的空间，表征的空间－生活的空间[⑥] 的三位一体。以空间
三元论作为游船空间生产和游线空间生产的理论解释框架。其中，空间实
践重视游船空间和游线空间的物理性与物质形态，该空间是一个能被人们
感官捕捉的感知空间，具有可视性，主要探讨游船空间形态、空间功能、
空间属性的变化，着力突出与其相应历史阶段在社会经济、城市发展、社
会文化、社会管制等社会关系上的关联，阐述游船空间在珠江上的演绎。
将游线空间放在珠江与广州各个时期历史演变中进行考察，刻画其演变的
特性甚至规律，在此基础上，勾勒出游线空间当下的主要形态。空间表征
重视权力主体对游船空间和游线空间的建构性，该空间与知识、符号、编
码相关，是权力主体所主导与构想并占统治的空间，重点研究游船空间的
整体形象建构与外在形象建构，剖析权力主体如何将其主体意识通过游船
空间予以表征，以实现对该空间的生产与管控。游线空间对应的是珠江广
州城区段的两岸空间，政府部门所出台的规划文本是对所规划空间最重要
的构想，通过政府部门对珠江两岸的系列构想，呈现出对该空间的表征，

---

①　冯雷 . 理解空间：现代空间观念的批判与重构［M］，北京：中央编译出版社，2008.
②　叶超，谢瑜莺 . 权力的空间意象——《癌症楼》的新文化地理解读［J］. 地理科学，2015，35（12）：1585-1590.
③　郑震 . 空间：一个社会学的概念［J］. 社会学研究，2010，25（5）：167-191.
④　Lefebvre H. The production of space［M］. trans. Donald Nicholson-Smith. Oxford: Blackwell, 1991: 26.
⑤　刘怀玉 . 现代性的平庸与神奇：列斐伏尔日常生活批判哲学的文本学解读［M］. 北京：中央编译出版社，2006：399.
⑥　Lefebvre H. The production of space［M］. trans. Donald Nicholson -Smith. Oxford: Blackwell, 1991: 38-39.

以及由此所衍生的权力与资本的关系。表征空间重视使用者对游船空间和
游线空间的体验，在空间三元中最具丰富意义及能动作用，主要探究游船
空间内在体验使用者的游客，游船空间外在体验及所行驶游线空间使用者
的附近居民，描绘基于不同使用主体视角下的游船空间属性。立足于游线
空间的特点，力图建构游客对游线空间体验的理论模型，进一步通过验证
模型予以检验与深化。最后，从总体性视角探讨空间三元的内在联系与相
关关系。

（三）微观权力下的分析框架

　　权力是政治哲学视阈下研究的核心对象，托马斯·霍布斯、马克
斯·韦伯、安东尼奥·葛兰西、伯特兰·罗素等知名学者均有经典代表作
论述。这些权力理论往往被视为传统权力理论，注重从宏观视角解剖权力，
指涉国家权力或政府权力，聚焦权力掌权者是谁，又对谁实施了权力，即
侧重于权力的施行者和权力的承受者。福柯独辟蹊径，认为对权力施行者
和承受者的研究不应是权力研究的核心问题，核心问题应是权力的运行机
制如何，是怎样对人的身体、生命以及生活方式进行规训、改造的计谋、
策略或者机制，通过系谱学方法建立了微观权力学说。福柯并没有对权力
进行明确定义，而是致力于从不同视角和层面来阐释权力，包括"开辟了
从空间入手揭示权力机制及其后果的视角"[1]，将空间视为"一种生产话语
进行考查，强调空间的社会性内涵"[2]，将权力看作"一种生产性的实践或
者说生产性网络"[3]，认为权力不会浪费在那些不会产生回报的人身上[4]，正
如资本的逐利本性确保其不会将触角伸向无利可图的空间，空间是资本
运作的空间也是权力施行的空间，空间里弥漫着各种意图。福柯将主权
（sovereignty）、规训（discipline）、治理（government）或安全（security）
视为三种主要权力关系类型[5]。其中，空间规训思想集中体现在《规训与惩

---

　　① 胡大平.测绘现代性权力的基础——福柯空间分析视角及其对激进社会理论的贡献［J］.
学海，2012，（5）：163-170.

　　② 王雪晔，王玉玮.草根明星的空间展演分析——基于列斐伏尔和福柯"空间思想"的思考
［J］.新闻界，2016，（16）：10-15.

　　③ 谢立中.现代性、后现代性社会理论［M］.北京：北京大学出版社，2004：163.

　　④ 王丰龙，刘云刚.空间生产再考：从哈维到福柯［J］.地理科学，2013，33（11）：
1293-1301.

　　⑤ Foucault M. Security, territory, population: lectures at the College de France, 1977-78［M］.
Translated by Graham Burchell.New York: Palgrave Macmillan, 2007.

罚》专著上，剖析权力主体如何借助一系列技术手段对空间的精妙设计和监视而达到社会治理的目的。本节以福柯的微观权力学说作为游船空间生产和游线空间生产的理论解释框架，尝试运用福柯在对知识－权力进行考古学分析时所采用的话语分析，由此揭示游船空间与游线空间中的权力和知识隐而不现的共生关系，剖析话语在游船空间与游线空间所生产出的规训权力，阐述权力在游船空间与游线空间的运行机制与作用机制。

第二章　空间三元论视角下的游船空间生产

　　本章以列斐伏尔空间三元论为理论框架，以珠江广州城区段上的珠江夜游游船空间为研究对象，该地段目前投入使用的游船有 20 多艘，隶属广州市客轮有限公司、广东省珠江航运有限公司、广州港集团有限公司和广东珠江投资管理集团有限公司四大公司（表 3-4）。游船多数分为三层，能容纳游客数量低至 28 客位，多则达 628 客位，以 300~500 客位居多，游时每趟普遍在 60~80 分钟。本章的研究资料主要包括：游船的官方宣传文本 24 份，游时排列表 1 份，游船座位表 2 份，游客针对游船空间形象测量的有效问卷 158 份，半结构访谈 29 位居民、9 位本地游客和外地游客、5 位游船公司高层管理者、3 位游船工作人员，编码 A 代表公司管理者，B 代表居民，C 代表游客，D 代表游船工作人员，珠江夜游及游船的新闻报道 182 篇，主要来源为《信息时报》《广州日报》《南方都市报》《南方日报》等，现场拍摄游船照片 200 多张，地方志和地方年鉴 10 多本。遵循案例研究的实证归纳逻辑，以质性研究的程序指导具体的资料分析，致力于回答游船空间在珠江广州城区段上如何演绎，权力主体如何对游船空间进行建构，建构出了什么空间，所建构的空间多大程度获得游客及居民的认同。

第一节　游船的空间实践

一、游船空间在珠江上的演绎

　　空间实践包括生产和再生产，以及形成特殊的地方和每一社会结构的空间布局，它确保空间的连续性和某种水平的凝聚力，不仅生产出物理空间，还生产出社会空间，体现了社会关系[1]。游船空间形态、空间功能、空间属性的变化，离不开其相应的社会关系，社会关系是游船空间存在的社会基础和动力机制。因此，游船空间在珠江上的演绎，与该地段的社会经济、城市发展、社会文化、社会管制等紧密关联，呈现出动态与互动的演绎。

广州自建城开始就与珠江联系密切，古时的珠江江面极为宽阔，在秦汉时期，宽约 2000 米，自明朝以后，西江和北江的江水量逐渐减少，珠江泥沙淤积明显，导致珠江北岸线南移速度加快，广州城区以南陆续淤出大片的沿江平原，通过利用珠江岸边沿江平原建筑城郭，在明朝称为"新城"，此时的新城已临近珠江。此外，在明朝时将宋朝的子城、东城和西城三城合一，并沿珠江北岸筑新南城，街道呈东西走向布局，沿线码头林立，商舶如梭，商业繁盛，人烟稠密，其中以从事海外贸易巨商富人聚居的豪畔街至为繁荣[2]。亦如明朝的何彦《总督吴公筑省外城序》称："且城之外，民稠聚，海舶鳞凑，富商异货，咸萃于斯。"[3] 明末清初的屈大均《广东新语·宫语》记载："花舫朝昏争一门。朝争花出暮花入。背城何处不朱楼。渡水几家无画楫。五月水嬉乘早潮。龙舟凤舸飞相及。素馨银串手中灯。孔雀金铺头上笠。风吹一任翠裙开。雨至不愁油壁湿。是地名濠畔街。当盛平时。香珠犀象如山。花鸟如海。番夷辐辏。日费数千万金。饮食之盛。歌舞之多。过于秦淮数倍。"[4] 到了清顺治四年（1647 年），筑东西二翼城，各长二十余丈，各为一门，向南直通河边，称为鸡翼城，大清门外是天字码头，此时的珠江沿岸一带，从天字码头至东濠口即东堤一带颇为繁华，可谓夜夜笙歌、画舫如织[5]。明末清初广州城临近珠江及沿江两岸繁荣的商业催生了珠江游船业务，游船在当时主要指"花舫""画舫"，起初为文人雅士、官宦富商以及少量大家闺秀游珠江之舫。而后"画舫"逐渐发展为召妓助兴的"花艇""花船"。到了清朝，由于广州十三行对外通商的发展和繁荣，广州城市商业格局发生重大变化，市民生活日益丰富，加

① Lefebvre H. The production of space［M］. trans. Donald Nicholson –Smith. Oxford: Blackwell, 1991: 33.

② 许桂灵.广州水文化景观及其意义［J］.热带地理，2009，29（2）：182–187.

③ 阮元.广东通志［M］.卷一百二十五，何彦.总督吴公筑省外城序.上海：上海商务印书馆，1934.

④ 屈大均.广东新语［M］.卷十七：宫语.卷十八：舟语.北京：中华书局，1997.

⑤ 周霞.广州城市形态演进［M］.北京：中国建筑工业出版社，2005.

上岭南珠江流域的特殊地理环境，造就了花船的出现和繁盛的局面①。清朝
时期的珠江边上、白鹅潭边，花艇如织，一派"烟花三月下扬州"的美景，
最具代表性的是紫洞花艇，可以说是当时水上最穷奢极侈的消费场所，艇
体威风，嵌有雕花玻璃，非常豪华，船上厨房、客厅等生活设施齐全，于
是许多广州的富贵人家相继仿造，这种船也逐渐演变成一种有钱人家的高
级水上酒舫，妓院也随之把它作为自己的活动场所②。除此之外，当时最豪
华的大舫有合昌、琼花等，里面都可以筵开十席。到了清朝后期，花船主
要指的是"珠江疍船"，依托珠江两岸商业繁荣而发展。《檐曝杂记》记
载："广州珠江疍船不下七、八千，皆以脂粉为生计，猝难禁也。疍户本
海边捕鱼为业，能入海挺枪杀巨鱼，其人例不陆处。脂粉为生者，亦以船
为家，故冒其名，实非真疍也。"③广州艳迹，以珠江为最，风月繁华，有
上中下三档之分，尤聚于谷埠，为上等，次之在引（迎）珠街，又其次在
白鹅潭④。花船沿堤排开，用板排钉相连，连环成路，行走如平地，有第一
行、第二行、第三行之列⑤。

　　从游江的画舫逐渐演变为召妓之花船，从高雅怡情之殿堂逐渐演变为
风花雪月之场所，除了与当时社会经济的发展、市民生活的丰富相关外，
还与当时的社会文化与社会管制密切相关。社会文化方面：据中国旅游史
及期刊文献的相关研究，明朝中后期开始的江南游船旅游热潮风靡大江南
北。彭勇的《中国旅游史》指出到明朝，旅游活动最为红火的当属江南地
区游船旅游⑥，现有期刊文献论及明朝旅游时，多数会介绍江南游船旅游，
其中，不少文献的研究主题直接为江南游船旅游，孟顺方（2010）对近
二十年明代旅游研究进行综述，其所引介的有关明朝旅游论文，多数涉及
江南游船旅游⑦。陈梦雷的《古今图书集成》记载："吴人好游，以有游地、
有游具、有游友也。游地则山水园亭，多于他郡；游具则名酒嘉肴、画船
箫鼓，咄嗟而办；游友所谓清客也，工为声伎，富室朱门，相引而入，花

① 张超杰.平民视野中的广州花船与社会变迁 [J].大众文艺，2016，（20）：266–267.
② 邓大情.广州与上海：近代小说中的商业都会 [D].上海：上海师范大学，2010.
③ （清）赵翼.檐曝杂记（卷四）[M].上海：中华书局，1982.
④ （清）徐珂.清稗类钞（第11册）[M].上海：中华书局，1984.
⑤ 冷东，张超杰.清代中期的广州花船 [J].史林，2013，（1）：1–7.
⑥ 彭勇.中国旅游史 [M].郑州：郑州大学出版社，2006.
⑦ 孟顺方.近二十年明代旅游研究综述 [J].西北工业大学学报（社会科学版），2010，30
（2）：87–89.

晨月夕，竞为胜会，听者为之移情。"①吴人的江南游船旅游，以秦淮河游船旅游闻名天下，彼时江南文人士子在秦淮画舫与诗妓文会征歌，与同道议论时政，秦淮画舫的风流意绪演变成兼具有政治蕴含的脂粉文化②。当时的社会风气，文人雅士及官宦富商狎妓饮酒并非道德不洁，在某种程度上还被人们视为风雅之事，所以清吴懋谦旅居阊门时，便将自己在画舫中用歌妓俏酒书之笔端③，而如果有重要客人，或外地来南京者，必招游画舫以表示敬重④。受时下社会风气、秦淮河脂粉文化及江南歌妓南下广州的影响⑤，珠江河畔逐渐形成一个"过于秦淮数倍"⑥的游乐空间。

社会管制方面：明清时期，对娼妓律令的制订及推行，均有明显的松懈。清康熙十九年（1680 年）规定："伙众开窑，诱取妇人子女，为首照光棍例斩决，为从发黑龙江等处给披甲人为奴。"⑦至嘉庆十六年（1811 年）修订《大清律》时规定，京师内外拿获"窝娼至开设软棚，日月经久之犯。除本犯照例治罪外，其租给房屋之房主，初犯杖八十，徒一月。……知情容留者，……邻保杖八十，房屋入官"⑧。"同治中兴"期间，再次修订《大清律》，删了"京师内外拿获窝娼至开设软棚日月经久之犯，照例治罪"⑨的内容，光绪三十一年（1905 年）后"抽收妓捐，月缴妓捐者为官妓，反是者则为私妓。京师官妓，已为法律所默许。康熙嘉庆问处置开设娼寮及治游娼寮重典，已不适用了"⑩，至此，清朝对娼妓律令已是名实俱亡。在广州，对娼妓的管制宽松程度尤甚尤早，清朝中期时娼妓律令已名存实亡，珠江河畔上的花船，基本上已呈放任发展态势。至民国初期，慈航氏编的《广州指南》（旅行游览必携）一书，卷四"食宿游览"中，公开对妓艇进行了介绍，指出水面妓艇有三处，一处在东堤，一处在沙面，另一处在米埠与沙面之间的河面，妓艇的数量有很多，仅仅东堤水面上的妓

①　陈梦雷.古今图书集成：职方典第六百七十六卷［M］.上海：中华书局，1934.
②　丁国祥.明季秦淮脂粉文化与复社文人精神走向［J］.学术交流，2015，（12）：209–213.
③　宋立中.论明清江南游船业的经营空间、服务方式及其变迁［J］.西南大学学报（社会科学版），2007，33（4）：50–57.
④　武舟.中国妓女文化史［M］.上海：中国出版集团东方出版中心，2006.
⑤　欧安年.旧广州娼妓问题之历史回顾［J］.岭南文史，1995，（1）：44–48.
⑥　屈大均.广东新语［M］.卷十七：宫语.卷十八：舟语.北京：中华书局，1997.
⑦　沈云龙.近代中国史料丛刊续编：91 辑［M］.台北：台湾文海出版社，1982.
⑧　王书奴.中国娼妓史［M］.北京：团结出版社，2004.
⑨　邵雍.中国近代妓女史［M］.上海：上海人民出版社，2005.
⑩　王书奴.中国娼妓史［M］.北京：团结出版社，2004.

艇就有合意、合昌、连记、日记、彭三记、牛记、才记等58个妓艇[①]。因此，如果说社会经济与城市发展是珠江画舫逐渐演变为召妓之花船的硬环境，那么社会文化与社会管制则是其演变的软环境。

无论画舫还是花船，受限于当时的造船技术及所服务客人的特点，其空间材质以木为主，空间结构、规模大小、内外装饰等与接待客人尊贵程度及消费水平相关。针对文人、官员、富商等高消费群体的花船往往船体宽大，装饰极为讲究，空间布局典雅，私密性很强，门窗有绸帘遮挡（图2-1）。如法国公使随员伊凡（Y-Van）记载[②]：

图2-1　珠江花船 [③]

资料来源："荷兰亲王收藏的珠江花船"，《深圳晚报》，2016年10月28日。

"第一种尺寸的花船，包括两层。下层，即一个地下室，或者说是首层；但是第二层并没有占满整层。你可能称它为帐篷更合适，在船的中央升起来。屋顶形成一个露台，通常摆放着桌椅。地下室分成许多小房间，装饰着相当丰富的中国画。每个房间都有一张桌子和几把椅子，有时候还有一张床。上层是男女参观者的寄存室，还有一个商店，出售各种消费品。

①　慈航氏.广州指南：卷四［M］.上海：上海新华印书局印行，1919.

②　伊凡.广州城内——法国公使随员1840年代广州见闻录［M］.张小贵，杨向艳，译.广州：广东人民出版社，2008.

③　据古船专家袁晓春先生考察，该船是一条广式花船古船模，属游船，也是妓女出没的娱乐船。

顺便提一下，这也很恰当地解释这些船的命名：坑口表示隔间和层。还有一些更小尺寸的船，例如那些称为茶蜓的，与法国的咖啡厅一样，因为它们都有一个大的公共空间和一些私人的小房间。花船是广州浮城装饰最漂亮的船。外观装饰空间奢华；入口处摆着雕刻品；侧面的部分，可以说由开放的作品组成，雕刻着唯有漂亮的中国象牙扇才能够传达出的艺术概念。船的主体是红色的、蓝色的或绿色的；所有突出的部分都仔细地镀了金。前面挂着 4 个灯笼，做工精美，挂在桅杆上。后面插着四面菱形的旗子，颜色鲜艳，在风中起舞。露台、门廊和楼梯上，装饰着巨大的中国瓷瓶，总是插着大束的花朵。"

　　1905 年，广州在珠江边修筑卡堤，下令全部花船移至海珠下游大沙头一带；1908 年，广州飓风成灾，花船背风毁坏大半，部分妓艇又迁回谷埠；1909 年，大沙头一带灯火通明、热闹非凡，十点半时，财记艇起火，火借大风，将 61 艘花艇一扫而空，烧死溺毙三四百人[①]，这就是 1909 年震惊广州朝野的"连环妓舫火劫案"。到民国初年，广州城区段的珠江花船已完全没有了昔日的繁华景象，昔日繁华的水上"浮城"已成为一个蚊虫滋生、环境恶劣的贫民窟[②]。抗日战争时期，日军用飞机对广州城狂轰滥炸，海珠桥南北地区和西濠口黄沙一带被夷为平地，广州社会经济与城市发展处于倒退阶段。1945 年抗日战争胜利后，珠江河面上出现了一种供客人住宿的客艇（寓艇），由水上船民经营。客艇分为 3 种类型：曲江艇，是抗战期间在曲江发展起来的，抗战后南迁至广州经营；沙艇，有一定的营业地点；大厅艇（四柱大厅），是一种流动性较大的客艇，并兼营客人游河业务[③]。据陈序经（1946）在《疍民的研究》一书中的记载，广州珠江河上的疍家艇以大厅艇最多，至少有 5000 艘，沙艇约 2500 艘，渡河的横水渡艇约 500~600 艇，孖舲艇有 360~400 艘[④]。1951—1965 年，共有近 5 万疍家人上岸定居，珠江上持续数百年的"万艇云集、浮宅连片"的情景从此几近消失[⑤]。

　　新中国成立后，广州上至当地政府下到普通大众，均已认识到依托珠

①　郑泽隆.1909 年：珠江大火夜烧花艇［J］.出版参考：新阅读，2009，（8）：26.
②　周霞.广州城市形态演进［M］.北京：中国建筑工业出版社，2005：136.
③　广州市地方志编纂委员会.广州市志（卷六）［M］.广州：广州出版社，1996.
④　陈经序.疍民的研究［M］.上海：商务印书馆，1946.
⑤　历时 30 年 7 万疍民"上岸"，广州日报，2014/3/18.

江花船所形成的娼妓文化对广州社会政治、经济、文化等方面的流弊性。

"解放初期珠江两岸有几千只艇,除了渔民之外,也有不少是容留妇女卖淫的花艇。为了整治这些花艇,广州市公安总队将所有的花艇集中起来管理,从 1949 年 12 月至次年 3 月,要求花艇像串烧一样排列在珠江两岸,从滨江东一直到沿江西。总队将这些花艇一一登记,并对所有人员进行排查。不过,真正宣布取缔水上妓女卖淫活动,还是在 1951 年,公安总队各分局,几乎每天出动,在东堤、长堤一带,抓到的妓女有数千名之多。广州的禁娼行动,持续了 6 年,到 1959 年,市面娼妓已经基本肃清。"①

1960 年,广州市客轮公司首创游览珠江景色的旅游航线"珠江夜游"②,采用低峰客运轮渡"兼职"游船(图 2-2),白天用来载客渡江,晚上在船舱里面摆上折叠椅和茶几,从晚上 7 时到 9 时,载着乘客夜游珠江,开始了有组织的珠江夜游活动。

图 2-2　1961 年珠江木壳船

资料来源:广州市客轮公司。

第一条线路只有两艘木船,当年负责开第一条"珠江游"游船"粤渡

---

① 广州禁娼行动:收容数千娼妓 6 年基本肃清,广州日报,2009/10/14。
② 广州市地方志编纂委员会. 广州市志(卷三)[M]. 广州:广州出版社,1995.

37"的老船长梁伟雄和当年驾驶"和平号"的老船长陈辉则见证了珠江两岸40多年的发展变化。梁伯和陈伯告诉记者，新中国成立后，市民文化生活也活跃起来，但当时的文化方式主要是陆上戏院的粤剧和话剧，而解放前活跃在珠江河上的"花艇"因其内容不健康而被取缔。为了给广州市民的文化生活开辟出一条新路，以渡江交通为主业的广州市渡轮公司（客轮公司前身）将陆上和水上的娱乐方式糅合在一起，创办了"珠江游"。在他们曾经最熟悉的珠江游船操作台上，梁伯向记者打开了话匣子：1960年7月1日"珠江夜游"开办时，用的是客运船舶作游船，一共只有两条游船，大的一条有200个客位左右叫"粤渡16"，另外一条就是他驾驶的"粤渡37"，上面也有150个客位，相对于现在的珠江游船来说也算是中型游船了。珠江游从晚上7时到9时，票价为楼上0.6元，楼下0.5元，船票包了游客的茶水费，这在当时已经算是比较高级的消费项目，但还是很受市民的欢迎，载乘客夜游珠江，满座率很高。由于"珠江夜游"取得了很好的口碑，从1963年客轮公司开办"珠江日游"。参加珠江日、夜游的游客既有广州市民，又有国内外游客，从此，广州"珠江游"便闻名海内外。①

　　1967年，广州市客轮公司从广东水泥船厂调拨过来一艘钢丝网水泥船，拉开了渡轮换代新篇章，1970年则投入运营第一艘客轮公司自主设计、总吨位达109.61、有350个客位的钢丝网水泥船"粤穗渡44船"（初命名为"自力1号"）（图2-3）。到了"文革"时期，珠江夜游被当成"资产阶级"来批判而被迫停办。1978年，广州市建委把钢壳船"交远1号"从远洋公司调拨给市客轮公司，主要用于接待外宾游览珠江，该船后来曾先后更名为"越秀""天河"，这也成为客轮公司拥有的渡江游览钢壳船②，标志着珠江夜游进入钢壳船时期。

①　城市建设日新月异　老广深感惭愧：不懂游广州，信息时报，2005/12/3。
②　14条航线、51艘船　水巴带你遇见广州，中国广州政府——旅游资讯，2017/5/8。

图 2-3　1970 年钢丝网水泥船

资料来源：广州市客轮公司。

改革开放之后，特别是 1987 年广州市客轮公司建造了双体豪华游船"珠江明珠号"（图 2-4）及随后的"翡翠号"，区别于以往的轮渡，其性质及核心功能均指向旅游，是当代真正意义的珠江游船象征，标志着珠江游船进入一个崭新的时代。20 世纪 90 年代中后期，主要为从俄罗斯进口的铝合金水翼客船（如"飞龙"系列船）及国产的玻璃增强塑料纤维（俗称玻璃钢）快速船（如"翔鸿"系列船）[①]。进入 21 世纪，随着广州经济的快速发展，珠江两岸经济带景观带的建设，人们对健康丰富多彩文化生活的追求，珠江游船进入一个蓬勃发展的时期。除广州市客轮公司外，广东省珠江航运公司、广州港集团公司和广东珠江投资控股有限公司纷纷引入豪华游船加盟珠江夜游，目前珠江广州城区段有游船 20 多艘。整体而言，游船在珠江广州城区段的空间实践演绎可总结为：明末清初的画舫—清朝中后期和民国时期的珠江疍船 / 花船—新中国成立初期的轮渡—改革开放后的游船；早期的传统木质游船—1967 年的钢丝网水泥游船—1978 年的钢壳游船—21 世纪初的现代钢化夹胶玻璃游船—现今的现代钢化玻璃融入传统木质游船。

_____

① 李劲波 . 浅谈新型"珠江游"客船的设计特点和发展趋向 [J]. 广东造船，2003，（1）：1–3.

图 2-4　1987 年"珠江明珠号"

资料来源：广州市客轮公司。

表 2-1　主要时期的珠江广州城区段代表船及空间形态

时期	主要称呼	结构	主要性质	代表船	空间主要形态
明末清初	画舫	木壳	游江、召妓	—	—
清朝—民国	花艇/花船/珠江疍船	木壳	花艇/花船：妓船代名词；珠江疍船部分是妓船，部分是渔船、渡船、居住船等	紫洞艇，如合昌艇、琼花艇等；大厅艇	紫洞艇：较高档次的普遍设有两层或两层半，如番禺沙湾镇的宝墨园里陈设仿造的"紫洞艇"，全长21米，宽6.8米，高8.7米，共分两层，第一层设有歌曲茶座，船头宽敞，可以坐立观景，船尾设有厨房；第二层是客厅，还有客房，窗明几净，摆有宫廷桌椅，雕龙刻凤的木制屏风，非常精美。大厅艇：只有一层，船上立四根柱，柱上挂起布篷遮阳平顶篷，四面通风，舱中可置几桌，游客无论从哪个方向望去，都可以饱览两岸景色
1960年始	粤轮渡	木壳	客运兼游江	粤渡16、粤渡37	一共有两层，首层空间较为宽敞，装修简朴，只提供些基本茶水，游览业务属于兼营
1967年始	粤穗渡	钢丝网水泥壳	客运兼游江	粤穗渡44	分为上下两层，下层空间较为宽敞，上层配备些座位，装修简朴，游览业务属于兼营

时期	主要称呼	结构	主要性质	代表船	空间主要形态
1978年始	粤穗渡	钢壳	客运兼游江	交远1号（"越秀""天河"）	分为上下两层，船舶整体外观呈现比较时尚的流线型，一层客舱采用全透风设计，船四周没有门窗围蔽，方便乘客观景及利用船只航行过程自然风乘凉，下雨天雨水会飘进客舱；驾室在二层甲板，方便驾驶员瞭望，从而大大提高了船只安全性能
1987年始	游船	钢壳	游江	珠江明珠号游船、翡翠号游船	分为上下两层，双体游船，船型宽阔，船身灯管环绕，设有观光露天平台，后期陆续安装了空调设备、镭射卡拉OK大厅、舞厅、吧台、备餐间、洗手间、包厢等
21世纪始	游船	钢化玻璃、传统木质	游江	南海神·广州日报号游船等、珠江红船号游船	游船普遍为两层或三层，三层居多，以中型和大型游船为主，装修精致，空间功能布局错落有致。如南海神·广州日报号共有三层，分为底舱、主甲板和观光甲板，高三层，长48米、宽12.8米，共设有150个客位，全船可容纳总客位268人，外壳为钢制船，但外形全部用木包住，拥有多间独立的贵宾舱、"海不扬波"四方祭海大牌坊、多功能厨房（可以提供茶点、水果、饮料）等设施，在船底舱专门设计了海上丝绸之路展厅和古船货舱陈列馆

资料来源：本研究整理。—表示缺少具体介绍。

二、游船空间在珠江上演绎的实质

列斐伏尔认为，一个社会的空间实践隐匿了这个社会的空间，它以一种交互辩证的方式，提出并预设了这个社会空间，它进展缓慢但明确地生产着该社会空间①。在游船空间实践中，游船空间不仅是一个由各种物质载体、材质结构、文字称呼等构成的表现对象和研究客体，更是隐匿着各个阶段珠江广州城区段的社会关系，游船所经历的从画舫、珠江花船、轮渡到游船的空间实践，从传统木质游船、钢丝网水泥游船、钢壳游船、现代钢化夹胶玻璃游船到现代钢化玻璃融入传统木质游船的空

---

① Lefebvre H. The production of space［M］. trans. Donald Nicholson –Smith. Oxford: Blackwell, 1991: 38.

间实践，正是其空间不断适应广州的城市发展、生活需求与文化变化的
结果。

第二节　游船的空间表征

一、官方宣传文本对游船空间的建构

（一）文本资料的处理

将 24 艘游船的官方宣传文本转化为文本文档格式，共 7534 字。通
过 ROST CM 6.0 进行分词，紧接着进行词频分析，过滤与研究目的关联
较小的高频特征词，如将"设有""落地""采用"等词置于高频过滤词表
highfreinvalid.txt 中；将冠词、代词、介词等无关词汇置于过滤词表 filter.txt
中；将新词或组合术语添加到自定义词表 user.txt 中。重新启动软件进行操
作，获得高频特征词，进行社会网络和语义网络分析，借助社会网络分析
软件 NetDraw，生成由高频共现词构成的网络图（图 2-5），每个节点代表
高频共现词，连线的疏密程度代表共现频率的高低，线条越密，表明共现
次数越多，共生成 53 个共现词，词频最高为 95 次，最低为 4 次，具体共
现词及词频见表 2-2。

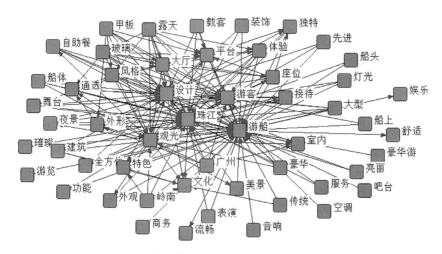

图 2-5　珠江游船官方宣传文本社会语义网络

资料来源：本研究整理。

表 2-2　珠江游船官方宣传文本共现词及词频

共现词	词频	共现词	词频	共现词	词频	共现词	词频	共现词	词频	共现词	词频
游船	95	大厅	14	甲板	11	自助餐	8	豪华游	6	船上	5
珠江	66	舞台	13	体验	11	舒适	8	船头	6	璀璨	4
观光	29	风格	13	通透	9	外形	7	音响	6	空调	4
游客	24	玻璃	12	广州	7	装饰	7	商务	6	流畅	4
设计	23	大型	11	先进	9	外观	7	全方位	6	传统	4
岭南	19	建筑	11	服务	9	载客	7	游览	5	灯光	4
接待	15	平台	11	美景	8	室内	7	吧台	5	亮丽	4
座位	15	文化	11	独特	8	夜景	7	功能	5	娱乐	4
露天	15	特色	11	豪华	8	表演	7	船体	5		

资料来源：本研究整理。

（二）游船空间形象建构

社会网络和语义网络分析所呈现的共现词，其内在原理是游船官方宣传文本中的习惯搭配关系的词对或同一词类的词对。如主人与客人、茶与咖啡等；或英国人吃早饭时习惯喝茶，所以与茶共现的词经常会有早上、早餐、黄油等[1]。从表 2-2 及图 2-5 可知，高频共现词有动词、名词和形容词，以名词和形容词为主，结合两者在网络图中连线情况，进一步回溯官方宣传文本原文，研究发现，形容词的高频共现词通常是对名词的高频共现词的解释，如"'豪华'的西式'大厅'"（"特步号"游船文本）、"两层均为'通透'的落地'玻璃'空调观光'大厅'"（"中恒集团号"游船文本）、"而首层设置了约30平方米'大型'的'舞台'"（"中恒集团号"游船文本）、"拥有落地玻璃窗及'先进'的'音响'设备"（"蓝海豚"游船文本）、"'先进'的杜比'音响'"（"工商牡丹卡号"游船文本）等。立足

---

① 郭锋，李绍滋，周昌乐，等.基于词汇吸引与排斥模型的共现词提取［J］.中文信息学报，2004，18（6）：16-22.

于所呈现的 53 个高频共现词，深入分析共现词自身的语义、词与词之间内在联系、词在官方宣传文本中的内涵、珠江游船自身的内在属性、对共现词在文本中所在句子的编码等，构建了基于官方宣传文本的游船空间形象框架（图 2-6）。

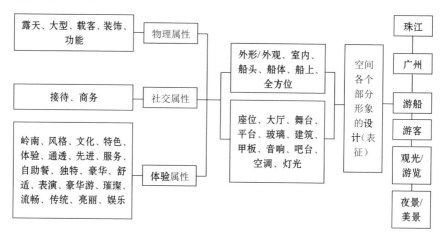

图 2-6　基于官方宣传文本的游船空间形象框架

资料来源：本研究整理。黑体的词是高频共现关键词。

对游船空间形象三个维度属性的编码及后期饱和度的验证，通过邀请三位编码员（1 名旅游专业博士生和 2 名旅游专业硕士生）进行信度检验。首先向编码员讲解研究背景、研究目的、研究主题、研究方法及数据来源，其次编码员对游船官方宣传文本所有高频特征词独立进行编码，最后统计编码结果并检验编码员间的信度。编码员间的交互判别信度计算公式[①]：

$$R = \frac{n \times K}{1+(n-1) \times K}$$

其中，R 为编码员之间的交互判别信度，n 为参与编码的人数，K 为编码者之间的平均相互同意度。2 位编码员的平均相互同意度计算公式：

$$K_{AB} = \frac{2M_{AB}}{N_A + N_B}$$

---

①　Holsti O R. Content analysis for the social sciences and humanities [M]. DonMills: Addison-Wesley Publishing Company, 1969.

M_{AB} 是 2 位编码员编码结果完全相同的分析单元数，N_A 和 N_B 分别为编码员 A 与 B 编码的分析单元数。假设 3 位编码员的两两之间平均相互同意度为 K_{AB}、K_{AC}、K_{BC}，则 3 人之间平均相互同意度计算公式：

$$K_{ABC} = \frac{K_{AB} + K_{AC} + K_{BC}}{3}$$

经计算，本研究中各主维度和次维度的交互判别信度值均在 0.8 以上，大于可以接受的信度标准，表示编码结果可信。

（1）图 2-5 的连线及箭头指向整体上呈现出以"游船""珠江""游客""设计""观光"为中心词而簇布，并且共现词之间高度紧密关联。图 2-6 处于最右边方框的高频共现词"珠江""广州""游船""游客""观光 / 游览""夜景 / 美景"体现出的内在逻辑表明：研究的地理位置是珠江在广州城区段，研究的对象是游船，游船接待或服务的对象是游客，游客通过乘坐游船进行观光 / 游览位于珠江广州城区段的夜景 / 美景。

（2）基于官方宣传文本的游船空间形象框架，其核心是游船空间的形象，直接体现在游船空间各个部分形象的设计上，其中"游船""设计"均为中心词，词频亦居前五位，侧面佐证了各艘游船官方宣传文本的效度，即体现出官方宣传文本（测量工具或手段）能够较为准确测出游船空间形象（所需测量的事物）的程度，所测量到的结果（游船设计）与所想要考察的内容（游船空间形象）较为吻合。针对游船空间各个部分形象："室内""外形 / 外观（室外）""船头""船体""船上"和"全方位"的设计；针对主要设施配套及位置形象："座位""大厅""舞台""平台""玻璃""建筑""甲板""音响""吧台""空调""灯光"的设计。

（3）游船空间的形象可归纳为物理属性、社交属性和体验属性三个维度。三个维度的归纳，主要是对共现词所在文本语句进行编码，限于篇幅，仅介绍一些较难直接识别的共现词编码过程。物理属性维度：主要突出的是游船能被游客直接辨识到的空间属性及该属性所具有的物理功能。如对"露天"的编码："露天" – 空间形态 – 物理属性。"三层'露天'观光平台更使珠江美景一览无余"（"蓝海豚"游船文本）、"可容纳 100 人的三楼'露天'观光平台"（"特步号"游船文本）、"琴面是错落交替的浪漫式'露天'观光台"（"工商牡丹卡号"游船文本）等，其共现词为"露天"，文本中的语句主要突出游船的空间形态，因此将其编码为游船物理属性。"载客"的编码："载客"－规模－物理属性。"核定'载客'量 628 人的中恒集团号游船被誉为珠江游船中的航空母舰"（"中恒集团号"游船文本）、"核定'载客'量 28 人的'金鸥号'游船被称为小巧玲珑的游船"（"金鸥号"游船文本）等，其共现词为"载客"，文本中的语句主要突出游船的规模，因此将其编码为游船物理属性。"大型""装饰""功能"的编码过程按上述方法操作，将其编码为物理属性。

社交属性维度：社交属性，顾名思义为社会交往，这里主要指借助游船这个载体而进行的交际活动，它使得游客的思想得以交流、情感得以互动、关系得以强化。从官方宣传文本来看，分别针对组织（公）及个人（私）两个层面进行宣传。对组织（公）方面：突出其满足政要与商务活动需求。如"穗港一号"游船文本指出游船前身是广州港务局专用的"接待"用船"港政一号"；"工商牡丹卡号"游船文本强调是"接待"企事业单位中高端会议以及举办游船婚礼首选；"中恒集团号"游船文本突出作为广东省政府和广州市政府"接待"国家领导及重要外宾的指定"接待"游船；"光大银行号"游船文本表明首层适合"商务"洽谈；"广百号"游船文本明确是专为政府"接待"和高级"商务"游而精心打造的顶级豪华游轮等；"接待"和"商务"均指向其具备人脉拓展的政要和商务社交属性。对个人（私）方面："光大银行号"游船文本指出古色古香的时代包厢不仅让游客流连忘返，也大大保证了游客的"聚会"私密性；"银鸥号"游船文本强调其为私人"聚会"、喜庆活动提供又一高档场所；"金鸥号"游船文本突出适合生日、老友"聚会"等小型活动；"聚会"等词指向其具备关系强化的个人社交属性。

体验属性维度：游船空间形象的核心维度，其高频共现词多达 19 个，词频在三个维度中占比 73.08%。既有体现游船整体"文化""风格"的："岭南""特色""独特""传统"等。如"金舫号"游船文本称其为：融合中西文化精华，创意设计出符合珠江文化特色的新型中式游船，古典大方，处处表现出岭南建筑的特点和新型中式游船；"光大银行号"游船文本则表述为：以锅耳屋的建筑结构和艺术风格结合游船构造特点，展示了岭南建筑体系上的重大成就。又有展现游客身份象征的："气派""高贵""尊贵"。如"南海神·广州日报号"文本指出：船头装饰为经过抽象概括后昂首向前的两个龙头，与暗红色猛兽木雕花板呼应，威风凛凛，很有皇家气派；工商牡丹卡号游船文本宣称：为彰显尊贵的您和您的企业提供不二的选择;信息时报号游船文本则强调:将继续打造集观光旅游、娱乐、文化于一体的尊贵享受。尤其注重勾勒出游船具有现代气派的形象:"先进""豪华""表演""璀璨""流畅""亮丽""娱乐"等。如"蓝海豚号"游船文本介绍指明:现代时尚外观设计,船身霓虹灯裹装璀璨夺目;"广发证券号"游船文本宣称:外形设计灵感来自于荷兰阿姆斯特丹游船的风格,简洁、流畅的线条成为珠江上一道亮丽的风景;"珠江水晶号"游船文本则表明:游船独家引入多媒体、智能互动系统,为游客提供新鲜、动感的三维互动体验,体验模式多种,其中以海上丝绸之路为主题的互动内容,寓教于乐,让游客在娱乐中了解悠远、深厚的岭南文化。

此外,将官方宣传文本进行分析后的所有高频特征词纳入分析,提取未在网络图中出现的其他与游船空间形象相关的高频特征词,共获得32个,结合这些词所在文本中的具体语句,发现均可将其归纳到上述三个维度中,未发现新的维度。如"宽敞"归纳到物理属性维度,"政府""政要""洽谈""互动""聚会"归纳到社交属性维度,"时尚""水晶""包厢""浪漫""中式""透明""仿古""现代""艺术""西式""绚丽""魅力""风情""吉祥""华丽""高端""高贵""气派""动感""精彩""精美""乐趣""迷人""尊贵""欧式""经典"归纳到体验属性维度。进一步地,在实地考察中,记录游船经营者向游客介绍游船的话语,对话语逐句分析,亦未出现新的维度。因此,物理属性、社交属性和体验属性三个维度已能实现对游船空间形象衡量的饱和。整体而言,官方宣传文本建构突出的是游船空间形象的体验属性,由此渲染出极具诱惑游客的游船空间表征。典型的如"珠江红船号"宣传主题及口号为"奇妙无穷的观赏体验:多视角的空间体验,近距离的沉浸体验,3D影像的包裹体验,灵与肉的双重震撼"。

(三)游船空间形象测量量表

通过对衡量游船空间形象三个维度及所在高频词的进一步分析,结合游船官方宣传文本的介绍,组织描述性语句,制作游船空间形象测量量表(表2-3)。

表2-3　游船空间形象测量量表

名称	一级类别	二级类别	高频词	描述性语句
游船空间形象	物理属性	空间形态	露天	Q1.露天敞开式的游船观光平台（甲板）观赏效果很好 Q2.露天敞开式的游船观光平台（甲板）很适合摄影
		规模大小	大型、载客、宽敞	Q3.大型宽敞的游船很适合游玩
		功能配套	装饰、功能	Q4.游船内外各种装饰很得体 Q5.游船各项配套完备、功能齐全
	社交属性	人脉拓展	政府、政要、洽谈、接待、商务	Q6.游船能满足政要或商务接待的需求
		关系强化	互动、聚会	Q7.游船适合举行私人聚会
	体验属性	文化风格	岭南、风格、文化、特色、独特、传统、现代、中式、仿古、西式、风情、吉祥、欧式、经典、艺术	Q8.游船整体风格独特（如体现出了岭南风格/传统风格/现代风格/中式风格/仿古风格/西式风格/欧式风格） Q9.在游船中，能够感受到浓郁的地域文化
		身份象征	气派、高贵、尊贵	Q10.乘坐不同的游船，是不同品味和身份的象征
	体验属性	多元服务	服务、自助餐、包厢	Q11.游船提供了多元服务（如自助餐、包厢等） Q12.游船工作人员的服务态度好 Q13.游船工作人员的服务专业
		娱乐表演	表演、娱乐	Q14.游船中的娱乐表演活动很精彩
		舒适愉悦	通透、透明、流畅、舒适	Q15.通风透气的游船令我感觉到很舒适
	体验属性	时尚酷炫	动感、璀璨、亮丽、豪华、先进、高端、豪华游、时尚、水晶、绚丽、华丽	Q16.我感觉到游船很先进豪华高端 Q17.我感觉到游船如水晶般亮丽 Q18.我感觉到游船很动感时尚
		沉浸融入	浪漫、迷人、魅力、精彩、精美、乐趣	Q19.乘坐游船，感觉很浪漫 Q20.只有在游船中，才能更好体验到两岸迷人的夜景 Q21.整体而言，在游船中我能够体验到各种乐趣

资料来源：本研究整理。

二、官方命名对游船空间的建构

（一）游船命名的旅游属性

索亚的空间性（spatiality）概念强调空间不仅作为实体存在，更重要的是作为关系存在，将空间性视为空间的唯物主义解释基础①。在人文地理学的空间性视角下，通过命名，能够赋予空间意义，展示权力并获取认同，彰显身份与地位②。游船的命名，是官方借助文字赋予空间以意义的直接表现形式，是游船空间表征的重要形式。夜色中，游船普遍被五颜六色的霓虹灯所包裹，玻璃窗户通透明亮如水晶宫般，在多彩的霓虹灯中明灭互映。极目之下，在视觉外观上，最能刺激视觉感官、让人印象深刻的是游船船身的广告，集中在游船的命名。在2003年以前，仅有广州市客轮公司和广东省珠江航运公司蓝海豚游船公司经营珠江夜游游船。当时，广州市客轮公司旗下游船有"白鸥号"游船、"花城明珠号"游船、"珠江明珠号"游船、"翡翠号"游船、"鹅潭明珠号"游船、"珠江逍遥游号"游船；蓝海豚游船公司旗下游船有"蓝海豚号"游船、"银海豚号"游船。显然，游船的命名以公司名称隐喻、地段形象隐喻为主。如白鸥、蓝海豚、银海豚、明珠这些名称的属性及其形象均与水即珠江密切关联，花城是广州美称，鹅潭则为白鹅潭，是环绕广州沙面岛珠江河面地名名称，该名称源于一个美丽的神话传说，翡翠为玉中之宝石，是珠江之名来源于美丽神话传说的象征。从中可以看出，2003年以前的游船命名具有较为丰富的意蕴，普遍都能给予受众美好的想象空间，同时突出的是游船及行驶地段旅游空间性质。

（二）游船命名的商业属性

1. 顶级豪华游船加剧经营压力

早于2000年，广州市客轮公司已意识到现有的珠江游船无法满足高级政务商务接待的需求，尤其是时任全国人大常务委员会委员长的李鹏来广州视察，其行程安排包括乘船畅游珠江，但当时市客轮公司的游船不具备接待条件，没有一艘既符合装饰标准又规模足够大的游船。最后，广州市委决定由蓝海豚公司负责接待任务，并拨款7万元给蓝海豚公司作为更新

① 爱德华·W.索亚.社会生活的空间性：迈向转型性的理论重构［C］.德里克·格利高里，约翰·厄里，谢礼圣，吕增奎，等译.社会关系与空间结构.北京：北京师范大学出版社，2011：92-93.

② Herman R D K.The Alosa State place names and the anti-conquest of Hawaii［J］.Annals of the Association of American Geographers, 1999, 89 (1): 76-102.

设备的费用①。

　　"公司（广东省珠江航运公司）成立于1992年，当时水上客运在陆路交通逐步发达的背景下，逐渐式微，考虑到闲置客运资源及珠江游水系没有游览观光项目，我们从澳门把"蓝海豚号"游船②引进过来，从而就开始尝试做这种珠江夜游的运营与开发，事实证明了当时这种突破式业务创新的举措是有效的。2001年，我们把接待李鹏委员长当成一项开创性的工作，因为当时整个珠江只有"蓝海豚号"，专业的船舶公司和高档次的游船基本上都是在蓝海豚，肯定是专业的游船来做这种政治接待或这种比较高端的接待会比较合适。"（蓝海豚公司A1）

　　这一事件刺痛了作为经营珠江夜游项目历史最为悠久的市客轮公司高层，同时给蓝海豚公司注入强心剂。该事件成为珠江游船升级改造的催化剂，使得市客轮公司与蓝海豚公司下定决心建造或引进顶级豪华游船，由此亦拉开珠江游船追逐"身份象征""符号消费"的帷幕。2001年9月，市客轮公司推出了造价400多万元的"花城明珠号"游船，已是当时最豪华的游船。2001年10月，市客轮公司决定投入800多万元打造"珠江第一船"，该船的造价相比同年推出的"珠江明珠号"游船翻一番，于2003年1月28日在珠江进行首航。此后，2003年，蓝海豚公司造价800万元的"银海豚号"游船投入使用；2004年，市客轮公司造价800万元的"广游03号"游船投入使用；同年，广州市金航游轮有限公司造价分别为1000万元的"金舫号"游船和"金璟号"游船均同时推出；2005年，广州港集团游船有限公司造价1000多万元的"穗港之星号"游船投入使用。短短的几年时间内，珠江上的游船不断刷新着造价，而十几年前的这些游船现今仍在使用，且作为今天珠江游船的主力军，仍不过时。可以想象得到，对比当时的经济发展程度、物价水平、民众消费意识及消费能力，这些游船造价可谓极为高昂，游船公司经营压力亦极为明显。

---

①　高峰.广州市客轮公司战略转型［D］.广州：华南理工大学，2006.
②　2001年2月5日，由"蓝海豚号"游船负责接待李鹏委员长畅游珠江，该船是1999年由广东省珠江航运公司从澳门引进，初期与澳门商人合作经营，2000年初，改变合作经营方式为租赁"蓝海豚号"自主经营，同年，蓝海豚公司才成立，直到2001年10月，才正式拥有"蓝海豚号"游船的独立产权。所以，严格意义来讲，当时的广州自身并没有独立产权的体面游船进行接待工作。

2. 国企改革浪潮汹涌澎湃

自 1978 年改革开放之后，中国走上市场化改革的道路，到 20 世纪 90 年代末 21 世纪初时，针对国有企业的改革浪潮汹涌澎湃，以市场为导向、以经营利润为目标成为重要的国企改革。广州市客轮公司地处改革开放前沿，深受国企改革浪潮的影响，其战略性改组步伐加快。在众多改革环节中，最值得一提的是，1998 年市客轮公司转变经济承包形式，实行风险承包，与属下各单位签订以突出考核利润为主的经济承包责任制。具体作法如：把航运成本核算到人，并逐步推行全员承包责任制，使客运收入与员工收入挂钩；而个人风险承包责任制把航线包给一两个职工经营，控制亏损金额范围、自负盈亏[①]。2001 年把原旅游分公司、出租车分公司和广告分公司合并组建成白鸥旅游分公司。当时由白鸥旅游分公司主营"珠江夜游"特色旅游项目，白鸥旅游分公司落实经营承包责任制，同时实行岗位全员竞聘制度。

3. 宽松的船体广告审核

1997 年广州市客轮公司集中开发了码头，将码头出租，收取现金。在码头上立广告牌出租，广告业务最高年利润达到 100 万元。当时码头立广告牌出租经营成本低，甚至是零成本，但回报却极高，已让市客轮公司尝到甜头。1999 年政府调整珠江规划，对珠江两岸的户外广告进行整治，码头出租和广告业务全部被取缔，这在当时几乎是毁灭性的打击[②]。从产权及其使用权利来看，游船的产权属于游船公司，即游船公司对游船有一系列的管控权利，包括能够使用游船船体内外物理空间和电子载体的权利。然而需要认识到，游船所行驶的空间是一个公共空间，从这个角度来看，游船船体的广告亦属于户外广告，本质与在码头设置广告无异，只不过载体不同而已，甚至考虑游船所行驶的空间对于广州的特殊价值及意义所在，游船船体广告的社会影响甚于一般户外广告。但是，实际上是市客轮公司的船舶并不属于户外广告，只属于企业资产，因此不受广州市城市管理委员会监管。市客轮公司游船发布广告，只需通过广州市交通委员会和广州海事局关于航运安全和广告内容的审核。整体而言，内部面临着实施经营利润为主的经济承包责任制，游船高昂的造价致使日常经营成本上升，游

---

① 罗斯丁.珠江轮渡有点伤感，信息时报，2001/9/28.

② 高峰.广州市客轮公司战略转型［D］.广州：华南理工大学，2006.

船建造为满足高级政商接待的初衷导致对后期整体市场需求及消费水平研判不足；外部则面临国企改革步伐进程加快的时代背景，游船公司之间竞争激烈化（期间，2003 年的广州港务局分别引入豪华游船加盟珠江夜游）；同时，实际运作中又处于宽松的船体广告审核监督及受广告业务丰厚利润的驱动。

4. 冠名成为标志性事件

正是在内外部各种因素的共同作用以及在广州市政府的支持下，2003年，广州市客轮公司将造价 800 多万元的"珠江第一船"实施企事业单位冠名，通过与信息时报社合作，将其命名为信息时报号游船。游船的冠名，被媒体普遍称为"珠江游有史以来的一个首创"[①]"开创了国内新锐媒体和明星企业合作共推顶级豪华游船的先河"[②]，同时也开创了珠江豪华游船冠名的先河。

（1）冠名成为标志性事件的正面意义。2003 年，广州市客轮公司的"珠江第一船"寻找企事业单位冠名，在对冠名单位进行选择时，时任广州市客轮公司总经理的余浩然回忆："说实话，想冠名的有多家实力雄厚的企业，合作条件要比信息时报的丰厚得多。"[③]"2003 年，珠江整治正处于'三年一中变'阶段。当时的珠江游还是一个刚开发不久的项目，非常需要媒体大力正面地宣传。而《信息时报》当时改版不到两年，也在树立自己的品牌和形象。在同样的渴求和背景之下，促成了客轮公司和信息时报社的强强联合。"由此可知，游船公司早期寻找企事业冠名，并非将冠名费用摆在首位，关联两家企业的最重要纽带并非金钱，而是深层次的战略意义。一方面，1998 年底，广东省委、省政府对广州城市面貌提出"一年一小变，三年一中变，到 2010 年一大变"的阶段性目标，创建广州文明城市这一"民心工程"和"形象工程"。其中，对珠江及两岸的整治一直是这一工程的要点，顶级游船与明星媒体单位的长期合作，能够长期借媒体之势助力区域形象宣传与展示，一定程度上还能对整治成效起到监督与检验作用。若让其他非媒体单位冠名游船，这一层面的效果无法实现，只能是收取冠名费用的"一杆子买卖"。另一方面，通过信息时报，直接作用于广州市客轮公

---

①　栾春晖.神秘顶级游船春节前亮相珠江　拥有 7 种观光台.信息时报，2003/1/22.

②　李慧燕."珠江第一船"冠名"信息时报号".信息时报，2011/5/6.

③　当时，信息时报号游船的冠名权和船内广告权为 80 万元/年，5 年合同共 400 万元，造船成本回收一半，这对当时缺乏资金的市客轮公司来说是一个非常成功的营销策略。

司、珠江游船、珠江夜游，实现对企业主体（市客轮）–实施载体（珠江游船）–经营项目（珠江夜游）这三者的品牌宣传与展示，直接获得经济效益。从这个角度看，广州市客轮公司的"珠江第一船"寻找企事业单位冠名，是珠江游船市场化运作的标志性事件，具有重大正面意义。

（2）冠名成为标志性事件的负面效应。游船冠名"信息时报"，成为游船转变为广告商业空间的标志性事件。2003年之后，不同领域不同行业的企事业单位在珠江游船上演了一幕幕无声的商业竞争。直接引起传媒报道的较为重大冠名事件包括：2004年，广东电台冠名广游03号游船——"广东电台号"游船；2006年，《广州日报》冠名南海神游船——"南海神·广州日报号"游船；2008年，中国工商银行广东省分行冠名蓝海豚游船——"ICBC牡丹卡号"游船，成为首艘由银行机构冠名的珠江游船；2010年，广东嘉宝莉化工集团冠名珠江游船——"嘉宝莉漆号"游船，成为首艘由化工集团冠名的珠江游船；2013年，广州国际医药港冠名花城明珠号游船——"广州国际医药港号"游船，成为首艘由医药集团冠名的珠江游船；2015年，京东冠名穗水巴15游船——"京东号"游船，成为首艘由电商冠名的珠江游船；2017年，广东体彩冠名"金舫号"游船——"金舫号·中国体育彩票"，成为首艘由彩票冠名的珠江游船。

对四大公司所经营的珠江夜游游船的实地考察发现，现今游船命名主要体现出三种形式：直接冠名、游船公司名称隐喻、公司名称隐喻·直接冠名，以突出直接冠名为主（见表2-4）。即使是游船公司名称隐喻，也是尚未寻找到合适的直接冠名商，基本都会接受直接冠名或公司名称隐喻·直接冠名的合作模式。"我们欢迎前来洽谈游船广告业务，没有冠名的游船，条件合适都接受冠名，我们还有多种广告合作模式，甚至还包括游船内外部定制广告等一系列服务。"（广州之星游轮公司A2）一些尚未冠名的游船，在游船最显眼的位置上打着大幅广告"游船广告位招租，联系方式×××"，这一幕俨然成了广告招商在珠江上的巡游，游船变成广告招商载体。部分游船公司会短期甚至临时接受企业的直接冠名，以珠江夜游之名承办企业的主题活动，如2016年12月25日"河马医生暖冬派对"游珠江。夜幕下，璀璨闪耀夺目的游船空间中，赫然竖立着具有喧宾夺主般地引人注目的企事业单位视觉标识物，容易让人误以为这不是面向大众的游船，而是专享的游船，站在沿江两岸观看的不明所以的外地游客甚至产生错觉，惊叹×××单位已占领珠江，"这是光大银行的游船吗，光大银

行好厉害啊，还有自己的游船，看，一闪一闪真好看，船上的人是光大银行的员工吗？"（猎德大桥上小女孩与妈妈的对话）

四大公司中仅广东珠江投资控股有限公司的"珠江红船号"游船未接受商业性冠名及广告，然而这种局面很快被打破。2017年7月在"珠江红船号"营业点海心沙办公处，与营业点负责人交流得知，"'珠江红船号'一直主打岭南文化宣传与展示，一开始是没想着船身做广告，但8月份公司会出台广告招商方案，到时可以与销售经理联系，了解具体事项。"值得一提的是，"珠江红船号"缘起于广州市政协提案，是广州市推动"文商旅结合"、打造城市旅游文化名片、探索旅游剧场、发展文化产业的重点项目，由广东珠江投资控股有限公司斥资1亿元打造。船头借鉴了1937年至1967年间"广州第一高楼"爱群大厦的建筑元素，船身是彩色的满洲窗，包含北京路、恩宁路的骑楼元素，门是西关大屋的趟栊门，船尾采用陈家祠和佛山祖庙的设计风格。体现了精雕细刻、古朴雅致的岭南建筑艺术，承载了不同时代的广州记忆。正是意识到"珠江红船号"在珠江游船中的代表性与典型性，"珠江红船号"所行驶空间的特殊性及重大意义，12月6日至8日全球瞩目的《财富》全球论坛在广州举办，广州珠控文化发展有限公司成为珠江红船及其码头投放广州旅游宣传平面广告项目的单一来源采购方，其采用单一来源采购方式的原因及说明如下：

"为落实市领导的指示精神，加大广州旅游形象宣传与《船说》项目推广的相互促进作用，支持《船说》项目开展市场宣传推广，进一步提升广州旅游的品牌形象，拟在珠江红船甲板外围、珠江红船游客服务中心外立面、海心沙珠江红船码头风雨连廊等位置投放广州旅游宣传平面广告，拟采用单一来源采购的方式交由专业供应商具体落实。珠江红船及其码头是《船说》项目经营场地，珠江红船码头地处广州新中轴，拥有珠江新城CBD及海心沙宠大客流量，是宣传推广广州旅游的有利位置，在珠江红船码头进行广州旅游宣传，是我局落实市领导有关指示精神，支持《船说》项目开展市场宣传推广的重要举措，通过《船说》项目与广州城市形象的有机结合，预期能达到扩大两者宣传效应的目的。在珠江红船甲板外围、珠江红船游客服务中心外立面、海心沙珠江红船码头风雨连廊等位置投放广州旅游宣传平面广告，将很好地配合码头大型LED屏幕播放的广州旅游宣传片，在珠江红船码头的广州旅游宣传形成体系，更加吸引游客关注，进一步提升宣传效果。目前，只有《船说》项目制作经营单位广州珠控文化发展有限公司具备执行该项目的条件。根据《政府采购法》第三十一条第一项和《政府采购法实施条例》第二十七条，因采购项目的特殊要求导致只能从唯一供应商采购，故拟单一来源方式采购。"[①]

上述广告投放时间为签约之日起至 2017 年 12 月底，时间节点恰好在《财富》全球论坛结束的当月。从该公司的经营方向来看，接下来的"珠江红船号"游船亦会演变为众多商家角逐的商业广告空间。2017 年，广州市客轮公司门户网站数据显示，仅近三年游船冠名及广告的部分合作客户包括：王老吉、金龙鱼、国窖、杨协成、蒙牛、广东电台、嘉宝莉、TCL、招商银行、广东南粤银行、广州国际医药港、信息时报、广百百货、联想、中国移动通信、金蝶等 20 家。冠名及广告的企事业单位可谓五花八门。对比明显发现，早期游船仅是出现冠名的企事业名称，随后企事业 logo，企事业的广告宣传语陆续登上游船；早期游船冠名及广告语占船外部面积比较小，现在游船冠名及广告语占船外部面积比较大；早期游船冠名及广告语主要是出现在船身外部，现在游船冠名及广告语是内外部个性化定制装修；早期游船冠名及广告语只是以灯光加文字的形式展现，现在多数游船外部有更为动感变化的 LED 广告显示屏。因此，游船命名的建构经历了突出游船空间形象的旅游性质到商业性质，游船空间在珠江上的旅游属性逐渐转变为广告宣传的商业属性，游船空间成为被符号化的商业空间（图 2-7）。

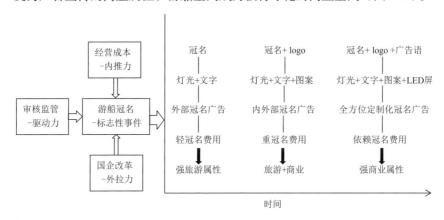

图 2-7 官方命名对游船空间建构的演变

资料来源：本研究整理。

---

① 广州市旅游局关于单一来源采购在珠江红船及其码头投放广州旅游宣传平面广告项目的公示，广州旅游政务网，2017/7/28.

表 2-4　游船命名及特性

游船命名	命名特性	隶属公司	游船命名	命名特性	隶属公司
信息报号	直接冠名	广州之星游轮有限公司	蓝海豚号	公司名称隐喻	广州蓝海豚游船有限公司
广发证券号	直接冠名		工商牡丹卡号	直接冠名	
广百号	直接冠名		特步号	直接冠名	
天字 3 号	码头名称隐喻		中国光大银行号	直接冠名	
珠江明珠·万宝	公司名称隐喻·直接冠名		中恒集团号	直接冠名	
星之游轮号	公司名称隐喻		穗港一号	公司名称隐喻	广州港集团游船有限公司
广州国际医药港号	直接冠名		穗港之星·渤海银行号	公司名称隐喻·直接冠名	
北京现代号	直接冠名		珠江水晶号·爱彼家	其他·直接冠名	
新型游船	尚未命名		南海神·广州日报号	其他·直接冠名	白鸥旅游分公司
银鸥号	其他		白鸥号	公司名称隐喻	
金舫号·中国体育彩票	公司名称隐喻·直接冠名	广州市金航游轮有限公司	广舫游船	公司名称隐喻	广舫游船有限公司
金璟号·珠江啤酒	公司名称隐喻·直接冠名		珠江红船号	公司名称隐喻	广东珠江投资控股有限公司
金鸥号·好威集团	公司名称隐喻·直接冠名				

资料来源：本研究整理。广州之星游轮有限公司、广舫游船有限公司、白鸥旅游分公司均是广州市客轮公司旗下控股公司，广州蓝海豚游船有限公司隶属于广东省珠江航运有限公司，广州市金航游轮有限公司委托广州港集团有限公司进行管理，广州港集团游船有限公司隶属于广州港集团有限公司。游船的冠名并非永久，隔期会变更，如广州市客轮公司规定船舶冠名需投放 3 年以上（含 3 年），船身外立面媒体需投放 1 年以上。"穗"是广州别称，"穗港一号"即"广州港一号"；"花城"是广州美称，"珠江"古称粤江，主要指流经广州城区段，以这些词为游船命名，主要隐喻相应公司名称。

三、官方对游船空间建构的实质

列斐伏尔认为，空间的表征与生产关系和强化生产关系的"制度"相关，因此与知识、符号、编码相关，是科学家、规划师、城市设计者、技术官僚和社会工程师所构想的空间，是任何社会或生产方式占统治的空间[①]。谁拥有对空间的表征的权力，以及按照其主体意识将空间表征出来，谁就能实现对该空间的生产与管控。在列斐伏尔那里，"空间既是意识形态的（因为是政治的），又是知识性的（因为空间包含着种种精心设计的表现）"[②]。比较而言，有别于国家、政府、军队等宏观权力主体，游船官方是微观权力主体，通过官方宣传文本与官方命名两种方式建构游船空间形象，以满足（迎合）不同受众主体的需求。

官方宣传文本所建构的游船空间形象，受众主要是游客，符合游船公司的核心收益表现为通过吸引游客购买船票而获得收入。实际上，官方宣传文本所构建游船空间形象的物理属性、社交属性和体验属性三个维度，均是围绕游客的需求而进行建构，整体上符合马斯洛所提出的人类需求层次论，由下到上实现游客不同层次的需求。游船物理属性类同于需求层次论的生理及安全的需求，物理属性确保游客在游船中能获得最基本的安全保障及实现最基本的观光游览功能，隶属于底层且基础的需求，宣传文本中"大型""宽敞"的高频词突出的是安全保障，这是由于游船规模的大小往往隐喻着乘船安全系数的高低，而珠江上的游船绝大多数是中大型规模，小型游船仅有"金鸥号"游船；"露天""装饰"与"功能"的高频词则强调游船的空间形态及功能配套能实现游客的观光游览。游船社交属性对应于需求层次论的社交的需求，社交属性强调通过游船能满足游客与他人交流的需求，隶属于中层的需求，正如游船权力主体观察到多数游客并非独自一人乘船，其结伴的对象囊括了家人、同事、朋友、同学，了解到多数游客会在游船上摄影留念，并将相片上传到 QQ、微博和微信等社交空间中。游船体验属性对应于需求层次论的尊重及自我实现的需求，游船中体验属性突出在能够体验到风格独特的文化氛围、不同品味的身份象征、浪漫迷人的各种乐趣等，隶属于顶层的需求，亦是官方宣传文本最着重构建

① Lefebvre H. The production of space［M］. trans. Donald Nicholson –Smith. Oxford: Blackwell, 1991: 38.
② 列斐伏尔. 空间与政治［M］. 李春，译. 上海：上海人民出版社，2008：30.

的游船空间形象。

游船官方命名所建构的空间形象，潜在受众是企事业单位，直接受众是社会公众，符合游船公司的另一核心收益为通过企事业单位冠名及广告而获得收入，而吸引企事业单位冠名及广告的重要原因既包括广告标识的可识别性，又要有一定数量的观众保障。事实上，企事业单位的名称及广告语镶嵌在五颜六色的霓虹灯及明亮的 LED 屏上，极力展示出一个五彩斑斓的广告空间，确保了广告空间的易识别性，建构出游船空间的商业属性。同时，珠江广州城区段及夜间这一特殊的地段及时段，确保了有充足的社会公众观看广告，进一步彰显了广告空间的商业价值。因此，官方宣传文本与官方命名对游船空间形象的建构，其实质是资本在游船空间逐利的表现，权力施行者最大限度将游船空间转化为利润，体现出权力与资本在游船空间中的共谋。

第三节　游船的表征空间

一、游客视角下的游船空间属性认知

游船空间形象认知调查问卷由游船空间形象的认知及游客基本信息两部分构成。游船空间形象的认知源于表 2-3 "游船空间形象测量量表"的描述性语句，共 21 个题项，按很不认同、比较不认同、一般认同、比较认同、十分认同 5 个等级分别赋予 1~5 分。通过预调查对极少数语句进行修改后，2017 年 5 月，在大沙头码头、海心沙码头和游船上共发放 180 份正式问卷，最终获得有效问卷 158 份。通过 SPSS19.0 对问卷数据进行分析，具体游船空间形象各项认知均值见表 2-5。

表 2-5　游船空间形象各项认知均值及标准差

序号	均值	标准差	序号	均值	标准差	序号	均值	标准差
Q1	4.0000	0.9931	Q8	3.6438	0.7384	Q15	3.7688	1.0464
Q2	3.9500	0.8072	Q9	3.5000	0.8689	Q16	3.5750	0.8097
Q3	4.0188	0.7223	Q10	3.6188	0.7999	Q17	3.7125	0.9283
Q4	3.7438	0.7460	Q11	3.3188	0.7960	Q18	3.4688	0.7815

序号	均值	标准差	序号	均值	标准差	序号	均值	标准差
Q5	3.6375	0.7224	Q12	3.4063	0.9120	Q19	3.5000	0.8914
Q6	3.2875	0.7802	Q13	3.3375	0.7430	Q20	3.4063	0.6941
Q7	3.4688	0.8236	Q14	3.5063	0.9383	Q21	3.6375	0.8193

资料来源：本研究整理。序号与表 2-3 中描述性语句的序号一致。

其中：均值最高为游船的规模大小，即"大型宽敞的游船很适合游玩"认同度最高，分值为 4.0188；均值最低为游船的人脉拓展，即"游船能满足政要或商务接待的需求"的认同度最低，分值为 3.2875。整体而言：游客对游船空间形象的认同程度并不突出，平均认同均值为 3.5955，介于一般认同与比较认同之间；三个维度的认同度由高至低依次为，物理属性（3.8700）- 体验属性（3.5286）- 社交属性（3.3781）；其体验属性均值略低于平均均值。总体反映出游客认知视角下的游船表征空间与官方宣传文本建构下的游船空间表征有一定的差距，官方宣传文本所建构的游船空间形象未能很好地获得游客的认同，着力渲染的极具诱惑游客的体验属性其现实表现亦较一般。

二、居民视角下的游船空间性质生成

（一）空间性质

1. 旅游空间

在居民看来，游船空间首先是一个微小旅游空间，不仅自身是一道亮丽的风景线，成为旅游吸引物，且衬托着珠江，使得珠江更加漂亮，与珠江及沿江两岸共同构成一个大型旅游空间。"珠江上要有船才好看，就像现在有游船，有灯光，很漂亮，比较美；动感，游船使得两岸更加动感，如果没有这些游船，珠江静态很多，所以游船使得珠江更加漂亮好看；多数人是等到入夜才来到珠江上游览，主要的原因就是夜晚的珠江有游船，如果珠江上没有游船，也不会有这么多人伫立在此。"（B4、B5、B6）

2. 商业空间

在居民看来，游船空间接受企事业单位的冠名及广告语，使得冠名企业与游船公司形成契约关系，借助游船这一载体，进行形象展示与广告宣传，是一种商业行为，因此，游船空间也是一个商业空间。对于这种现象，较多居民持能够理解但并非很认同的态度。有居民尖锐指出"打广告就不好，灯光污染得厉害。其实对于是否污染我也不专业，只是觉得看了太刺眼。就像那艘'中恒集团'，你看船身还有这么大一个 LED 广告屏，一直播放着广告，看了就不舒服，平时在家看电视，外出搭乘地铁看着广告视频，上班还要对着电脑，还时不常就拿起手机来看，现在出来江边散步，还得继续看屏幕，看这些（广告）"（B8）。而且这种理解在话语中可能呈现出较为明显的无可奈何，其实质充满了"取舍"与"矛盾"，理解有广告是形式，最终目的是保留住游船，"游船上面打着广告并非一朝一夕，可能看久了，都觉得习惯了，也没什么不妥，就是一种商业行为。就好像一份报纸，完全没有广告，就不成为报纸，没办法，它一定要这样做。珠江是标志性地段，不考虑成本就不要打广告，也不应该有广告。船上打着广告，肯定觉得不好看，但是如果船不开，江面没有船，珠江也不好看。"（B2）"装饰没有问题，但不应该是广告，审美方面不要有广告。生存营业行为可以理解，但最好还是不要靠广告。如果是广州政府负责经营，就没必要有广告，这样也显得大气，也有利于城市形象的展示。如果承包，是企业行为，以利润为导向，这也是合理的。政府的钱那是另一回事，政府就应该为民众服务。一句话：理解它的广告，但不喜欢。"（B3）或者觉得广告的尺度及质量应该要严格控制，适当的广告及高质量的广告也是视觉景观，"广告做得比较好还可以接受，要看做成什么效果，如果做得蛮漂亮，那也可以接受，如果不匹配，那也是大煞风景，还有如果广告太多了，那也肯定不好看，就好像广州塔，现在也有广告，现在这种广告程度还可以接受，但如果整个塔一半是广告，那就无法接受了。"（B4）"打些广告是自己的权利，对于我而言，我觉得也没什么不妥，但也要有一个度，如果竞相追逐广告，那就变味了，更不用说好看不好看。变味主要指的是看了感觉心理不舒服，感觉不应该这样做。"（B6）或者认为允许有广告，但应该是公益类的广告，"从公益角度，觉得太商业化了，有些反感，并不特别排斥广告，特别是有些广告也可以成为景观，但如果是公益广告，就觉得好些，现在还是觉得不融洽。"（B5）

（二）空间性质生成

1. 扎根理论

扎根理论是自然主义研究范式下的质性研究方法，要求研究者深入到特定情境中，对资料中逐渐浮现的概念和范畴进行系统收集，在资料达到饱和的状态下，对资料进行分析、归纳和发展出影响研究目标的各种因素，通过不断比较、测试和验证，并对类似情境下的经验实施检验，从而进一步修改和发展理论命题。格拉泽和施特劳斯（Glaser and Strauss，1967）首次提出并系统介绍①，属于经典扎根理论学派。在此基础上，施特劳斯和科尔宾（Strauss and Corbin，1997）发展出程序化扎根理论②，查默兹（Charmaz，2006）提出建构型扎根理论③。从认识论视角看：经典扎根理论忠实于问题源于情境，强调尽可能减少人的主观性；程序化扎根理论认为资料隐含了诸多假设，研究者预设逻辑渗透于研究中；建构型扎根理论试图整合两者之长，承认理论客观性首位原则，在此基础上，指出不能夸大但也不应忽略人的主观性，认为研究过程是互动的，隶属于建构主义认识论，本文侧重于建构型扎根理论。

2. 资料来源及处理

严格意义来讲，游船所行驶的游线空间，是一个包括外地游客、本地游客和附近居民所有公众使用的空间。然而，外地游客和本地游客，往往扮演着"过路者"的角色，存在对该空间的归属感欠缺、体验不够深入、情感依附不强等特点。"这里（滨江东路堤岸）大家都可以来，完全开放的，应该是一个公共场所，我不住在附近，偶尔来一下，也不熟悉这里，你还是去问别人的好。"（游客 C1）毫无疑问，在日常生活中，该空间的使用者主要是附近居民。因此，资料来源于对游线空间附近居民的半结构访谈，访谈地点主要在海心沙堤岸、临江大道堤岸、阅江西路堤岸和猎德大桥上，访谈时间段在 19 点至 22 点之间。地点及时间选取主要是基于研究具体情境：首先，访谈地点均位于广州塔附近，而广州塔地段是所有游船（无论从哪个码头出发）必游之处；其次，游线空间建筑物及堤岸的灯光普遍在 19 点亮起，多数游船亦是在该点起航；此外，附近居民到堤岸休闲运动亦主要处于该时间段。具体而言，通过观察衣

---

①　Glaser B G, Strauss A L. The discovery of grounded theory: Strategies for qualitative research ［M］. New Brunswick Aldine Transaction, 1967.

②　Strauss A, Corbin J M. Grounded theory in practice［M］. Thousand Oaks: Sage Publications, 1997.

③　Charmaz K. Constructing grounded theory: A practical guide through qualitative analysis［M］. Thousand Oaks: Sage Publications, 2006.

着（运动休闲式）、语言（粤语）、行为（散步跑步）等初步筛选，进而
待其驻足期间（通常是运动休闲后站在堤岸或桥上观赏珠江）进行咨询，
确定目标对象后进行访谈，第二天将访谈资料进行编码，确保数据收集
与资料分析紧密衔接，有利于概念和范畴的逐步浮现及有效判断范畴是
否趋于饱和，当无新的概念出现及概念均可归纳入相应范畴时，视为饱
和，共访谈有效样本 29 名，平均访谈时间 18 分钟 / 人，访谈的核心问题
见表 2-6。编码过程先由作者对资料进行整理，并邀请旅游专业博士生和
硕士生各 1 名对编码进行校对，讨论编码的概念、范畴及主范畴，无异议
后形成正式编码（表 2-7）。

表 2-6　半结构访谈核心问题

序号	核心问题	主要目的
1	请简单说下您现在所处的这个地段对于广州的意义？	引导受访者意识到地段的特殊性及情境。
2	请谈谈现在您在珠江上观看到什么？	获取受访者对珠江元素的整体认识。
3	平常是否有留意到珠江上的游船？	识别出受访者是否已留意到游船。
4	夜晚的珠江上有游船好还是没有好，还是无所谓，请谈谈您的看法？	获取受访者对游船的整体认识及评价。
5	您留意到游船哪些方面？	获取受访者对游船的具体认识。
6	是否见到游船船身外的企事业单位名称及广告？	识别出受访者是否已留意到游船冠名及广告。
7	对于游船接受企事业单位的冠名，打着广告行驶于珠江这一作法是否认同？	获取受访者对游船冠名及广告的整体认识及评价。
8	请谈谈认同或不认同的看法？	

资料来源：本研究整理。

表 2-7 游船空间生成编码过程

原始资料举例	开放性译码		主轴译码
	初始概念	范畴	主范畴
江面没有船，珠江也不好看（B2）。审美方面不要有广告（B3）。珠江有游船，有灯光，很漂亮，比较美（B4）。游船使得两岸更加动感（B5）。没广告也好看，只要有色彩，有船，亮光就行了（B7）。游船本身也成为观看景点（B8）。游船使得珠江更生动一些（B12）。游船使得珠江看起来更丰富，更加漂亮（B14）。珠江上有游船更好，游船可以是点缀，使得整体更漂亮（B15）。夜游游船使得珠江更加迷人（B19）。像现在这样没有船反而更好看，没船更安静更祥和（B20）。游船本身是一道风景（B21）。没船很冷落，很冷清（B23）。有游船热闹些，没有的时候就觉得空荡荡的（B27）。那些游船外观的灯饰就蛮好看，是移动风景（B28）。游船也要有灯光才会好看些，感觉灯光也差不多，但有些广告及灯光就很难看（B29）	好看（11）、审美（2）、漂亮（15）、美（1）、动感（1）、色彩（3）、亮光（1）、景点（1）、生动（1）、丰富（1）、点缀（3）、迷人（1）、安静（1）、祥和（1）、风景线（1）、冷落（1）、冷清（1）、热闹（1）、空荡荡（1）、移动风景（1）、难看（2）	视觉效果感官体验	自我审美
有资源就应该利用，游船在珠江上行驶，就是一种资源，企业利用资源很合理（B1）。有时候，我看到一趟船里头没几个人，不让它打广告，游船怎么生存下去（B2）。游船上面打着广告并非一朝一夕，可能看久了，都觉得习惯了，也没什么不妥，两者之间就是一种契约行为（B2）。生存营业行为可以理解，但最好还是不要靠广告（B3）。打广告就是为了增加收入（B4）。游船上面有广告，这很正常，商业行为，从经济角度，比较认同（B5）。你说到广告的问题，那是另一个问题了，它要经营下去，打些广告是自己的权利（B6）。做广告好啊，人家也可以知道广告的内容，企业也有经济效率，游船也能获利，各方都有效益（B7）。其他的游船外观太现代化太商业化，不知是不是考虑使用寿命问题，钢筋铁板一块的游船能使用的时间很长（B11）。感觉这些游船像商品一样，更加商业化（B20）。这里主要是为了看珠江的风景，盈利就不好，搞经济效益没必要连这一块也弄（B21）。游船也不是公用的事业，经营也要考虑它的成本（B26）。对于公司而言，游船就是移动的广告工具（B28）	资源（1）、生存（2）、营业（1）、收入（3）、商业（17）、契约（1）、经济（5）、权利（1）、获利（1）、效益（2）、现代化（1）、使用寿命（1）、钢筋铁板（1）、商品（1）、盈利（1）、经营（2）、成本（2）、工具（1）	商业行为逐利本质	企事业经济效益

原始资料举例	开放性译码		主轴译码	
	初始概念	范畴	主范畴	
如果是广州政府负责经营，就没必要有广告，这样也显得大气，政府的钱那是另一回事，政府就应该为民众服务（B3）。引入企业进行投标，政府可以增加税收，也可以更有精力做更多的事（B15）。政府做事的态度有时显得很矛盾，想让珠江更好，也想要有收入，珠江上有游船，游船上有广告，就体现出这个（B26）	大气（1）、服务（1）、税收（2）、精力（1）、矛盾（1）	服务主导税收兼顾	政府综合效应	
从公益角度，觉得太商业化了，有些反感，并不特别排斥广告，特别是有些广告也可以成为景观，但如果是公益广告，就觉得好些，现在还是觉得不融洽（B5）。社会要进步要和谐要多些公益性事业，如果是公益广告，公益性的宣传这方面我就可以接受（B20）。看到游船上面的广告就不太喜欢，能够受教育的除外（B28）	公益（2）、融洽（1）、进步（1）、和谐（1）、宣传（3）、教育（1）	公益宣传	社会公益	
这里还是广州新中轴线的一部分，是广州形象的门户，这么多游船打广告肯定不好（B9）。最好不要把这个地段也都商业化，让城市更加多元化（B15）。游船能给城市加分，是一个窗口，使得大家更好地认识广州（B17）。游船是有代表意义的，代表祥和及一个地区的发达程度，你看那些经济不好的地方，夜晚会有游船吗（B17）。船多体现出城市的繁忙、繁荣，冠名会影响美观（B23）。游船上的广告与这里的风景、场景不协调，广州应该不缺这个钱，就没必要把这里也变成广告了（B23）	新中轴线（1）、形象（4）、门户（1）、多元化（1）、加分（1）、窗口（2）、意义（3）、祥和（1）、发达（1）、繁忙（1）、繁荣（1）、不协调（1）	窗口展示形象表征	城市形象	

资料来源：本研究整理。初始概念提取秉承贴近数据、注意关联、原词优先的原则，即尽可能提取被访者提及的原始概念，概念括号中的数字为该概念在所属层面语境下原词的次数，同一名被访者多次出现该概念时，仅统计一次，原始资料举例仅列举一次该概念的原始资料。

3. 空间性质生成

选择性译码是将提取的主范畴统一整合成核心范畴，探讨核心范畴与主范畴及其他范畴的内在逻辑关系，从而形成新的理论命题，可以通过故事线概念化的方式予以发掘。故事线可以概括为：在居民视角下的游船空间生成过程中，居民对游船空间的认知在个人（自我）、企事业、政府、社会及城市五个不同主体立场间进行切换，而相对应主体立场对游船空间核心价值的认知分别为审美、经济效益、综合效应、公益和形象，在将游船空间置身于其所行驶的游线空间（珠江广州城区段）背景下，所生成的游船空间同时具有旅游空间与商业空间双重性质（图2-8）。

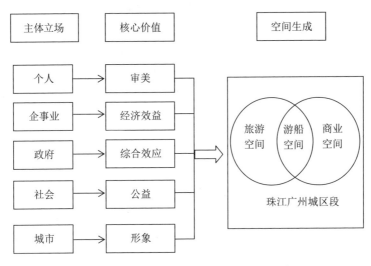

图2-8　居民视角下的游船空间性质生成

资料来源：本研究整理。

从各个主体立场对游船空间核心价值认知可以初步辨别游船空间性质：个人–审美–强旅游空间性质，企事业–经济效益–强商业空间性质，政府–综合效应–旅游与商业双重性质，社会–公益–弱商业空间性质，城市–形象–旅游空间性质。进一步对访谈话语内容及话语情感倾向进行分析，结合各主体初始概念出现的个数及频次，形成了不同主体立场的强弱及对待广告态度的25宫格（图2-9）。具体而言：不同主体立场由强到弱分别为企事业–个人–城市–社会–政府。其中，站在游船公司及冠名企事业立场最为强烈，这也是持认同或理解态度居民的主要立场，持这种立场的居民考虑的是游船公司经营现状、与冠名企事业的商业契约，其利益诉求在于经济效益，其本质在于追逐利润，认为游船冠名及广告有一定合理性。个人立场主要是从自身较为纯粹的视觉体验、感官体验、心理感受出发，其利益诉求体现为自我的审美，认为不应该有广告或者应该严格控制广告。城市立场主要是立足于游船所行驶的游线对于广州的重大意义及特殊性，认为要承载良好的城市形象，拒绝游船冠名及广告。社会立场认识到广告的传播效果及社会效应，认为广告会对市民产生潜移默化的影响，而如果广告属于公益类，则能够提高都市文明乃至推动社会进步，因此允许有广告但最好是公益广告，且强调应该适度。政府立场则是考虑到，一方面政府本职职能应是为广州市民提供高质量的公共服务及创造良好的生活条件，对于珠江的治理、环境的改造等是应履之职；另一方面又觉得广告可以提升游船企业的收入，政府从中可获得税收，降低其财政压力；所以政府利益诉求体现出较为明显的综合性，允许有广告，但强调适度原则。

	个人	企事业	政府	社会	都市
个人	N-	Y	N-	Y-	N-
企事业	Y	Y+	Y-	Y	Y-
政府	N-	Y-	Y-	Y	N-
社会	Y	Y	Y	N-	N
都市	N-	Y-	N-	N	N

图 2-9　不同主体立场的强弱及对待广告态度

资料来源：本研究整理。"+""-"号表示立场的强弱，方框中左下方的"+"或"-"号代表行所在主体立场强弱，右上方的"+"或"-"号代表列所在主体立场强弱；N 和 Y 代表不允许有广告与允许有广告，后面加上"+""-"号表示不允许或允许的强弱程度。如首行首列第一个方框，N- 表示不允许广告但程度不是很强烈，理解为不允许广告或者严格控制广告；首行第二列的方框，理解为个人与企事业相比，企事业立场强于个人，允许有广告。

三、使用者体验到的游船空间的实质

在列斐伏尔看来，表征的空间对应的是居民和使用者的空间，通过其相关的图像和符号作为直接生活的空间，往往处于被支配及消极体验到的空间[①]。在本章中，游船内在体验的使用者是游客，而游船外在体验及所行驶游线空间的使用者，主要是附近居民。因此，游船的表征空间，分别对应于游客视角下及居民视角下的游船空间。

游客体验到的游船空间，其物理属性认同度最高，有悖于游船官方宣传文本极力渲染的体验属性。这种现象，除了与游船自身在各个属性尤其是体验属性方面的不足有关之外，更为本质的原因在于，在游客的实际认知中，对旅游空间性质识别的强弱程度上，虽然游线空间与游船空间均具有旅游空间性质，但游线空间的旅游性大于游船空间的旅游性。一方面，游船空间的体验属性，部分与游线空间密不可分，如乘坐游船的浪漫、感觉游船的先进豪华高端、感受到游船的动感时尚、感觉游船的水晶般亮丽、游船中能体验到的迷人夜景等，"浪漫、先进豪华高端、水晶般亮丽、迷人"等，既是对游船的体验也是对游线的体验，两者在游客体验中形成一个"互文"的关系，甚至游客都难以分辨究竟是对游船的体验还是对游线的体验，游船空间与游线空间任何一方在这些属性方面的不足或缺失势必造成游客体验感的下降。另一方面，比较而言，游船空间的物理属性主要表现为突出游线空间的旅游价值，即此时游船空间在空间形态、规模大小、功能配套方面主要扮演着实现游线空间旅游价值的载体／工具，如露天敞开式的游船观光平台（甲板）观赏效果很好、露天敞开式的游船观光平台（甲板）很适合摄影，观光平台（甲板）的核心指向在于观赏效果与摄影，观赏效果与摄影均主要指向游线空间。在实地调研时，发现这种现象表现得较明显，许多游客，尤其是在第一、第二层的游客会到观光平台（甲板）上观看两岸景观；在游船中进行摄影时，通常必不可少且拍摄最多的是前往观光平台（甲板）与两岸景观进行的合影；将相片发送到微博、微信等社交媒体上时，往往在观光平台（甲板）与两岸景观进行合影的相片成为重点挑选对象。

居民体验到的游船空间与官方命名建构下的游船空间整体呈现出"同中有异"的特点。"同"主要体现为官方命名建构突出的是游船空间形象的商业属性，而居民对游船空间的认知在五个不同主体立场间进行切换，其中，企事业立场最为强烈，其实质为游船空间的商业性质占优，亦是官方

---

① Lefebvre H. The production of space [M]. trans. Donald Nicholson –Smith. Oxford: Blackwell, 1991: 39.

命名的建构映射到居民的企事业立场，两者呈现为信息"发出"与"接收"的关系。"异"则表现为与官方命名建构的较为单一的商业属性相比，居民在游船空间的认知上具有较大的能动性，认为该空间应具有审美、经济效益、综合效应、公益和形象多种核心价值。

第四节　游船空间生产的三元辩证关系

一、游船空间生产三元辩证下的二元张力

空间三元辩证超越了以往对事物认识"非此即彼"的二元对立，但在空间三元中始终呈现出各种二元的张力，这应是列斐伏尔空间生产思想巨大理论张力的重点所在。列斐伏尔在其著作《空间的生产》中提出了绝对空间、抽象空间、共享空间、具体空间、矛盾空间、文化空间、工具空间、生活空间、男性空间、社会空间、有机空间等几十种空间称谓，体现出空间的复杂性及多重性。空间是物质的，又是精神的；是同一的，又是差异的；是真实的，又是想象的；是先验的，又是经验的；是具象的，又是抽象的；是实在的，又是隐喻的。列斐伏尔的空间三元中包含着：空间实践VS 空间表征，空间实践 VS 表征空间，空间表征 VS 表征空间；空间实践VS（空间表征 VS 表征空间），空间表征 VS（空间实践 VS 表征空间），表征空间 VS（空间实践 VS 空间表征）等多种组合。

可以用数学组合的思想来构建空间三元辩证下的二元张力基本模型：

空间元与元组合：C_{ABC}^2（式 1）

式 1 中，A、B、C 分别代表各元

空间各元组合：$C_{A_i}^2$　$C_{B_i}^2$　$C_{C_i}^2$（式 2）

式 2 中，$i \geq 2$，理解为各元下面的元素

空间元与元组组合：$C_{B_iC_i}^2$　$C_{A_iC_i}^2$　$C_{A_iB_i}^2$（式 3）

式 3 中，三个组合分别代表与 A、B、C 元组合

进一步，还可以构建空间三元辩证下的二元张力衍生模型：

$C_{A_iB_iC_i}^2$（式 4）

式 4 可以表示空间元 / 元素与空间元 / 元素的组合，或者空间元 / 元素与空间元组 / 元组元素的各种有效组合。上述式子中，式 2 可以代表数字也可以代表组合。

表现在游船空间中的各种二元张力的组合。基本模型方面：空间各元中，空间实践的物理空间 VS 社会关系，空间表征的整体形象建构 VS 外在形象建构，表征空间的游客体验 VS 居民体验；空间元与元中，（物理空间＋社会关系）VS（整体形象建构＋外在形象建构），（物理空间＋社会关系）VS（游客体验＋居民体验），（整体形象建构＋外在形象建构）VS（游客体验＋居民体验）；空间元与元组中，（物理空间＋社会关系）VS［（整体形象建构＋外在形象建构）VS（游客体验＋居民体验）］，（整体形象建构＋外在形象建构）VS［（物理空间＋社会关系）VS（游客体验＋居民体验）］，（游客体验＋居民体验）VS［（物理空间＋社会关系）VS（整体形象建构＋外在形象建构）］。

衍生模型方面，该模型下的二元张力组合较为复杂，主要是因为元素层面的组合非常丰富，如仅物理空间的组合方面，除上述基本模型所列出外，还涉及物理空间 VS（整体形象建构 VS 游客体验），物理空间 VS（整体形象建构 VS 居民体验），物理空间 VS（外在形象建构 VS 游客体验），物理空间 VS（外在形象建构 VS 居民体验），物理空间 VS［（整体形象建构＋外在形象建构）VS 游客体验］，物理空间 VS［（整体形象建构＋外在形象建构）VS（游客体验＋居民体验）］，物理空间 VS［整体形象建构 VS（游客体验＋居民体验）］，物理空间 VS［外在形象建构 VS（游客体验＋居民体验）］。

二、游船空间生产的三元辩证

根据列斐伏尔空间生产的内涵，空间实践注重可感知的物质性空间生产，空间表征强调对空间的构想性、观念性和象征性的精神管控空间，表征空间则侧重于空间的物质性与精神性、感知与构想的融合，这种融合构成人们生活在其中而体验到的社会空间。基于此，谢尔德（Shields，1999）将空间实践、空间表征与表征空间称为"社会空间化"（socialspatialisation）辩证性综合的各个元素[①]。从这个角度理解，空间实践对应空间物理性，空间表征对应空间精神性，表征空间对应空间社会性，由此构建空间三元圈层图（图 2-10）。结合游船空间，可从以下几方面深化理解。第一，原点 O 表示处于该点的空间是一个原生（始）空间，即未

---

① Shields R. Lefebvre, Love & Struggle: Spatial Dialectics［M］. New York: Routledge, 1999.

被人化的空间，时下处于 O 点的空间基本仅在理论意义上存在。正如列斐伏尔指出所谓纯粹的"自然空间（natural space）已经无可挽回地消逝了"[①]"今天我们都知道，自然环境也是被创造、形塑、改造出来的，也就是说，在很大程度上，它是人类活动的产物，亦即，地球的面貌（换句话说，地景）是人类的产品"[②]。游船空间自身一开始就已是社会产物，是一个人化空间，其原生空间应是自身各种材料的最初始还原。第二，空间经历了从原生空间向社会空间的转化，社会空间同时具有物理性、精神性与社会性。一方面，从原点 O 向各个方向衍生，空间中的每一点都可以画一个圆圈，该圆圈则表示处于该点的空间是物理性 – 空间实践、精神性 – 空间表征、社会性 – 表征空间三者的统一，是一个"社会空间化"的辩证综合。另一方面，从原点 O 向外不断扩展的圆圈，是将时间性置于其中，表示一种历时性视角，而停留在该点处，则是历时性下的共时性呈现。在游船空间中，历时性通过空间实践予以演绎，共时性则主要呈现在空间表征与表征空间。游船公司对游船整体及外在形象的建构，游客及居民对游船的实际体验，均为对游船共时下的形象建构与实际体验，而共时下的游船是由历时下的画舫—花船—轮渡等演绎而来。

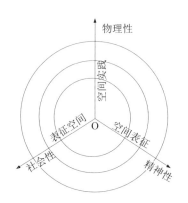

图 2–10　空间三元圈层

资料来源：本研究整理。

第三，空间生产的三元，各元均具有同等价值的根本性存在，三元中

①　包亚明. 现代性与空间的生产［M］. 上海：上海教育出版社，2003：48.
②　包亚明. 现代性与空间的生产［M］. 上海：上海教育出版社，2003：65.

哪个也不是本源性的"命题"，各元均不具有优先性 ①，这是基于对空间生产三元整体的、抽象的认识论视角。然而，一方面，空间生产三元中各元具有不同的功能与性质，在具体空间的形成与发展中有不同的分工及侧重；另一方面，不同社会文化语境、处于不同场域下的空间生产三元具有不同的表现形式。因此，结合前文对游船空间生产三元的相关分析，建构了游船的空间生产三元关系图（图 2-11）。

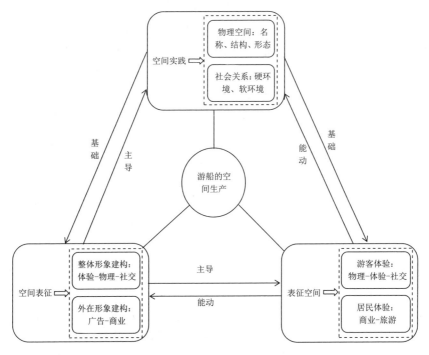

图 2-11　游船空间生产三元关系

资料来源：本研究整理。

认为在游船空间生产中，尤其在人化自然的生产实践视角下，游船空间在珠江广州城区段上的实践演绎体现出基础作用，正是有了游船空间实践，游船空间表征及游船表征空间才得以实现，亦可理解为正是在历时性空间实践累积下才有共时性空间构想与想象的呈现。游船空间表征起着主

---

① Goonewardena K, Kipfer S, Milgrom R, et al. Space, difference, everyday life: Reading Henri Lefebvre［M］. New York and London: Routledge, 2008: 43.

导作用，是游船公司按照其主体意识将游船空间表征出来，以实现对该空间的生产与管控。游船公司对游船整体形象与外在形象的建构形塑着、书写着游船空间实践，同时也映射到游船表征空间，形成人们视觉感官上、意识脑海中所浮现的空间形象，使得居民体验到游船空间的强商业空间性质。游船空间表征的主导作用还体现为对游船空间秩序的制定与实施，具体而言，对游船空间的分层、功能性分区、座位排列等细分空间规则的制定，其目的在于引导游客对细分空间使用价值与消费价值差异的认识，尤其是对后者的强调，最终是为了通过船票的高低来区分所在细分空间价值的大小。在实际实施过程中，游客凭票乘座游船，不同的游船和同一游船的不同空间，票价是不同的，高票价的细分空间往往是在游船的顶层空间、包厢空间、沿窗空间，低票价则位于底层空间、船尾空间及过道空间。而对冠名企事业单位而言，不同规格的游船，其冠名与广告费用亦是不同。因此，游船空间规则主导下的细分空间及游船空间，分别借助游客票价及企事业单位冠名与广告费用尽显空间价值大小。

游船表征空间在空间三元中最具丰富意义及能动作用，有时经过空间表征的编码，有时却没有，既有符码体系，也有非符码化体验，常常与社会生活的神秘相关联，与社会底层的一面相连，也与艺术相连，并非空间实践与空间表征的简单相加，往往反作用于游船空间表征，潜移默化地为游船空间实践提供各种可能性想象。居民对游船空间认知产生了五个不同主体立场，正是源于游船表征空间自身的性质。一方面，在游船公司主导下的游船空间主要是一个商业空间，资本从冠名及广告中获得收入是资本与生俱来的内在逐利逻辑，为了实现这种逐利目的，资本将游船构建为一个适合冠名及广告的空间，如广州市客轮公司在其门户网站列举了游船广告媒体的八大优势"①流动式广告牌，覆盖区域大，受众广，可满足不同客户群的广告需求；②目标受众多为高端消费群体；③'城市名片'，到广州必游景点，知名度、关注度高；④城市居民最主要交通工具；⑤日、夜广告效果不同，展示效果多样化；⑥媒体资源稀缺，时尚媒体，独享尊贵；⑦媒体出现频率高，关注时间长；⑧目标受众媒体评价良好"，以此吸引企事业单位的冠名及广告。同时，还意识到广告媒体的受众对该空间性质认识的重要性，进一步通过官方命名的构建及媒体舆论的引导，突出游船空间的商业属性，逐渐使得居民理解甚至认同游船冠名及广告的做法，因此居民表现出较强烈的企事业单位立场。另一方面，游船所行使的空间亦是居民日常生活的空间，居民在日常生活中，自然地将游船空间与该地段的整体空间联系在一起，通过自身在日常生活中的感知及认识，不断创造该空间的想象与意向，若隐若显地渗透出多种立场，体现出其所代表的表征空间的能动性。在访谈中，有居民误以为笔者是记者，反复提到，"你去写吧，去报道吧，去登报吧，让大家看看这个地方有多商业化"。结合居民的个人－审美、政府－综合效应、社会－公益、城市－形象的立场及核心价值认知，可以看出，受限于自身所扮演的角色及力量的悬殊，居民无法撼动游船权力主体的构想，但仍然保持着主体思想的丰富性，间接地寻求机会对空间表征进行抵抗，其能动性亦影响着游船空间实践。

第三章　微观权力视角下的游船空间生产

　　福柯的空间生产学说，主要是基于微观政治学批判范式，率先呈现为工具性空间生产[①]，空间被权力所安排并藉由权力而生产[②]，将主权（sovereignty）、规训（discipline）、治理（government）或安全（security）视为三种主要权力关系类型[③]。其中，空间规训思想集中体现在《规训与惩罚》专著上，剖析权力主体如何借助一系列技术手段对空间的精妙设计和监视而达到社会治理的目的。福柯的空间规训思想在旅游研究中的应用，主要是约翰·厄里（John Urry）在福柯有关"权力之眼"（eye-of-power）著述基础上所提出"旅游凝视"的应用[④]，如认为旅游空间在旅行社、导游、当地经营者和游客多方主体的"凝视"中产生[⑤]；同时，也有从较为综合的微观权力视角对传统旅游节庆空间的研究[⑥]。本章以福柯微观权力学说为理论框架，以珠江广州城区段上的珠江夜游游船为研究对象，其研究资料的来源与第三章一致，使用的主要是话语分析，侧重于分析那些话语以怎样的规则被说出，话语秩序体现出何种意识形态与社会关系，致力于回答游船空间是如何由物理空间变成权力空间、话语如何借助游船空间生产

[①] 王丰龙，刘云刚.空间生产再考：从哈维到福柯［J］.地理科学，2013，33（11）：1293-1301.

[②] 郑震.空间：一个社会学的概念［J］.社会学研究，2010，25（5）：167-191.

[③] Foucault M. Security, territory, population: lectures at the College de France, 1977-78［M］. Translated by Graham Burchell.New York: Palgrave Macmillan, 2007.

[④] Hollinshead K. Surveillance of the worlds of tourism: Foucault and the eye-of-power［J］. Tourism Management, 1999, 20: 7-23.

[⑤] Cheong S M, Miller M L.Power and tourism: a Foucauldian observation［J］. Annals of Tourism Research, 2000, 27 (2): 371-390.

[⑥] Mason C W. The Banff Indian Days tourism festivals［J］.Annals of Tourism Research, 2015, 53: 77-95.

出规训权力、游船空间如何成为一个工具性空间等问题。

第一节　话语的语境

福柯将培根的"知识就是力量"翻转为"知识就是权力",认为知识不仅是人类改造自然与征服世界的力量,更是规训人们的权力。福柯对知识－权力的考古学分析主要是借助于话语,通过将话语置身于特定的社会文化实践场合,由其揭示社会、文化中权力和知识隐而不现的共生关系①。

一、话语的现实实践语境

珠江夜游中游船行驶的游线,位于珠江广州城区段,该地段对于广州具有重大意义及特殊性。《广州历史地理(广州史志丛书)》②记载,广州自建城开始就与珠江联系密切,珠江记载着广州建城两千多年来的城市发展史,对广州的政治、经济、文化、旅游等方面均影响重大。珠江夜游所依托的景观及景观所处地段,均入选各个朝代/时期"羊城八景"之一,从未间断,宋朝的"珠江秋月(色)"即为现今广州越秀区沿江西路永安堂至新堤一带的珠江景色③,这一带属于本文研究的游船行驶的游线空间内。游船行驶的游线空间,不仅贯穿广州传统中轴线,也是广州新中轴线核心节点所在,游线两岸高楼林立,形成了尽显现代城市空间形态的城市中央商务区、休闲区、娱乐区和居住区,是广州标志性地段及纪念性地段,成为广州历史沉淀及城市形象的重要表征。因此,珠江广州城区段,除了具有旅游空间和公共空间属性外,不容忽视的是扮演着城市地标景观空间的角色。这是使用福柯话语分析探讨游船空间生产所必须立足的现实实践语境。

二、话语的社会文化语境

(一)空间权力的对象转变

在福柯看来,交通与空间生产关联紧密,"并不是建筑师,而是工程师和桥梁、道路、管线、铁路的建造者,以及技术员(他们专职控制着法国

---

① 周宪.福柯话语理论批判[J].文艺理论研究,2013(1):121-129.
② 曾昭璇.广州历史地理(广州史志丛书)[M].广州:广东人民出版社,1991.
③ 李华."羊城八景"的历史变迁和发展现状[J].学术论坛,2012,(12):97-100.

铁路）——这些人才是构想空间的人"①。一方面，船作为一个交通工具，实施着输送旅客及货物的功能，是 16 世纪以来十分重要的经济发展工具；另一方面，船扮演着"征服"角色，是一个征服者开疆拓土的工具，其"漂浮性"及"无地点性"隐喻着对所前往空间的无限想象。这种"漂浮性"及"无地点性"的隐喻，恰如福柯在《另类空间》一文中，所描述异托邦（heterotopia）的第六个原理："将船视为异托邦空间的经典范例（par excellence），在没有船的文明中，梦想干涸了，间谍取代了冒险，警察代替了海盗。"②船向游船转变后，此时其主体的功能已发生了本质改变，既不是经济发展的工具，亦非开疆拓土的工具，游船空间主要是被标榜为旅游的空间。这种转变，率先发生变化的是空间权力的对象，权力的对象包括权力的承受者和承受者所受施权力的所指，从以往的旅客及征服者转变为旅游者，从空间中物的消费转变为空间自身的消费，游船从以往的工具及前往异域的器具转变为自身既是异域又是消费的主体，这种转变促使新的权力文化的诞生。船向游船转变后，已失去了船在异托邦空间的隐喻，转而变成列斐伏尔终其大半生所批判的"现代社会单调乏味机器般的有节奏的日常生活"③，这种"千篇一律中的多样性"的日常生活是权力施行者规训的结果，游船所标榜的"旅游空间"，本质上既应是"日常生活"的一部分，又当高于"日常生活"，然而当前的社会文化实践语境下，游船空间似乎也成为"千篇一律中的多样性"日常生活的一个镜像。这是使用福柯话语分析探讨游船空间生产所必须立足的社会文化语境之一。

（二）空间的符号化转变

　　船是生产性的，而游船是消费性的，游船成为被消费的符号景观，游船空间被符号化。"符号景观是一种由感性的可观看性建构起来的幻象，它通过默默的、不干预的、迷人的'看'，控制、奴役大众。"④游船表征的不再是水路交通和运输的工具这层含义，而是具有丰富的社会意义，游船是一种身份的象征，它代表着舒适、时尚、权力、品位和速度，主要是作

---

　　①　包亚明.后现代性与地理学的政治［M］.上海：上海教育出版社，2001.
　　②　Foucault M. Of other spaces, heterotopias［J］. Architecture, Mouvement, Continuite, 1984: 46–49.
　　③　刘怀玉.现代性的平庸与神奇：列斐伏尔日常生活批判哲学的文本学解读［M］.北京：中央编译出版社，2006：186.
　　④　孙江.空间生产——从马克思到当代［M］.北京：人民出版社，2008.

为符号而消费。行驶于城市城区的游船，往往造价不菲、布局及装饰尽显尊贵气派，且甚有攀比之势，"2001 年 9 月，广州市客轮公司最豪华的游轮'花城明珠号'在珠江进行了首航，造价 400 多万元……2003 年，造价 800 万元的多功能双体豪华游船'银海豚'游船投入使用……同年，'信息时报号'也建成使用，成为目前我国内河最豪华的观光游轮之一……2004 年，金航游轮公司推出广州第一艘独具岭南文化气息的豪华仿古游轮'金舫号'，造价高达 1000 万元。与其同时推出的还有另一艘西式设计风格的豪华游轮'金璟号'，定员 300 客位，造价同样高达 1000 万元。紧随其后，广州市客轮公司花 800 万重金打造广州第一艘观光会务游轮——'广游 03 号'豪华商务游轮，可提供政府或社团 120 人以下的餐饮、会议、观光、娱乐等活动场所，是目前国内客位单价最昂贵的游船。2005 年 1 月投资 1000 多万元建设的'穗港之星'也加入到珠江游观光业务的营运中"①。造价及"最"的攀比，主要是象征意义及符号价值的比拼。而游客所声称的"在游船空间中合影可以晒到微信朋友圈，等待大家的点赞"被权力发出者转变为"游船空间是晒时尚晒权力的符号"，借由符号所指规训着游客的言行举止及消费意识与理念。尽管游船的空间是被标榜为旅游的空间，应是一个被赋予"闲暇、自由、娱乐"的意涵，游船公司及其工作人员亦理应向游客传达这样的信息。但在现代社会，权力弥散在我们周围，它可以在最细微的地方被捕捉到，正如福柯所言，"权力效应沿着一个渐进的细微渠道流通，它抵达个人，抵达了他们的身体、姿态和全部日常行为"②。游船空间中物的使用价值让位于符号价值，消费不再是传统意义上的占有，而是一系列表达符号所指的实质，成为"一种符号的系统化操控活动"。船的生产性向游船消费性的转变，使得经典马克思的"物质生产第一性"理论逻辑，逐渐让位于现代的"消费 - 符号统治性"叙事逻辑，这种让位既是"空间转向"思潮中空间权力化的重要表征，亦是后现代视域下空间思想研究的主要指向。这是使用福柯话语分析探讨游船空间生产所必须立足的另一社会文化语境。

---

① 广东珠江旅游引来豪华游轮，中国旅游报，2007/09/12.
② 汪民安，陈永国，马海良. 福柯的面孔［M］. 北京：文化艺术出版社，2001.

第二节　规训权力的生产

居民视角下，游船空间在生成商业空间的过程中，两种话语逻辑起主导作用。第一种话语逻辑可总结为黑格尔的"凡合理的都是存在的，凡存在的都是合理的"，表现如："企业利用资源很合理"（B1）、"我去上海，夜游黄浦江，那里的游船也打广告，所以很正常"（B2）、"游船要经营下去，打些广告是自己的权利"（B6）、"在上海的游船也做广告，那个地段也很重要，没什么不妥"（B7）、"可能是企业经济来源不足，才会有这么多的冠名及广告"（B12）。现实情况正是"广州港游船有限公司的穗港之星、穗港壹号两艘游轮，一年的卖票营收在 1000 万元，人工、油耗等支出也要这么多，只能靠船身广告才有约 100 万元的利润。广州金航游轮有限公司有 90 多名员工，有金舫号、金璟号、金鸥号 3 艘游轮，去年卖票营收是 2500 万元，利润约 300 万元，其中广告就贡献了 200 多万元"[①]。居民的话语使得游船空间生成商业空间似乎有了"合理"依托，媒体的报道进一步强化了"合理"依托，话语的实践最终生产出权力主体行使权力的合理性。第二种话语逻辑可总结为"润物细无声，习惯成自然"，表现如："游船上面打着广告并非一朝一夕，可能看久了，都觉得习惯了，也没什么不妥"（B2）、"现在的船多数都有冠名，打着广告，而且好像越来越严重，以前好像还没有 LED 屏的，就只有冠名，也没有广告语，现在逐渐地，企业名称有了，广告语也出现了，还有 LED 屏也来了，似乎还越弄越大，看着看着大家都觉得自然了"（B9）、"看到船身的广告，也无所谓了，看久了呀，大家都潜移默化接受了，只不过有时还是会觉得比较遗憾"（B23）。居民对于习惯的形成无意考究亦无从考究，将其视为自然而然的合法存在，甚至视为"真理"，"我们都是现代人了，现代社会就是这样"（B22）、"商业社会都是这样"（B26），商业社会的"真理"原则就是空间商品化，而现代人在现代社会的现代性话语下将习惯自我合法化为"真理"，并视该原则为圭臬，无疑生产出权力主体行使权力的"真理权杖"。导致两种话语逻辑的根源在于：一方面，人们缺乏对知识 - 权力应有的反思与批判，未能对权力所披上的"合法"与"真理"外衣的本质有所洞察。另一方面，

---

① 调查：游船公司合并能否终结无序竞争，南方日报，2015/9/17.

微观权力无处不在，人们受微观权力对真理的生产的支配，正如福柯在演讲时指出，"我们受真理支配，因为真理制定法律，真理生产真实的话语，这种话语至少是部分地在权力的效应的基础上裁决、发送和扩展。最后，我们被裁决，被审判，被分类，被注定了要在某种模式中生存和死亡，作为承载权力的特定效应的真实的话语的一种功能。"[①]

第三节　工具性空间的生产

一、空间的分割

（一）空间的分层

　　游船较多分为三层，此分层有其客观制约，因游船所穿梭的游线往往有桥，桥会对游船限高，在广州珠江游段对游船限高为 10 米。各艘游船在其宣传册上都对每一层空间进行了明确的定位，如"工商牡丹卡号"游船"首层船舱是一个集会议、用餐、表演于一体的大型综合性场所，有水上舞台、LED 屏幕墙、杜比音响、流动性厨房、自助餐台；二楼配有水上酒吧、包厢、KTV 房；三楼则是露天观光平台"（宣传文本）。权力施行者根据物品功能效用，充分考虑游客多元需求，对空间进行分层，对每层空间进行再分割，其功能区井然有序，层层递进，体现出游船"整体空间－每层空间－单元空间"的空间语法秩序，汪民安认为"商品遵从某种秩序，但摆脱了等级性秩序；它们遵从类型学的秩序，而不是结构主义意义上的秩序；它们有语法，但不是全盘性的普遍语法，它们只遵循局部语法"[②]。"首层豪华包房是商务洽谈区，靠窗两边是观光游览区，中间是具有西关特色的中式餐厅；第二层的包厢是情侣私密区，背面是舞台梦幻表演区，中间是大型通透的西餐厅，第三层是自由活动的人际交往区"（游船经营者对游客的介绍），明确的功能定位折射出权力施行者对游船空间施展权力，进而生产出不同性质的社会空间及社会关系，正如黄凤祝所言，"社会空间是一种制度化的'生活空间'，这种空间有一定的秩序和准则，这些秩序和准则是由统治者的共识产生，与一般人的共识没有多大关系。……由此他们就

---

① 福柯.权力的眼睛——福柯访谈录［M］.严锋，译.上海：上海人民出版社，1997：228.
② 汪民安.身体、空间与后现代性［M］.江苏：江苏人民出版社，2015.

可以界定和垄断生产关系，界定和创造社会空间。"①

（二）座位的排列

如果说游船空间的分层体现的是类型学的秩序，那么座位排列则渗透着等级性秩序。广州珠江夜游段的游船，座位少的有 28 客位，多则达 628 客位，以 300~500 客位的游船居多。一方面，游船每一层都有"优越空间"，首层及第二层是包厢空间及沿窗空间，顶层则是沿江空间，少数游船如"金舫号"游船专门在第二层开辟一小块露天平台，搭建起一个具有岭南韵味的别苑亭阁，这些空间通常具有私密性好、独享性强、视野佳等特点，相应地，这些空间的价值通过不同的货币数量来表现，其座位的票价最高，VIP 座位通常是普通座位价格的数倍。权力的行使借助于空间进行运作，人们之间的上下、高低、尊卑乃至贵贱等权力关系外化为对不同样态空间的占有，或在同一空间时处的具体不同座位上。典型的如游船在接待政要考察、公司庆典、主题聚会等集体性活动时，通过座位的排列尽览权力关系，凸显等级性秩序。另一方面，游船首层和第二层通常采用矩形桌长条凳的座位布局，每桌可入座 4 位游客，座位较为固定，整体上呈现横成行、竖成列，中间是过道，横竖均成一条线的条块状空间模式，类似于传统课室的"秧田式"座位排列方式，唯一不同的是客人是面对面坐。这种排列方式，充分调配了游船整体可利用空间，充分体现了资本逐利的本性，而其秩序化则便于权力的施展与控制。游船第三层则采用围桌会谈式布局，布局的本意是营造惬意悠闲的生活气息，但由于座位排列过密、公共空间过窄，实际场景显得突兀与不协调，游客争先恐后地拍照、大声地喧哗、躁动与不安（图 3-1）。

---

① 黄凤祝.城市与社会［M］.上海：同济大学出版社，2009.

图 3-1　三层拥挤的甲板空间

资料来源：作者自摄。

二、时间的编排

福柯把权力对时间的控制分为分解、序列化、综合利用的过程[①]，即"把时间分解成连续的或平行的片断，每个片断应该在规定的时间内结束；根据一个分解计划——各种简单因素的序列，来组合这些细微过程，由简到繁地把它们组合起来；确定这些时间片断，决定每一片断的持续时间，用考核作为结束；制定更细致的系列，根据每一个人的水平、资历、级别，为他规定适合于他的操练"[②]。上述对时间编排的四个环节主要是被学校用于控制学生时间、肉体和精力的关系，但折射在游船的时间编排上，即为每趟游船游时 80 分钟，主要分解为"15 分钟（上船）—50 分钟（活动）—15 分钟（离船）"（游时排列表）三个阶段。每个阶段通过一系列安排进行序列化，进而实现时间的综合利用。前 15 分钟是游客登船、寻找座位入座、自由走动熟悉游船、游船广播介绍游览注意事项及景点概况等。中间 50 分钟是活动举办时间，一般会有 3 个活动，固定下来的有"摄影、川剧

---

① 张广利，汪冬冬.福柯微观权力的时空特点及其控制与应用［J］.学术交流，2008，（2）：15-18.

② 米歇尔·福柯.规训与惩罚［M］.刘北成，杨远婴，译.北京：生活·读书·新知三联书店，2016：177-179.

变脸表演、书法写作表演"，其活动时间顺序有严格编排，最先举行的是摄影活动，两名专职摄影师先进行 20 分钟左右的摄影，为后期相片的加工修饰及装订等事项留下宽裕的时间，确保游客到岸能及时选购相片。其次是 10 分钟的"川剧变脸表演"，将游客的目光及注意力集中在表演舞台，带动现场的氛围。最后是"书法写作表演"，邀请"书法家"现场作字画，将字画现场拍卖。后 15 分钟是游客准备离船、选购相片、支付拍卖费用换取作品，游船工作人员打扫卫生布置现场迎接新一批游客。因此，权力通过对时间的编排，规训游客按照时间表来活动，通过一定的程序控制游客的动作，进而榨取游客每一个时间段的注意力，最大限度地使用稍纵即逝的时间来创造利润。

三、话语的渗透

在福柯的研究中，话语不单指具体的语言表现形式，也不仅指语言结构系统要素，而主要突出的是话语如何在特定社会语境中、通过言语活动所呈现，具有该情境下何种社会意义，如何体现出权力的运作。麦克尼认为"正是在话语中，权力与知识结合在一起；话语分析、检验权力，知识复合体在一种微观层面上如何运作，如何产生出真理王国的特殊方式"[①]。摄影师在三楼甲板处为游客拍照，游船到岸时游客可免费领取镶有相片（长宽仅为 4cm×3cm）的钥匙挂件（图 3-2），同时晒有大尺寸的相片供游客挑选购买。"各位游客，我们免费提供摄影，需要专业拍照的请移步三楼甲板处，我为大家选取优美景观，参加摄影的游客可凭号在游船靠岸时领取镶有相片的钥匙挂件，机会难得。现在这个位置可选取广州塔为背景，想和广州塔合影的游客赶紧上来……请大家排队，我们节奏紧快些，不然一些人就错过优美背景，站好姿势，一二三，好了，下一位……"（摄影师D1）。权力施行者为了最大限度利用时间与空间的价值，通过"免费""专业拍照""优美景观""钥匙挂件""难得""广州塔合影""错过"等话语规训更多游客到三楼甲板处，甲板处的狭小不仅突显空间优越价值，而且拥挤的空间更确保游客不会长时间停留，摄影的机械化、程序化动作使得过程连贯而紧凑，这一切都是为了给更多的游客拍照，其逻辑是更多游客拍照会有更多游客购买相片。"这趟船比上趟船多（指给更多游客拍照），应

---

① 路易斯·麦克尼.福柯［M］.贾湜，译.哈尔滨：黑龙江人民出版社，1999.

该会有更多人买。"（摄影师 D2 与游船工作人员 D3 对话）"难得来一次，买个大相片当纪念吧；摄影师也不容易，支持摄影师吧；我看你们是情侣，这相片拍得很好看，20 元也很便宜；我们的摄影师很专业、小有名气的，多多支持。"（游船工作人员 D4）通过"难得""纪念""摄影师""不容易""情侣""好看""便宜"等话语劝说游客购买相片，除了强调物品的实用价值，还彰显物品的情感价值。

图 3-2　镶有小相片的钥匙挂件

资料来源：作者自摄。

　　书法写作表演作为压轴的活动，用"高龄""年近八十""热衷公益""有爱心""长途赶来""等候多时"等话语进行前期铺垫；用"鸿运当头""舍得""室雅兰香""有缘人"等话语进行感性渲染；用"百度搜索""知名""获奖""作品估值""现在只需""优惠""价值不菲"等话语树立绝对权威。游船空间在主持人的话语体系下形成了一种强大的心理控制场，现场热烈的气氛、拍卖的快节奏与主持人的话语相互映射，构成了一个相互交织的"话语空间"，产生了一种不容错过的"引诱话语"（图3-3、图3-4）。"各位游客，大家晚上好，10 月是我们游船的文化月，我们今晚很荣幸邀请到国内知名的书法家 ××× 先生，× 先生今年已年近八十高龄，一直热衷公益事业，屡次将其书画作品所得捐赠于公益小学，是一位有爱心的长者，× 先生下午刚从外地长途赶来广州，就被我们公司请来为大家挥洒墨宝，现已等候大家多时，我们用热烈掌声欢迎 × 先生……× 先生今晚作画'鸿运当头''舍得'和'室雅兰香'三幅，他的作品屡获大奖，大家可以用手机百度搜索就知道他的书法作品估值，现在

只需底价100元进行拍卖，优惠给有缘人，有可能你只需用100元就可获得价值不菲的名画……"（活动主持人员）

图 3-3　排队购买字画的游客

资料来源：作者自摄。

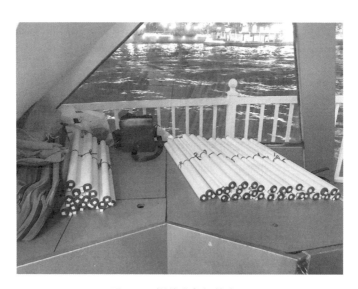

图 3-4　提前准备好的字画

资料来源：作者自摄。

四、身体的控制

"空间与权力话语体系核心交汇处,恰是不能被简化无法被还原且不可颠覆的身体。"①在游船空间中,游客按票入座,除包厢及三楼临时围闭的隔离区(隔离区仅提供给购买该空间票位的游客)外,其他公共空间均可以自由走动,在三楼甲板处还专门开设一小块公共空间供游客拍照(与围闭的隔离区分开,主要是供一楼和二楼的游客拍照,摄影师会到隔离区为处于该空间内的游客提供摄影服务),期间,由于三楼是露天观光平台,在一二层的游客多数会到三楼甲板处进行拍照。游船表面上看似是一个可以从一层到三层自由流动的空间,但每个人票在哪一层哪一座,基本就固定在那一层那一座,即使到其他地方,也是偶尔的走动,最终身体还是定位在起始位置。首先,三楼供拍照的甲板处空间狭小,能容纳的游客数量极为有限,多数游客拍照后"自觉"地离开回原位。其次,三楼狭小的甲板空间,就像一个在聚光灯下的小小舞台,当游客站在这个空间上时,瞬间会觉得不舒服,迅速感觉到似乎有无数双眼睛在观看自己,自身成为被凝视的对象,尤其是来自三楼围闭隔离区的凝视,令人想起福柯所描述的"全景敞视监狱"场景。只不过,在这里不是少数人看多数人,而是多数人看少数人;在这里的看不是监视或控制的看,而是随意的(隔离区内的游客)或迫切期待的(等候拍照的游客)看。隔离区"优越空间"中的游客及等候拍照的游客扮演着监视囚徒的狱卒角色,凝视着甲板空间上的游客,在众多双眼睛的凝视下,多数游客在镜头下有异于平常,神情亦显得不自在,不自觉地快速离开这个空间,游船空间上拍照所代表的旅游体验往往成为一种形式,成为操控大众游客的一种旅游体验符号。"还是会感觉到不自在,一方面,人很多,地方又窄,也不太好意思占太久,另一方面,等候拍照人的也很多,感觉很多人在看着自己,其实拍起照来也不自在,不是很习惯,还有啊,到了小蛮腰时,很多人都想拍照,所以也就拍几下当纪念,免得惹人嫌。"(图3-5;游客C2与游客C3)此外,当某个区域的游客较多时,很快就会听到"请大家尽量回到自己所在票面的位置,保持良好的秩序,到三楼甲板拍照的游客,请按工作人员指引,分批有序进行,拍完照的游客,请尽快离开"(游船广播)。"我们每一层都配备有定额的同事,每位同事负责各自岗位的工作,大家自然不希望自己照看的区域出

---

① Henri Lefebvre. The Survival of Capitalism[M]. London: Allison and Busby, 1976.

状况，特别是人多容易添加工作量，你看有时这么多一二层的游客来到这里，游客在这个区域的垃圾都得我们负责，而游船一靠岸我们必须清理并布置好这个区域。"（图 3-6；游船工作人员 D5）游船上隐藏着的权力，在权力规训下形成身体意识，隐介藏形般地矫正并改造游客的行为，以符合权力施行者的需求。从人文意义角度看，身体是最小尺度的空间，在所有其他空间中，身体充当"元空间"的角色，对游客身体的安置，能够尽可能地减少行使权力的人数，同时增加受权力支配的游客人数，往往成为权力施展的终极指向，身体上明显烙有权力的印痕，正如福柯所言，"对身体的规训，能够减少密集现象的低效率，减少使乌合之众不如统一单位那样便于管理的因素，减少阻碍对其中各个因素和集体的使用的因素"①。

图 3-5　甲板围住的小方块空间用于摄影

资料来源：作者自摄。

_____

① 米歇尔·福柯.规训与惩罚［M］.刘北成，杨远婴，译.北京：生活·读书·新知三联书店，2016：246.

图3-6　游客即将下船时工作人员抓紧时间打扫卫生

资料来源：作者自摄。

五、空间权力主体嫁接

非此即彼的命名是权力"游戏"中的常用手段，权力网络中的支配性力量可借此来排除其他危险的、不确定的思想、言说、行为，将话语与行动的框架缩减到其自身可掌控的范围内[①]。游船空间的冠名，是冠名企事业单位对空间权力主体的嫁接。游船在珠江行驶，所购买的是珠江的使用权，其使用权的开展，究竟是服务于游客还是服务于企事业单位，这原本是一个"不问自明"的问题，其核心指向应是服务于游客而获得利益。然而在利益牵引下，游船与冠名企事业单位这两种原本毫不相干的权力主体嫁接在一起，游船空间转变为商业竞相追逐的空间，既是"喧宾夺主"又是"本末倒置"的行为。而冠名权代表着空间权力和荣誉的转让，冠名意味着这个名称将作为城市、国家乃至世界网络上的一个节点，与具有历史、政

---

① 张骁鸣.旅游地空间话语的社会建构——以世界遗产地西递村为例［J］.思想战线，2011，37（3）：99-105.

治、文化意味的其他建筑一同在地图上平起平坐①。行驶于珠江上的游船冠名，不仅使得企事业单位与该地段在地图上平起平坐，更是完美地嫁接了该地段具有的特殊性及重大意义，由此引发的是对城市、游客及公众隐性权益的渗透与侵犯，成为福柯微观权力规训机制在当下的一种新表现形式。

六、空间意义重新抒写

游船空间的冠名，是冠名企事业单位对空间意义的重新抒写。珠江上有船，这是空间应有的能指，其所指亦指向明确。然而，珠江上的各种企事业单位，则使得空间的能指空洞化，所指虚无化。如蓝海豚游船公司冠名的"中恒集团号"游船，镌刻在船身上的广告语"中药现代化，中国大健康"霓虹闪烁般地吸引公众注意力，成为与珠江及游船一样具有景观价值的景观。福柯曾经通过解读勒内·马格利特（Rene Magritte）的《这不是一只烟斗》（1926）②的画作而著有《这不是一只烟斗》③一书，此后针对马格利特的画作以及福柯对画作的解读的不同理解纷至沓来。画作上烟斗画面与标注文字的矛盾引发思维混乱，正如行驶于珠江上的游船所镌刻的冠名及广告语，广告文字并没有对依附的游船作出审美的标注，只是以能指的符号粗暴地寄居于游船上，期待游船所行驶路线地段所具有的特殊性及重大意义来填补自身在此的指代缺失。游船亦未依托广告文字而获得实在的所指，所对应的并非真实的历史环节或地理片断，能指和所指的关联变成了随意的游戏，是一种不真实的对应，甚至具有"蒙骗"公众的性质，呈现出的是一幅词（广告文字）与物（游船）之间的空洞画面。亦如列斐伏尔所指出，在后现代社会下，所指与客观的指称物并无关联，纯粹成为一种独立于客观事物之外的绝对形式④。事实上，游船上的冠名及广告文本，与在珠江上拉起广告横幅无本质差异，只是形式上更优雅些，策略上更隐蔽些。珠江及游船作为一个符号所承载的历史意义瞬间发生了变化，

---

① 许苗苗.北京都市新空间与景观生产［M］.北京：中国社会科学出版社，2016.

② 马格利特曾以此为题作过两幅"烟斗"画：一幅画于1926年；另一幅作于1966年。前者就是广为人知的《这不是一只烟斗》：图中，一只巨大的烟斗蔓延在整幅画面里，而底下铭文却是"这不是一只烟斗"。

③ Foucault M. This is not a pipe［M］. trans. James Harkness. University of California Press, 1983.

④ Lefebvre H. Everyday life in the modern world［M］. Translated by Sacha Rabinovitch, with a new introduction by Philip Wander, Transaction Publishers, 1984: 110.

其实质是消费文化和市场逻辑深入渗透到了社会生活的各个方面，对公众的日常生活审美意识进行隐性规训与操纵，"公众在其中不再是体验空间的积极参与者，而被化约为一个被动的观赏者"[1]。无疑，"铜臭"压倒了意义。

七、空间性质改写

游船空间的冠名，是冠名企事业单位对空间性质的改写。镶刻着冠名及广告语的游船行驶于珠江上，使得珠江成为一个巨大的展览馆或展厅，游船相当于流动的展示物品，冠名的企事业单位是展览的参展商，公众及游客扮演着观众的角色，整个空间成为一年365天（除极少数的台风影响停止营运）永不落幕的夜展览空间。游船冠名，是在权力主体的合谋下，以隐蔽的方式实现了珠江及游船空间性质的转变，整个空间的商业属性取得压倒性胜利。对游船进行冠名及广告，除了符合游船公司所要求的冠名及广告费的基本门槛，原则上企事业单位的知名度越高、实力越雄厚则越受游船公司欢迎，亦越有机会冠名规模大或豪华的高档次游船。冠名的游船在珠江上的展览，使得原本富有意蕴的空间被转化为"形象的世界"，成为冠名企业形象的表征及互相炫耀的空间。而部分游船如"金舫号·中国体育彩票"内部一系列装饰定制化为体育彩票销售网点，地毯、桌台、餐具、餐巾等随处可见"中国体育彩票"标识，船体两侧巨大的 LED 屏幕展示的体育彩票宣传片，船尾闪闪发亮的广告语"彩票，就买体彩大乐透"，则赤裸裸地成为一个消费的空间（图3-7）。游船空间装饰不是为了更好地让游客获得旅游体验，而是为了调动并充分刺激人的消费欲望；游船空间的使用不是为了使游客在旅游活动中实现生命的充盈，而是作为商品使游客成为空间的消费者。游船空间成为列斐伏尔对西方日常生活所批判的"消费受控的官僚社会"（bureaucratic society of controlled consumption）[2]，亦成为福柯微观权力渗透下具有隐蔽性的"工具性空间"。

---

①　Harvey D. Between space and time: reflections on the geographical imagination[J]. Annals of the Association of American Geographers, 1990, 80 (3): 418–434.

②　Lefebvre H. Everyday life in the modern world[M]. Translated by Sacha Rabinovitch, with a new introduction by Philip Wander, Transaction Publishers, 1984: 60.

图 3-7　"金舫号·中国体育彩票"游船

资料来源：作者自摄。

第四节　权力的反抗

　　游船空间在资本与权力的拓殖下，其不正义既具有隐蔽性又有长期性的特点，但福柯认为"哪里有权力，哪里就有抵制，抵制决不是外在于权力的"①，这意味着无所不在的权力并不是不可抵制的，即使最"软弱无力"的人也有"弱者的武器"。在游船这个小微空间中，仍然可以观察到游客采用抵抗策略/战术来对权力的规训做出能动性的反应。"我来之前就听同学说过，即使买了一楼的票，也可以到三楼去看的，所以我们买了最便宜的票，但我们大部分时间是到三楼去看夜景的，毕竟那里视野好"（游客C4）；"我交了钱，就想享受到全套服务，既然有提供免费拍照服务，我就把这个当成必要动作，但相片是不会买的，拍了照领了钥匙扣就算完成了任务"（游客C5）；"我们不用他（指摄影师）给我们拍照，他拍照像是在应付任务，而且知道是不会发底片的，要大相片还要掏钱买，我们自己带了相机，想几时拍去哪拍都行"（游客C6）；"现在的营销手法真是厉害啊，

①　米歇尔·福柯. 性经验史［M］. 佘碧平，译. 上海：上海人民出版社，2002.

游船上也来这一套，明明是买卖字画，却搞了个书法写作表演，吸引了这么多人的围观和参与，还叫作拍卖，满满的都是套路"（游客 C7）；"书法写作应该是高雅的活动，一看现场的摆设、主持人调动氛围的俗气开场白、观众的起哄，我就知道这一定是营销手法，就是个噱头，应该是忽悠人的，我看不下去就上来了，现场闹哄哄的，和菜市场没什么区别"（游客 C6）。相对于权力施行者拥有的一套较成熟与完善的机制与手段而言，游客的抵抗策略 / 战术具有灵活性与偶然性，富有创造性与隐形性，是在顺应权力施行者强大的权力运作机制与精妙的规训技术手段下，采取不合作、非暴力、流动的、迂回的抵抗策略 / 战术，游客避让但不逃离，发挥了其特有的优势。

正如米歇尔·德塞图把权力规训视为战略层面的统治，将"弱者"在日常生活中的抵抗视为战术层面，认为空间实践中弱者采用灵活的战术进行零星抵抗可能是唯一出路。"战略拥有自己的领地，比如学校、军队、企业等，它可以在这些场域从容地行使自己的权力……战术则没有自己合适的地盘，它是依附于战略空间的。战术不能依赖正规的（空间或体制机构的位置），也不在于有一个与他者区分清楚的整体边界线，战术的场地属于他者，不能远离他者，战术在别人的地盘上零散地暗示出自己，不能整个地颠覆他者，不能远离他者。它没有供自行支配的可以用以发挥自己优势、准备扩张、确保独立于各种情境的基地。由于缺乏必要的场地，因此战术反抗只能巧妙地潜伏进别人的空间，混迹其中，抽空暗暗地利用一下战略的资源显示自己的存在。"[1]游船空间成为显性权力的战略进行理性运作的场所与灵活隐性的策略 / 战术进行机会主义式的拓殖的"战场"。然而，这种方式毕竟仅是少数个体的抵抗，力量微弱、影响不深远、成效亦有限，主要属于德塞图所说的"权宜之计"或是一种"临场发挥"。

---

① 周宪.文化现代性与美学问题［M］.北京：中国人民大学出版社，2005.

第四章　空间三元论视角下的游线空间生产

本章以列斐伏尔空间三元论为理论框架，以珠江广州城区段上的珠江夜游游线空间为研究对象，其完整的游线空间为从珠江广州水域白鹅潭地段至琶洲地段，全长 23.24 千米。本章的研究资料主要包括：地方志和地方年鉴 8 本，珠江两岸规划和广州城市规划等 20 多份，与珠江夜游有关的新闻报刊 100 多篇，游客对珠江夜游有效评论 2486 条，游客对珠江两岸体验的有效调查问卷 935 份，半结构访谈游船公司高层管理者（编码 A 表示）5 位，现场拍摄游线空间照片 100 多张，遵循案例研究的实证归纳逻辑，以质性研究和量化研究的程序指导具体的资料分析，致力于回答游线空间的历史形态如何演变，权力主体如何对游线空间进行建构，建构出了什么空间，游客体验到什么样的游线空间。

第一节　游线的空间实践

空间实践是人们依托特定的社会生产力、生产方式对具体场所的改造型塑、生产与再生产，空间实践的产物是各种可感知的空间形态，如桥梁、房屋、道路、广场、公园等，是一个具有物质形态，能够被人们感官所捕捉的感知空间，特别是具有可视性，能被人们看见。卡斯特尔认为"空间是结晶化的时间"[①]，当我们把珠江夜游空间放在历史演变中进行考察时，就如同地质学家或考古学家考察漫长的地质形成，往往会发现其演变的特性甚至规律。

---

① 曼纽尔·卡斯特尔.网络社会的崛起［M］.夏铸九，王志弘，等译.北京：社会科学文献出版社，2001.

一、空间形态的历史演变

（一）城外边缘空间形态向城市核心空间形态转变

1. 秦朝时期

广州建城于何时，至今仍无定论，从现有的历史记载及考古资料来看，目前流传的主要有两说：最早建城之说始自春秋楚庭（亭），认为春秋时代广州已成城市且为全国名城，该说出处主要依据于《羊城古钞》："夷王八年扬粤，楚熊伐扬粤，时事楚，有楚庭，郢令之郡城也。"[①] 而认可度较高的是广州建城于秦朝统一岭南以后，陈代光（1990）在对广州建城几种说法详细回顾的基础上，认同广州建城于秦朝，认为"广州最早的名称并非'楚亭''南武城'，应该是'番禺'（贡禺）"[②]。所以，广州古称番禺，而对番禺的称呼，亦有多种说法，其中一说为盐村，"按《越绝书》的古越语译出'番'即村，'禺'即盐或咸之意，番禺即为'盐村'或'咸村'"[③]。"'禺'与'余'同音，古越语有倒装修辞法，则番禺即盐村或渔盐聚落，为海水可浸之处；也有人以古越人笃信鬼神为由，以为'番禺'为南海之神；古时珠江深入广州城下，江面甚宽，当地人过江曰'过海'，江边曰'海皮'，至今仍保持这种称谓。"[④] 当时南海郡尉任嚣于公元前214年筑城于番禺，番禺古城的城址"具备得天独厚的优越条件：有甘溪水源，故水用充足；地势较高，可免洪潮之灾；处西、北、东三江之汇，江海之滨，航道探阔，腹地宽广，利于形成'港城'"[⑤]。因此，广州自建城开始就与珠江联系密切，珠江标记着广州建城两千多年来的城市发展史，可以说，广州古城是一座因水而生，因水而兴，因水而荣的港口城市。从汉武帝平南越后三百多年间，广州古城基本上是在开埠初址起缓慢建设，始终在越秀区核心区域一带，呈现较为漫长的自然演变，宽阔的珠江和外海是广州古城的天然防御屏障，珠江在此时尚未与城市建设产生密切的联系[⑥]，处于城市边缘地段，是一个未被人化的自然空间。

① 仇巨川.羊城古钞［M］.广州：广东人民出版社，1993：303.
② 陈代光.试论广州城市的形成［J］.暨南学报（哲学社会科学版），1990，（3）：65—72.
③ 曾昭璇.广州历史地理（广州史志丛书）［M］.广州：广东人民出版社，1991：14.
④ 许桂灵.广州水文化景观及其意义［J］.热带地理，2009，29（2）：182—187.
⑤ 吴庆洲.古广州城与水［J］.中外建筑，1997，（4）：13—14.
⑥ 潘建非.广州城市水系空间研究［D］.北京：北京林业大学，2013.

2. 宋元朝时期

宋代是古广州城市建设与发展的重要时期，修筑城墙，扩建城市，形成了子城、东城、西城的广州三城格局。除了城垣建设外，宋代的广州还注重对城市水利、城濠、航运、生活用水等方面的建设，奠定了古广州"水城"的基础。因此也出现了古人对广州城的山水格局和空间环境结构的描绘："六脉皆通海，青山半入城。"[①] 宋朝珠江江面宽阔，广州地处岭南，洪涝来时使低洼地区淹没，干旱降临时又使大地缺水，较为频繁的台风也影响珠江江面上的船只。因此，在宋朝时，修建了六条连贯全城的重要排水大渠（即六脉），同时在临近珠江沿岸建立了濠（护城河），由此使得"六脉通而城中无水患，盖城渠之水达于闸，闸之水达于濠，闸之水入于海，此城内水利所由通也"[②]。当时，广州商业街市基本形成了以水道为依托的格局，来自各地满载货物或待装货物的大船停泊在各濠口等水面开阔处，水运条件好的水道两岸商铺沿濠畔一字排开，形成繁华的商业街市[③]。必须指出，繁华的商业街市指沿濠两岸而非沿珠江，珠江两岸当时仍处于城市郊区地带，但广州城已逐渐在秦汉之后向靠近珠江的南边拓展。正如邓颖贤（2011）研究指出"宋代八景有七景在城外，城内只有一景"[④]，城内的一景指的是"光孝菩提"，与珠江相关的"扶胥浴日""石门返照""珠江秋月（色）""海山晓霁"四景均在城外。珠江秋月（色）的美景主要凭借的是珠江的壮阔景观、海珠石（岛）及两岸繁生的林木[⑤]。

元朝时期，广州古城发生了战乱，元军与宋朝残部在广州的拉锯战给广州地区的经济文化带来了严重破坏，元初至元十四年（1277年）元军毁城，战争结束时，广州城基本上冷落萧条，了无生机，此后城市基本是在宋城的基础上修复，没有大的发展[⑥]。该时期珠江两岸与宋朝相似，同样处于城市郊区地带。此时的元朝八景在空间上进一步向外扩展，全部景观都位于城市郊区。

① 何健飞. 旧广州的水故事 [N]. 博闻周刊 B10 羊城沧桑，2012-11-3.
② 仇巨川. 羊城古钞 [M]. 广州：广东人民出版社，1993：102.
③ 周霞. 广州城市形态演进 [M]. 北京：中国建筑工业出版社，2005：44.
④ 邓颖贤. 羊城八景与广州市城市形态演变关系研究 [D]. 广州：华南理工大学，2011.
⑤ 曾昭璇. 古代羊城八景的历史地貌研究 [C]. 参加广东省地理学会历史地理专业委员会论文，年代不详：7-8.
⑥ 周霞. 广州城市形态演进 [M]. 北京：中国建筑工业出版社，2005：44-45.

3. 明清时期

明代对广州城的扩建使其进入一个新的发展时期，为适应城区商业经济发展的需要，原先宋元时期的三城分立形态之间有濠水环绕，城内多桥，形成分割之势，交通不便的问题很突出。因此，洪武三年（1370 年），填埋了部分濠池，拆除了宋"三城"中间的城墙，使"三城合一"，解决交通不便和城区协调发展问题[①]。此时随着珠江北岸泥沙的淤塞，沙洲并岸速度进一步增加，珠江广州河段北岸迅速南移，而河段南岸相对稳定，通过利用珠江岸边浅滩湿地，建筑城郭，在明代称为"新城"，新城临江无濠，已临近珠江边。《广州城坊志》记载，"永乐四年（1406 年），置怀远驿于广州城蚬子步，建屋一百二十间，以居蕃人，隶市舶提举司"[②]。蚬子步即今广州西关十八甫，在此建怀远驿，作为外商接待驿站，证明此地当时已成临近珠江的陆地。此外，图 4-1 的广州历代城址变迁，亦直接表明从明代开始珠江两岸已逐渐演变为广州核心地段[③]。

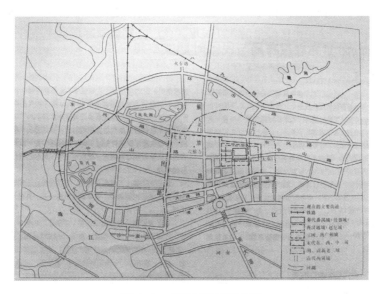

图 4-1　广州历代城址变迁

资料来源：源于《广州城市规划发展回顾（1949—2005）》（上卷）。

---

① 周霞. 广州城市形态演进［M］. 北京：中国建筑工业出版社，2005：46.
② 黄佛颐. 广州城坊志［M］. 广州：广东人民出版社，1994：591.
③ 广州城市规划发展回顾编纂委员会. 广州城市规划发展回顾（1949—2005）：上卷［M］.
广州：广东科技出版社，2006：39.

清代广州城在总体布局上承袭明代，清顺治四年（1647 年）筑东西二翼城（图 4-1），各长二十余丈，各为一门，向南直通河边，称为鸡翼城。在清代大清门外是天字码头，入大清门沿双门底往北一带分布的是书院、学宫、布政司、广州府等官府衙门。此时的珠江沿岸一带，从天字码头至东濠口即东堤一带颇为繁华，可谓夜夜笙歌、画舫如织。此地因靠近码头，外地经商者都在此上下船只，装卸货物，形成了专为过往商贾服务的城外商业区，后因多次火灾，码头西移至沙面一带，东堤一带日渐衰落，西堤取之而起，成为城外繁荣商业中心[1]。清末，由于当时珠江边泥沙淤积明显，居民沿岸边毫无限制地占地建房，屋宇建设又参差不齐，影响到城市的整体形象，特别是与岸边两旁的商务繁荣相形见绌，而当时隔壁的沙面为外国租界管治，却显得井然有序。因此，张之洞提出并主导了珠江北岸的堤岸修筑，"长堤马路从 1889 年底张之洞离任前筑成的 120 丈，逐渐拓长至 1000 余丈，并在官商共同推动下，逐渐形成连续的'铺廊'空间。长堤成为广州商业繁华之地。所谓堤上车马毂接，楼阁高耸，各种新商业胥在于此"[2]。这是市区最早的珠江长堤，此后，在堤岸逐步修建马路，沿堤商业建筑模式开启于此。

4. 民国时期

民国初年，广州拆除城墙，开马路，大兴市政设施，引入骑楼建筑，珠江沿岸成为城市建设重点，亲水建筑面目焕然一新，珠江作为一条完整景观轴线基本形成。爱群大厦、新华酒店、新亚酒店、天字码头、华厦公司（先施公司）、西堤码头、海关大楼、西濠、广州电影院、羊城电影院、邮政大楼、博济医院、海珠桥等沿江标志性建筑先后落成。河南已营建不少仓库，寺院（海幢寺）、园林（伍家花园）、学校（岭南学堂，今中大校址）等，与北岸街市，形成一河两岸建筑群和市井风情[3]。然而，在抗日战争期间，黄沙、西堤、海珠桥南北地区和南堤都被日军用飞机狂轰滥炸，珠江两岸景观受损极为严重。

5. 新中国成立至今

随着新中国的成立，特别是 1978 年改革开放后，在多轮对珠江广州城

---

① 周霞.广州城市形态演进［M］.北京：中国建筑工业出版社，2005：53.

② 彭长歆."铺廊"与骑楼：从张之洞广州长堤计划看岭南骑楼的官方原型［J］.华南理工大学学报（社会科学版），2008，8（6）：66-69.

③ 许桂灵.广州水文化景观及其意义［J］.热带地理，2009，29（2）：182-187.

区段的治理及两岸工程的规划建设下，两岸高楼林立，形成了以银行、宾馆、购物中心、金融、贸易、写字楼、各种商务管理中心及高档住宅别墅群落为主的城市中央商务区、中央休闲区、中央娱乐区、中央居住区。珠江两岸空间也成为新广州中轴线的核心节点，尽显现代大城市空间形态。

　　从秦朝时期珠江两岸的城市边缘空间，到如今珠江两岸作为城市核心区；从古时珠江在广州古城所扮演的天然防御屏障，到今天珠江在广州城区两岸作为中央商务休闲娱乐居住多功能区；从以往珠江两岸的田野林立、渔家烟火，到现今珠江两岸的高楼林立、灯光璀璨；从最初的珠江夜游原始空间形态，到今日的现代城市风光画面。从各个时期的历史演化来看，珠江广州城区段本是人们迫于自然的压力为求生存而进行的物质空间改造与创造，此后却作为城市景观空间的典范，珠江夜游空间在物质形态转变的同时完成了其社会形态上的意义转变（表4-1、图4-2）。

表4-1　珠江夜游空间形态演化及社会意义

时期	空间形态演化	空间功能	空间形态特征	空间社会意义
秦朝时期	任嚣建番禺城（城外边缘区）	防御屏障，生存依托	背山（北靠越秀山）面海（南面珠江）	广州古城起点
宋元时期	城外郊区	生活居住	江面宽阔，两岸田野林立，渔家烟火	珠江夜游原始空间形态
明清时期	城外商业区	生活居住，商业贸易	江面较窄，沿堤商业建筑	初具人文建筑景观空间形态
民国时期	城内重点建设区	经济商贸为主	江面较窄，沿堤建筑中西合璧，标志性建筑初步形成	珠江夜游景观轴线基本形成
新中国成立至今	城内核心区	商务、休闲、娱乐、居住	江面极窄，现代桥梁卧波，沿堤高楼林立，夜晚灯光璀璨	新广州中轴线核心节点，现代城市名片

　　资料来源：本研究整理。珠江在秦汉时期，宽约2000米；宋朝时期，宽约1100米；明清时期，宽550~650米；民国时期，宽300~400米，当代均宽度264米[1]，最窄处的海珠桥段只有180米。

---

　　[1] 宫清华，袁少雄，陈波.珠江在广州城区河段的演变及其对城市生态环境的影响［J］.热带地理，2013，33（4）：394-399.

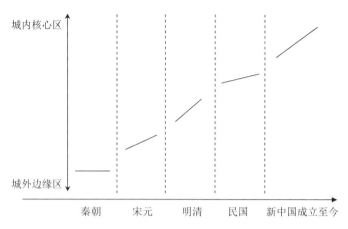

图 4-2　珠江夜游空间形态演化

资料来源：本研究整理。

（二）自然景观空间形态向人文景观空间形态转变

珠江夜游是羊城（广州）新八景之一，八景，即当地最具代表性、最有观赏游览价值的八个风景名胜区。"八景"一词源自宋代沈括的《梦溪笔谈·书画》："度支员外郎宋迪工画，尤善为平远山水。其得意者有平沙雁落、远浦帆归、山市晴岚、江天暮雪、洞庭秋月、潇湘夜雨、烟寺晚钟、渔村落照，谓之'八景'。"[1]此后，八景评选绵延于天下，成为不少地区选评最佳风景之习俗。从现有记载及可追溯历史来看，羊城八景历史悠久，其评选始于宋代，历代相沿、并未间断，至今共评选了八次，各个时期的八景见表 4-2。

表 4-2　各时期羊城八景

年代/时期	八景名称
宋朝	扶胥浴日、石门返照 *、蒲涧濂泉、大通烟雨、海山晓霁、珠江秋月（色）*、菊湖云影、光孝菩提[2]
元朝	扶胥浴日、石门返照 *、蒲涧濂泉、大通烟雨、粤台秋月、白云晚望、景泰僧归、灵洲鳌负[3]

---

① 沈括.梦溪笔谈校证（卷十七）[M].胡道静，校注.上海：上海古籍出版社，1987.

② 刘亦文."羊城八景"古与今[J].环境，2000，(5)：12-13.

③ 刘亦文."羊城八景"古与今（二）[J].环境，2000，(6)：13.

续表

年代/时期	八景名称
明朝	粤秀松涛、穗石洞天、番山云气、药洲春晓、琪林苏井、<u>珠江晴澜</u>、象山樵歌、荔湾渔唱①
清朝	粤秀连峰、琶洲砥柱、五仙霞洞、孤兀禺山、镇海层楼、浮丘丹井、西樵云瀑、<u>东海鱼珠</u>② 石门返照*、蒲涧濂泉、景泰僧归、大通烟雨、白云晚眺（望）、<u>波罗浴日（扶胥浴日）</u>、<u>珠江夜（秋）月</u>*、金山古寺③ 扶胥浴日、蒲涧廉泉、白云晚望、景泰僧归、镇海层楼、<u>珠海晴澜</u>、大通烟雨、花田月夜④
1963 年	红陵旭日、珠海丹心、白云松涛、<u>双桥烟雨</u>、<u>鹅潭夜月</u>*、越秀远眺、东湖春晓、罗岗香雪⑤
1986 年	红陵旭日、黄埔云樯、云山锦绣、<u>珠海（水）晴波</u>、黄花浩气、越秀层楼、流花玉宇、龙洞琪林⑥
2002 年	云山叠翠、<u>珠水夜韵</u>*、越秀新晖、天河飘绢、古祠留芳、黄花皓月、五环晨曦、<u>莲峰观海</u>⑦
2011 年	塔耀新城、<u>珠水流光</u>*、云山叠翠、越秀风华、古祠流芳、荔湾胜境、科城锦绣、湿地唱晚⑧

资料来源：根据文献[240-249]整理汇编。单下划线表示景点与珠江密切相关；双下划线表示景点不仅与珠江密切相关，并且在本文研究对象所在范围内或即为本文研究对象。标 * 表示与珠江密切相关景点的观赏时间主要在夜晚（含傍晚）。清朝羊城八景流传下来有三个版本，较多研究以第一版本为主。

　　历代羊城八景中，均有与珠江紧密相关的景观，由此可知珠江在广州城市景观体系中具有举足轻重的地位。相关历史资料记载，宋代的"珠江秋月（色）"即为现今广州越秀区沿江西路永安堂至爱群大厦一带的珠江景

① 刘亦文."羊城八景"古与今（三）[J].环境，2000，（7）：16–17.
② 刘亦文."羊城八景"古与今（四）[J].环境，2000，（8）：27–28.
③ 广州艺术博物院.古今羊城八景萃集 谢志峰昆仲捐赠书画选集[M].广州：广州出版社，2006.
④ 新世纪羊城八景[EB/OL].www.guangzhou.gov.cn/zhuanti/2002/yc8j/index02.html
⑤ 刘亦文."羊城八景"古与今（五）[J].环境，2000，（9）：28–29.
⑥ 刘亦文."羊城八景"古与今（六）[J].环境，2000，（10）：29–30.
⑦ 张嘉盈.宋代至今羊城八景演变的特点及其规律[J].广州大学学报（社会科学版），2003，2（11）：42–44，97.
⑧ 李华."羊城八景"的历史变迁和发展现状[J].学术论坛，2012，（12）：97–100.

色①，这一带亦在本文所研究的珠江夜游所在游线空间范围内。现今珠江夜游的雏形可追溯为珠江秋月（色），珠江秋月（色）的主要旅游景观以自然景观为主②。宋《南海百咏》称："在湖（此字疑为河字之误）南，旧传有贾胡自异域负其国之镇珠逃至五羊，国人重赎金宝，坚赎以归。既至半道海上，珠复走还，径入石下，终不可见，至今此石往往有夜光发，疑为此珠之祥。"③这块镇珠即为今所称的"海珠石"，海珠石古时称海珠岛，民国初年称为海珠公园，在历代均为游览圣地，这段关于海珠石的传说，即是珠江之名的来历。明代梁储在《海珠石》诗云："是谁驱石到江心，天为羊城镇古今"；明代梁乔升则言："兀然一石江心浮，撞破红潮两道流"，这两首诗均描述了海珠石的自然奇观。历史地理学家的研究表明，海珠石是珠江河面上的一块巨大红色砂岩所成的礁石，由粗砾岩层组成，特别能抵抗洪潮水力冲击④，由于宋朝时期珠江江面极为宽阔，又有海潮涌入，故珠江又有小海之称，亦称珠海，海珠石由于长期被江水冲击而浑圆如珠，每当夕阳西下夜色来临之际，海珠石伴随着珠江潮汐变化一闪一闪似浮似沉于海上，景观极为奇丽。此后，因河北一带受河沙冲积，1930年以后海珠岛逐渐与陆地相连，海珠石也潜藏于江底，2000年，在广州长堤下水道改造工程中，意外发现深埋地下的海珠石，其并岸过程可见图4-3。

　　元朝及清朝版本一均未有景观在珠江夜游所在游线空间范围内，明朝的"珠江晴澜"景点所在位置与宋朝的珠江秋月（色）一致。据明朝黄佐《雨后珠江登望》"珠江烟水碧蒙蒙，锦石琪花不易蓬""越女未知摇落尽，轻舟何处采芙蓉"⑤，这首诗所抒写的景观正是珠江晴澜一景，亦即海珠岛（海珠石）一带的珠江景观。登上小舟，极目之下，江中烟雾迷蒙，空中浮云飘动；每当秋晴，碧波万顷，江水与蓝天交相辉映，气象万千；左右小舟穿梭而过，泛起阵阵涟漪，波光水色相互辉映，一派迷人瑰丽的自然风景。清朝版本二的"珠江夜（秋）月"和版本三的"珠海晴澜"均与宋朝的"珠江秋月（色）"和明朝的"珠江晴澜"的位置一致，景致相似，仍以

① 刘亦文."羊城八景"古与今[J].环境，2000，（5）：12-13.
② 曾昭璇.古代羊城八景的历史地貌研究[C].参加广东省地理学会历史地理专业委员会论文，年代不详：7-8.
③ 曾昭璇.广州历史地理（广州史志丛书）[M].广州：广东人民出版社，1991：38.
④ 曾昭璇.广州历史地理（广州史志丛书）[M].广州：广东人民出版社，1991：38.
⑤ 刘亦文."羊城八景"古与今（三）[J].环境，2000，（7）：16-17.

自然景观为主。

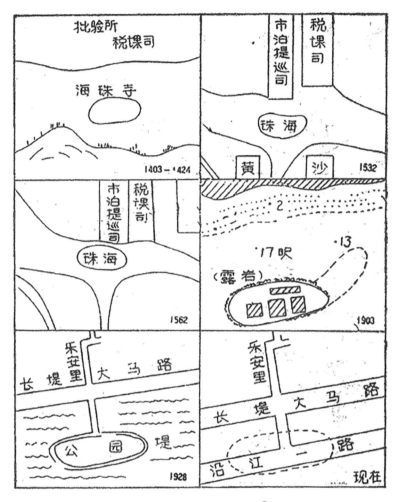

图 4-3　海珠石并岸过程[①]

资料来源：研究曾昭璇（1991）资料整理。

　　1963 年的"鹅潭夜月"，指的是沙面岛及南边海面的白鹅潭，处于珠江夜游游线空间的起点，白鹅潭上承西江和北江两江之水，由珠江、西江与北江三江总汇于此，古人将三江总汇称为"巨浸"，故白鹅潭别名为"巨

　　①　曾昭璇.广州历史地理（广州史志丛书）［M］.广州：广东人民出版社，1991：40.

浸"，如清乾隆《广州府志》及乾隆齐召南的《水道提纲》都称白鹅潭为
"巨浸"，形容其浩瀚辽阔，突出优越的自然景观。清代《竹枝词》云："白
鹅潭阔水连天，望人城中象万千；层叠楼台看不到，夜来围作四围烟""轻
帆短棹泛鹅湖，珠海烟波人画图；十里楼台千顷月，几曾歌舞让姑苏""烟
波如画访如仙，莺燕楼台酒色天。虫二字难题石上，珠江风月本无边"[①]。
这三首词描述的是清朝期间白鹅潭一带的景观，当时是广州经济大发展时
期，广州十三行曾是朝庭唯一指定的对外经商口岸，沙面沿岸的仓储、码
头货如轮转，白鹅潭畔的珠江上更是大小木帆船不计其数，整个沙面岛及
珠江北岸已形成颇具规模的商业区，呈现一片繁荣景象。每当夜幕降临时，
那些游艇、花艇、小舟等，水上渔船灯光点点，水下明月泛光，灯光如画，
弦歌不绝，成为一道道亮丽的风景线。

　　在清朝后期与民国时期，沙面成为列强租借区，建有各国领事馆、教
堂、银行、邮局、电报局、商行、医院、酒店等，展示出一幅异国情调风
情画面（图4-4）。在该时期，租界傍江而建的颇具近代欧洲城市气派的
空间格局及新潮的生活方式，是西方现代化浪潮最早对广州传统建筑形态
及社会风情冲击的表现之一，现代性及人文景观在此时已经扎根于城市内
核，为以后的现代城市人文景观的形成做好铺垫。此外，白鹅潭的得名及
一些重要的传说，至今仍常为导游津津乐道，是其成为八景之一的重要依
托。白鹅潭的得名源于一个传说，相传明代正统年间，广东南海官僚及地
主异常腐败，人民生活困苦，民不聊生。一位叫黄萧养的南海青年愤而揭
竿起义，起义军将战争延至广州，次年，在白鹅潭江面，以少胜多打败了
前来镇压的官军。传说在这次战斗中，两只大白鹅为黄萧养战船引航导路。
此后，在下一轮的战役中，当寡不敌众时，又是这两只大白鹅从江心浮出，
游至江边，驮起黄萧养游向江心，消失于迷雾中，人们据此将该潭命名为
白鹅潭。《广东新语》称："珠江上流二里，有白鹅潭。水大而深，每大风
雨，有白鹅浮出，则舟楫坏。丙申五月朔，二白鹅状如小艇，随波上下，
时无风雨。舟经此者皆见，以小铳逐之，飞数百步没于水。相传黄萧养作
乱，船经此潭，白鹅为之先导，亦妖物云。"[②]相关历史记载显示，潭中所
出现的白鹅实为白雁，白鹅潭地处三江总汇，易起风浪，特别是每当台风

---

① 刘亦文."羊城八景"古与今（五）[J].环境，2000，（9）：28-29.

② 屈大均.广东新语（水语·白鹅潭）[M].上海：中华书局，1985.

期时，白鹅潭更是波浪滔滔，成为白雁栖息地区，故白鹅潭因常见有大白
鹅（白雁）出现而得名[①]。该时期珠江夜游所依托的沙面及白鹅潭旅游景观
兼具自然与人文双重价值。

图 4-4　1949 年沙面[②]

1986 年的"珠海（水）晴波"指珠江广州市区河段及其两岸风光[③]，
其主要景观与 1963 年的"鹅潭夜月"较为一致，聚焦于沙面及白鹅潭水
面[④]，在此基础上逐渐沿着北岸的沿江路和南岸的滨江路扩展至二沙头（二
沙岛），该时期开始珠江夜游空间已初步呈线状，不再像以往停留于珠江某
一地段或节点。1982 年广州市规划局编制《珠江（风景河段部分）两岸规
划》，重视美化和绿化珠江两岸核心地段。如重点规划由西边沙面的白天鹅
宾馆—中间的海珠广场—东面的江湾新村，形成北岸的沿江路三点一线江
边景观；南岸的滨江路最靠江边的第一线建筑是 20 世纪 60 年代建成的低
层（4~6 层）建筑群，重点规划在第二线上兴建高层（10 层以上）的塔式

---

① 曾昭璇.广州历史地理（广州史志丛书）[M].广州：广东人民出版社，1991：43.

② 晓毕，广州沙面桥：150 年历史味道依然？羊城晚报，2010/6/1.

③ 刘亦文."羊城八景"古与今（六）[J].环境，2000，（10）：29-30.

④ 荔枝湾园林学会.关于规划建设广州城西江岸和荔枝湾古河道旅游资源的建议［J].环境，
2000，（1）：23-25.

建筑，同时第一线建筑在条件符合基础上加高层数，以增加建筑空间的立体感与层次感，与北岸建筑形成遥相呼应①。同年，广州市政府编制《广州珠江水系市辖河段功能规划》，将市辖河段（北自石门，经白鹅潭，前后航道至东江口）分为5个区域，分别为码头区、停泊区、滨江绿化区（即由沙面至二沙头的风景河段）、给水水源保护区、沿江游息和风景保护区5部分②。其中，滨江绿化区和沿江游息和风景保护区主要对应于《珠江（风景河段部分）两岸规划》的珠江两岸核心地段。因此，1986年"珠海（水）晴波"的珠江广州市区河段及其两岸风光，其游线空间已逐渐从沙面及白鹅潭延伸至二沙岛，然最具观赏价值的仍在沙面及白鹅潭。

2002年的"珠水夜韵"与1986年的"珠海（水）晴波"较大区别在于，其核心景区不再集中于沙面及白鹅潭水面，而是贯穿于从白鹅潭至二沙岛的整条游线上，处于该时期的珠江夜游景观最大特色是初步形成珠江沿江灯饰长廊。从1993年开始，广州市政府将珠江规划为风景游览河段，同年，以1994年的广州春节灯饰大赛为契机，将"珠江彩虹"灯饰工程作为广州市夜景灯饰的一项重要工程，要求市属各个有关部门和单位，以及越秀、海珠区政府都应以积极的态度，大开绿灯，确保这项工程在1994年春节前完成③。1998年，广州市政府提出"一年一小变，三年一中变，到2010年一大变"的目标，在此目标指引下，后续推出重点围绕珠江两岸景观的"光亮工程"和"堤岸装饰工程"。这两项工程是落实广州城市面貌"三年一中变"的重要措施之一④。从当时"珠江彩虹"灯饰工程及之后的光亮工程布点所涉及的区域来看，主要集中于沙面至二沙岛沿江两岸，该时期的珠江夜游景观价值重心已向人文景观倾斜。正如方雪妃和林桦（2005）的研究显示："'珠江夜游'的兴旺，乃是冲着'一江两岸'的光亮工程而来，出现'夜游一头热'，不是'珠江游'本身。2001年，参加珠江日游的仅5000余人，加上包船到莲花山旅游的人数，仅占全部珠江游的3.66%。"⑤

①　邓颖贤.羊城八景与广州市城市形态演变关系研究［D］.广州：华南理工大学，2011.
②　肖苑.小议新加坡河规划和珠江两岸建设［J］.南方建筑，2003，（3）：58-60.
③　佚名.关于加快"珠江彩虹"灯饰工程施工进度问题的会议纪要［J］.广州政报，1994，（1）：33.
④　佚名.市政府研究广州市实施"光亮工程"的问题［J］.广州政报，2001，（16）：20.
⑤　方雪妃，林桦.让"珠江游"重新兴旺起来［J］.中国水运，2005，（2）：38-39.

　　2011 年至今的"珠水流光"，其游线空间已延伸至本文的整个研究区域，即从白鹅潭至琶洲地段，处于现今的珠江夜游景观最大特色在于，已形成颇具规模的珠江沿江灯饰长廊。2002 年至今，珠江两岸最大变化主要有：北岸临江大道珠江新城（广州 21 世纪中央商务区核心区）的建成使用，珠江北主航道上海心沙"亚运之舟"的落成使用（海心沙是珠江新城核心区轴线的端点、亚运会主看台永久保留），南岸滨江东路的广州塔（小蛮腰）、阅江西路的沿江酒吧廊及阅江中路的广州国际会展中心（广交会场馆）的投入使用。2011 年开始，广州举办国际知名的"广州国际灯光节"，主要展示区域落在珠江夜游游线空间上，如游线空间中的 7 座跨江大桥、珠江新城 16 座连廊、珠江新城花城广场、广州塔等，而跨江大桥桥梁上的 LED 网屏及 LED 灯画展期更是长达半年之久。现今珠江夜游，其核心景区主要集中于以海心沙为中轴的珠江新城与广州塔沿江两岸，景观价值以人文景观为主。

　　从旅游资源基础的属性来看，可将旅游资源分为三类：以自然力自然发展而成的地文景观（地质现象、海岸景观、岛屿景观等）、水文景观（海面/江面景观、湖泊/水库景观、瀑布景观等）、气候景观（天文/气象景观、日照/月色景观、冰雪景观等）、生物景观（原始植物群落景观、野生动物栖息地景观、渔猎休闲地景观等）等具有观赏价值和实用价值的，不经人工雕饰的自然景观；由于人类社会实践活动而形成的历史遗产景观（人类文化/社会经济/古城/遗址、古塔、楼阁、历史纪念地等）、现代人文吸引物景观（城市现代建筑、现代大型桥梁、主题公园/人造景观、灯饰展览等）、抽象人文吸引物景观（神话传说、人文掌故、山水文学作品等）等社会历史文物景致的人文景观；具有自然与人文景观双重价值，既有天然的自然美景，又有发人深思的社会历史内容的综合景观。综上所述，整体而言，珠江夜游空间的历史演变，从宋朝的珠江秋月（色）到现今的珠水流光，经历了以自然景观空间形态为主、向自然与人文景观并重空间形态、到以人文景观空间形态为主的转变（图 4-5）。

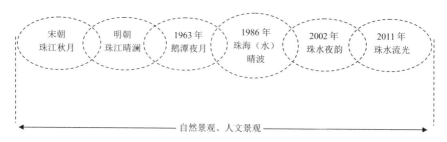

图 4-5 珠江夜游景观空间形态转变

资料来源：本研究整理。

（三）空间形态历史演变的特点

1. 与珠江相关的八景数量在减少

与珠江相关的历次羊城八景在数量上由多变少。宋朝有四景与珠江相关，元朝有三景与珠江相关，明、清（除第二版本三处外）、1963 年和1986 年各有二景与珠江相关，而 2002 年和 2011 年仅有一景与珠江相关，与珠江相关的八景在数量上的变化，一定程度上是广州景观丰富化与多元化的体现。

2. 与珠江相关的八景地理范围趋于集中

与珠江相关的历次羊城八景地理范围由分散趋于集中，呈现出由点到线至面，点的东西拉伸尤其是往西的延伸使得线逐渐延长，点的左右延伸使得与延长的线呈现面状。宋、元、清（版本二、三）朝的"扶胥浴日"在今广州黄埔区南海神庙，宋、元、清（版本二）朝的"石门返照"在今广州白云区江高镇石门村，宋、明、清（版本三）朝的"珠江秋月（色）"或"珠江（海）晴澜"在今广州越秀区沿江西路爱群大酒店江边，宋朝的"海山晓霁"在今广州越秀区大南路与北京路交界处一带，元朝的"灵洲鳌负"在今佛山南海区官窑镇，明朝的"荔湾渔唱"在今广州荔湾湖公园附近，清朝的"琶洲砥柱"在今广州新港东路琶洲村，清朝的"东海鱼珠"在今广州黄埔区鱼珠镇，1963 年的"双桥烟雨"是广州荔湾区的珠江大桥的东桥及西桥，1963 年的"鹅潭夜月"是广州荔湾区的白鹅潭，1986 年的"黄埔云樯"是广州黄埔区的黄埔港，1986 年的"珠海（水）晴波"主要包括荔湾区和越秀区的沿江景观，2002 年的"珠水夜韵"主要包括荔湾区、越秀区和海珠区的沿江景观，2011 年的"珠水流光"主要包括荔湾区、越秀区、海珠区和天河区的沿江景观。首先，以往与珠江相关的羊城八景呈分散状态，最远的到达现今佛山南海区官窑镇的"灵洲鳌负"，而自 1986 年的"珠海（水）晴波"开始，2002 年的"珠水夜韵"及 2011 年的"珠水流光"均在 1986 年的"珠海（水）晴波"基础上向西边进行延伸，景观虽跨越不同行政区，但景观自身呈连续状态，趋于集中。其次，以往的与珠江相关的羊城八景，主要是珠江两岸沿线景观或以珠江自身为核心景观，随着改革开放，现代建筑技术及人造景观技术等的迅速发展，特别是 1982 年广州市规划局所编制《珠江（风景河段部分）两岸规划》，逐渐使得珠江沿岸的建筑群落按高度由低到高分第一线、第二线、第三线，突出立体感与层次感，珠江夜游景观呈现出面状。此外，宋代开始的"珠江秋月（色）"既作为珠江夜游原始空间形态，又是珠江夜游的起点，历代历次珠江夜游要么直接指涉该点，要么是在该点的基础上进行延伸。

3. 与珠江相关的八景景观价值主要在夜间

宋朝"珠江秋月（色）"、明朝"珠江（海）晴澜"、清朝（版本二）"珠江夜（秋）月"、1963 年"鹅潭夜月"、1986 年"珠海（水）晴波"、2002 年"珠水夜韵"及 2011 年的"珠水流光"。从相关历史资料对各时期景观记载的描述及景观自身的命名可知，景观的观赏价值主要是在夜间。对于珠江夜游的夜间景观理解有两个方面，其性质截然不同，新中国成立以前，其夜间景观是依托自然天气气象所形成的景观，如傍晚黄昏的落日景观，入夜及晓晨的月色景观；新中国成立以后，其夜间景观是依托象征城市繁华的灯光经济。

二、空间当下主要形态

（一）主要形态的呈现

珠江夜游主要是对游线空间的游览，即观赏珠江沿岸两侧的建筑景观、河道桥梁建筑景观、彩灯照射与建筑交织而形成的整体城市夜间现代性景观。由于沿岸两侧建筑具有层次感（即呈现出不同程度的沿江一线建筑、沿江二线建筑，甚至三线建筑等），不同层次的建筑亦是珠江夜游整体景观的重要组成部分，由于客观现实限制，难以具体统计珠江沿岸两侧不同层次的建筑，因此文章主要统计珠江沿岸一线的代表性建筑，这些重要的建筑与彩灯交织互映成为珠江夜游的核心景观，以此窥视珠江夜游空间的当下主要形态。

表 4-3 珠江夜游空间临江两岸主要形态

序号	主要景观	主要物理功能	临江所在街/路名称	主要形成年代	主要景观特色/价值
1	白鹅潭风情酒吧街*	饮食/休闲/娱乐	长堤街	2002 年	特色高档商业街
2	立白大厦	商务办公	长堤街	2014 年	白鹅潭新地标
3	白天鹅宾馆*	商务洽谈/购物/住宿/娱乐	沙面南街	1983 年	首家中外合作五星级宾馆
4	沙面建筑群*	商务办公/居住/休闲/娱乐	沙面南街	20 世纪初	欧洲风格古建筑/全国重点文物保护单位
5	沙面公园	生态/休闲	沙面南街	1983 年	原址为前法租界"前堤花园"及英租界"皇后花园"
6	清代城防古炮	历史遗址/教育	沙面南街	1841 年	百年古炮台/全国重点文物保护单位
7	沙基惨案烈士纪念碑*	历史遗址/教育	沿江西路	1926 年	广州市文物保护单位
8	粤海关旧址/粤海关博物馆*	历史遗址/观光	沿江西路	1914 年	欧洲新古典主义建筑/全国重点文物保护单位
9	广州邮政博览馆	历史遗址/观光	沿江西路	1916 年	省级文物保护单位/集展览、收藏和销售等功能于一体的综合性博览馆
10	塔影楼	饮食/休闲/娱乐	沿江西路	1919 年	西式洋房/现经营酒吧
11	西堤码头	船只停泊	沿江西路	2001 年	珠江游水上巴士停靠点
12	南方大厦*	商务洽谈/购物/住宿/娱乐	沿江西路	1922 年	中国最早的"摩天大楼"

序号	主要景观	主要物理功能	临江所在街/路名称	主要形成年代	主要景观特色/价值
13	广州电影院	休闲/娱乐	沿江西路	1936 年	广州独一无二的园林式电影院
14	新华大酒店	商务洽谈/购物/住宿/娱乐	沿江西路	1932 年	中华老字号/星级酒店
15	海帆宾馆	商务洽谈/购物/住宿/娱乐	沿江西路	2008 年	主题酒店
16	中山大学孙逸仙纪念医院*	医疗康复/教育科研	沿江西路	1835 年	我国第一家西医医院
17	爱群大厦/爱群大酒店*	商务洽谈/购物/住宿/娱乐	沿江西路	1937 年	三星级酒店/1937 年至 1967 年"广州第一高楼"
18	爱群荟景湾	大型住宅/公寓	沿江西路	2012 年	高端豪华建筑群
19	省总工会码头	船只停泊	沿江西路	—	珠江游水上巴士停靠点
20	海珠广场	购物/住宿/餐饮/休闲/娱乐/	沿江西路	1953 年	特色商业广场/1963 年和 1982 年以"珠海丹心"入选羊城八景
21	华夏大酒店*	商务洽谈/购物/住宿/娱乐	沿江中路	1994 年	高端豪华建筑群
22	沿江大厦	大型住宅/公寓	沿江中路	1997 年	高端豪华建筑群
23	天字码头*	船只停泊	沿江中路	1729 年	历史文化遗产/珠江游水上巴士停靠点

续表

序号	主要景观	主要物理功能	临江所在街/路名称	主要形成年代	主要景观特色/价值
24	黄埔军校同学会旧址	历史遗址/饮食/休闲/娱乐	沿江中路	1924 年	历史文化遗产/现经营酒吧
25	蚬建商务大楼	商务办公	沿江中路	2014 年	高端豪华建筑群
26	本色酒吧	饮食/休闲/娱乐	沿江中路	2011 年	特色高档酒吧
27	江湾新城/江湾大酒店 *	大型住宅/公寓/购物/住宿/娱乐	沿江中路	2012 年	四星级酒店/高端豪华建筑群
28	大沙头码头	船只停泊	沿江东路	1954 年	广州规模最大珠江游码头
29	林则徐纪念公园	休闲/生态/教育	沿江东路	2010 年	铭记历史
30	珠岛宾馆	商务洽谈/购物/住宿/娱乐	沿江东路	20 世纪 50 年代初	南方园林特色的别墅式宾馆/名称由周恩来总理命名
31	东山湖公园	生态/休闲	沿江东路	1958 年	1963 年以"东湖春晓"入选羊城八景
32	颐景轩	大型住宅/公寓	江月路	2000 年	高端豪华建筑群
33	凯旋会花园	大型住宅/公寓/商务办公洽谈/购物/住宿	江月路	2004 年	高端豪华建筑群/美国温德姆国际酒店集团旗下 RAMADA 国际品牌酒店
34	发展中心大厦	商务办公	临江大道	2007 年	高端豪华建筑群/世界上首次高层建筑外部装置遮阳板片
35	保利中心	商务办公	临江大道	2009 年	高端豪华建筑群
36	碧海湾	大型住宅/公寓	临江大道	2001 年	高端豪华建筑群

序号	主要景观	主要物理功能	临江所在街/路名称	主要形成年代	主要景观特色/价值
37	信合大厦	商务办公	临江大道	2006 年	高端豪华建筑群
38	广州大剧院	文化艺术 / 表演演艺	临江大道	2010 年	"世界十大歌剧院""世界最壮观剧院" / 文化地标
39	广东省博物馆	文化艺术 / 陈列展览	临江大道	2010 年	国家一级博物馆
40	天銮行宫	大型住宅 / 公寓	临江大道	2013 年	高端豪华建筑群
41	珠江新城海滨花园	大型住宅 / 公寓	临江大道	2000 年	高端豪华建筑群
42	侨鑫汇悦台	大型住宅 / 公寓	临江大道	2016 年	高端豪华建筑群
43	洲头咀公园	休闲 / 生态 / 观光	滨江西路	2001 年	"海珠十景"之一的"洲头烟波"的组成部分
44	广州酒家	饮食	滨江西路	—	国家首批五钻级酒家
45	海天大厦	大型住宅 / 公寓	滨江西路	1997 年	高端豪华建筑群
46	天鹅大厦	大型住宅 / 公寓	滨江西路	2002 年	高端豪华建筑群
47	海星大厦	商务办公	滨江西路	2000 年	高端豪华建筑群
48	新世纪商贸中心	商务办公	滨江西路	2000 年	高端豪华建筑群
49	江景酒店	商务洽谈 / 购物 / 住宿 / 娱乐	滨江西路	2008 年	三星级酒店 / 高端豪华建筑群
50	益兆明珠	大型住宅 / 公寓	滨江西路	2012 年	高端豪华建筑群
51	滨江 1933	大型住宅 / 公寓	滨江西路	2007 年	高端豪华建筑群 / 新古典欧式设计，继承"沙面""旧海关"的建筑风格

序号	主要景观	主要物理功能	临江所在街/路名称	主要形成年代	主要景观特色/价值
52	珠航大厦	大型住宅/公寓	滨江西路	1997年	高端豪华建筑群
53	广州海运大厦	商务办公	滨江中路	1985年	高端豪华建筑群
54	华南大酒店	商务洽谈/购物/住宿/娱乐	滨江中路	—	高端豪华建筑群
55	花城湾畔	大型住宅/公寓	滨江中路	2002年	高端豪华建筑群
56	孙中山大元帅府纪念馆	历史遗址/观光	滨江中路	1917年	全国重点文物保护单位
57	华标品峰	大型住宅/公寓	滨江中路	2008年	高端豪华建筑群/独特的波浪型板式结构
58	华标涛景湾	大型住宅/公寓	滨江中路	2003年	高端豪华建筑群
59	海印公园	休闲游览	滨江中路	1991年	热带和亚热带自然特色为主体的新式园林
60	保利康桥	大型住宅/公寓	滨江中路	2007年	高端豪华建筑群
61	海珠半岛花园	大型住宅/公寓	滨江东路	2006年	高端豪华建筑群/每栋楼宇楼高百米以上，屋顶高耸的绿色尖顶最具标志性
62	黄金海岸水上乐园	体育文化/休闲/娱乐	滨江东路	—	一艘巨大游艇为标志性建筑物/大型水上娱乐活动场所
63	广州中大码头	船只停泊	滨江东路	1952年	珠江游水上巴士停靠点
64	中山大学北门*	教书育人/科学研究	滨江东路	1924年	中山大学主大门、牌坊上为孙中山笔迹"国立中山大学"六个字
65	金海湾	大型住宅/公寓	滨江东路	2003年	高端豪华建筑群

序号	主要景观	主要物理功能	临江所在街/路名称	主要形成年代	主要景观特色/价值
66	滨江明珠	大型住宅/公寓	滨江东路	2006 年	高端豪华建筑群
67	中信君庭	大型住宅/公寓	滨江东路	2004 年	高端豪华建筑群
68	信达阳光海岸	大型住宅/公寓	滨江东路	2008 年	高端豪华建筑群
69	海琴湾	大型住宅/公寓	滨江东路	2002 年	高端豪华建筑群
70	珠江广场	大型住宅/公寓/购物/住宿/娱乐	滨江东路	2004 年	集酒店、办公、商业于一体的大型国际商务旗舰综合体项目
71	丽景湾	大型住宅/公寓	滨江东路	1999 年	高端豪华建筑群
72	汇美景台	大型住宅/公寓	滨江东路	2003 年	高端豪华建筑群/荣获中国国际住宅与建筑科技展示会优秀规划设计奖
73	中海锦苑	大型住宅/公寓	滨江东路	2000 年	高端豪华建筑群
74	新理想华庭	大型住宅/公寓	滨江东路	2000 年	高端豪华建筑群
75	丽水庭园	大型住宅/公寓	滨江东路	2001 年	高端豪华建筑群
76	广州塔码头	船只停泊	滨江东路	2013 年	珠江游水上巴士停靠点
77	广州塔 *	餐饮/购物/娱乐/信号发射	滨江东路	2010 年	中国第一高塔，世界第二高塔
78	珠江帝景	大型住宅/公寓/商务办公洽谈/购物/住宿	阅江西路	2006 年	高端豪华建筑群/欧式经典庭院、超大型酒店式豪华会所

序号	主要景观	主要物理功能	临江所在街/路名称	主要形成年代	主要景观特色/价值
79	珠江琶醍啤酒文化创意艺术区/沿江酒吧廊*	饮食/休闲/娱乐	阅江西路	2008年	珠江-英博国际啤酒博物馆为依托、具现代格调的啤酒文化艺术平台及高端餐饮休闲娱乐地带
80	广州会展公园	生态休闲	阅江中路	2010年	具有城市景观特色的滨江亲水公园
81	广州国际会展中心/琶洲展馆*	大型展览/文化艺术/表演演艺	阅江中路	2003年	亚洲最大的会展中心/广交会举办场馆
82	广东省体育二沙运动训练中心	教书育人/科学研究	二沙岛	1954年	广东最大的体育训练基地、我国最早建立的优秀竞技体育人才集训基地
83	广东体育馆	比赛场地/表演演艺	二沙岛	1956年	大型体育运动基地
84	新世界花园别墅	大型住宅/公寓	二沙岛	2000年	高端豪华建筑群
85	广东省中医院二沙岛分院	医疗康复/教育科研	二沙岛	1997年	具有岭南特色的园林式医院
86	聚龙明珠花园	大型住宅/公寓	二沙岛	2002年	高端豪华建筑群
87	花城苑	大型住宅/公寓	二沙岛	2000年	高端豪华建筑群
88	金亚花园	大型住宅/公寓	二沙岛	1998年	高端豪华建筑群
89	传祺公园	生态休闲	二沙岛	—	生态公园
90	宏城花园	大型住宅/公寓	二沙岛	2004年	高端豪华建筑群
91	二沙岛体育公园	运动/休闲/健身	二沙岛	2010年	广州大型的户外休闲运动区

序号	主要景观	主要物理功能	临江所在街/路名称	主要形成年代	主要景观特色/价值
92	广东美术馆	文化艺术/展览/教育/演艺	二沙岛	1997 年	高端豪华建筑群/艺术造型上整个建筑物浑然一体
93	星海音乐厅	表演演艺/文化艺术/教育	二沙岛	1998 年	奇特的外观造型如江边欲飞的一只天鹅、城市大型专业音乐文化地标
94	岭南会展览馆	文化艺术/展览/教育/演艺	二沙岛	2007 年	高端豪华建筑群
95	亚运公园	生态休闲/表演演艺/文化艺术/展览	海心沙	2010 年	亚运会 2010 年开闭幕式主场馆
96	海心沙码头	船只停泊	海心沙	2014 年	珠江游水上巴士停靠点
97	海心沙风情餐饮街	饮食/休闲/娱乐	海心沙	2017 年	特色高档餐饮街
98	红船码头	船只停泊	海心沙	2016 年	珠江红船停靠点
99	人民桥*	交通运输	内环路	1967 年	历史较为悠久，在广州市的跨江桥中仅比海珠桥"年轻"
100	解放大桥*	交通运输	解放南路	1998 年	3 组如连续彩虹般跨过桥面的钢拱钢管
101	海印大桥*	交通运输	海印大桥	1988 年	广州市第一座斜拉桥、中国第一座双塔式单索面斜拉桥
102	江湾大桥*	交通运输	内环路	1998 年	现代交通建筑景观
103	海珠大桥*	交通运输	江南大道北	1933 年	广州市第一座跨江桥/1963 年和 1982 年以"珠海丹心"入选羊城新八景

续表

序号	主要景观	主要物理功能	临江所在街/路名称	主要形成年代	主要景观特色/价值
104	广州大桥*	交通运输	广州大道中	1985年	现代交通建筑景观
105	猎德大桥*	交通运输	猎德大桥	2009年	造型独特的贝壳状三维曲面塔身，主跨跨径219米，位居同类桥型排名世界第二及全国第一
106	华南大桥*	交通运输	华南大桥	1998年	现代交通建筑景观

资料来源：本研究整理。上述景观的统计最主要源于实地调研，特别是通过空间注记法在实地进行观察和拍照，其次结合游船导游的讲解，张中朝和黄良河编著的《广东经典导游词》（2013年广东旅游出版社出版）"珠水流光——珠江沿线"的导游解说章节，广州政府门户网站对珠江夜游的介绍，以及所介绍各个景点的历史记载。景观选取主要依据：沿江一线高层建筑、建筑外围/屋顶有彩灯装饰、特色建筑/历史纪念意义的建筑、导游词讲解的景观。序号1~2为珠江西岸地段一线沿江主要景观，序号3~42为珠江北岸一线沿江主要景观，序号43~81为珠江南岸一线沿江主要景观，序号82~94为珠江北岸与南岸之间的二沙岛沿江主要景观，序号95~98为珠江北岸与南岸之间的海心沙沿江主要景观，序号99~106为横跨珠江北岸与南岸的大桥。多数建筑群包括多个子项目（分期开发），其名称只统计一次，如珠江帝景包括珠江帝景苑、珠江帝景紫龙府、珠江帝景酒店等。标*为珠江夜游览过程中重点讲解的景观，其中，珠江新城板块、二沙岛、海心沙、沙面和白鹅潭通常作为一个整体进行讲解。

（二）主要形态的特点

1. 空间形态功能丰富

珠江夜游空间形态功能主要包括饮食、休闲、娱乐、商务办公、商务洽谈、购物、住宿、教书育人、科学研究、观光、医疗康复、住宅、文化艺术、表演演艺、陈列展览、休闲游览、体育文化、生态休闲、交通运输等。整体而言，能够满足人们日常各种各样的需求，其形态功能丰富，应有尽有。

2. 北岸空间形态功能多样，南岸单一

珠江北岸一线沿江建筑功能呈现多样化且相对均匀的特点，有体现大型住宅或公寓的爱群荟景湾等，体现商务办公的蚬建商务大楼等，体现商务洽谈、购物、住宿、娱乐等一体的白天鹅宾馆等，体现历史遗址遗迹的清代城防古炮等，体现医疗康复、教育科研的中山大学孙逸仙纪念医院等，体现文化艺术、表演演艺的广州大剧院等；而珠江南岸一线沿江建筑功能较为单一，以大型住宅或公寓和商务办公为主。

3. 空间形态私有性突出

一般而言，判断空间形态的公共性程度可通过以下指标：空间所有权由公共机构所有；空间经营者由公共机构管理控制，即对空间的管理能代表公共利益，允许不同人共存，所有人能方便地进入；空间中能包容的最大数量的使用者，不同人进入的成本相同，包括时间和金钱；允许不同社会交往活动；能容纳不同的有助于社会活力的多元社会功能；对空间进行管理的唯一目的是保障大多数人对空间的使用；空间的意义代表所有人，空间的象征意义能代表大多数人，空间的最终意义是服务于所有人，并有助于产生持续发展的集体价值[①]。珠江夜游空间形态中的大型住宅或公寓、商务办公，体现出该空间的私有性；商务洽谈、购物、住宿、娱乐、文化艺术、表演演艺等，体现出该空间的半公共性 / 准公共性；休闲、游览、观光等，体现出该空间的公共性。目前，珠江夜游空间形态以大型住宅或公寓、商务办公为主，其空间形态私有性突出。

三、游线空间形态历史演变的实质

（一）空间的社会实践性

从实践的视角看，实践是有意识、有计划、有步骤、有目的的活动，在实践过程中，人把意识、诉求、情感、理想诉诸空间中，空间不再是客观中立的自然存在，从这个意义上来讲，珠江夜游空间是生产出来的，是在社会实践凝结下的产物，正如马克思所认为，人在生产劳动或实践活动中创造了一个属人的世界，一个"自然的人化"或"人化的自然"的世界。[②]珠江夜游空间实践的过程，是一个空间性的生产与生产性的空间交互融合的过程。首先，从秦朝的广州建城的天然防御屏障、生存依托的空间，宋元时期的生活居住的空间，明清时期的生活居住、商业贸易的空间，民国时期的经济商贸为主的空间，新中国成立至今的中央商务、休闲、娱乐、居住的空间。珠江广州段及其沿江两岸空间是各个不同时期社会生产实践的物质场域，各个不同时期的社会生产实践离不开该空间，社会生产实践过程也就是物质性在该空间凝聚的过程，由此而产生的空间性依附于具体

---

① 陈竹，叶珉.什么是真正的公共空间？——西方城市公共空间理论与空间公共性的判定[J].国际城市规划，2009，24（3）：44-53.

② 中共中央马克思恩格斯列宁斯大林.1844年经济学哲学手稿[M].北京：人民出版社，2018.

空间形态及功能，没有空间性也就没有实践的物质性。其次，珠江广州段两岸在古代首先是一个自然而然的过程，在秦汉时期宽达 2000 多米，从一开始是一个未人化的自然空间，其景观类型为自然景观，是相对纯粹的地理地貌、天气气象的景观。随着人类社会实践活动对空间的开发、改造与形塑，打上人类生产的烙印，到当代平均宽度 264 米，最窄处的海珠桥段只有 180 米，演变为一个人化的生产性空间，该空间是人类社会实践活动的对象化产物，实现了从自然景观空间向人文景观空间的转变。正如列斐伏尔所说，"自然空间已经无可挽回的消逝了，自然现在已经被降贬为社会的生产力在其中操弄的物质了"①。人们在珠江两岸的空间实践中，既使得珠江夜游空间是一个具体有形可感的感性物质空间，同时也将其演变为一个具有人文社会意义属人的对象化空间。

（二）空间的趋利性

珠江夜游空间形态的历史演变，是一个逐渐渗透人们主体意识的趋利过程。正如金凤君（2014）指出"趋利是生物界进化的本性，也是人类社会固有的本性，更是社会前进的动力，人类所进行的一切空间活动都是趋利的"②。现今我们所观看到的珠江夜游空间，与我们的生产和发展历史密切相关，经历了求生存、谋发展、树品牌、立标杆的过程。据《史记·南越列传》记载，任嚣在南越国建立前病重之际对赵佗说"且番禺负山险，阻南海，东西数千里，颇有中国人相辅，此亦一州之主也，可以立国"③，正是为求生存而依托南面珠江及其周围有利的地形地势使广州建都，局限于自身认知水平和技术手段，在尚未有条件对珠江施加作用或控制的背景下，古代人们已经开始有意识地借力（空间）发力（防御功效），本身是对空间趋利性的体现。宋元明清时期为谋发展，在珠江沿岸开辟了护城河，为接待外商在临近珠江的陆地建立了驿站，为适应港口码头的商业发展而沿堤布置商业建筑，护城河开辟—商业驿站建立—商业建筑带的形成，是一个对特定空间区位进行选择及不断优化的过程，其实质为实现空间创利而进行建构空间区位。民国时期开始，对空间区位优化的意识已形成系统，体现在正式的规划文本上。民国二十一年（1932 年）八月，广州市政府公布了《广州市城市设计概要草案》，这是广州市城市规划历史上的

① 包亚明. 现代性与空间的生产［M］. 上海：上海教育出版社，2003：48.
② 金凤君. 论人类活动的空间趋利行为［J］. 地理研究，2014，33（1）：191–198.
③ 许桂灵，司徒尚纪. 广州作为古都的历史地理因素［J］. 岭南文史，2004，（6）：1–5.

第一部正式规划设计文件，同年，还公布了广州市道路系统图，规划黄埔港为广州的外港，白鹅潭一带为内港，沙面至大沙头一带不宜多泊船，以免阻碍河道交通及附近一带的风光①，正式将珠江两岸旅游功能纳入规划体系。此时，已形成沿江一带高低起伏的城市轮廓线，西方风格的高楼大厦以及大厦沿江边设置的供市民休闲观景的步行道，都使这一带不同于传统的商业空间形态②，珠江广州城区段已不仅局限于以往求生存及谋发展阶段，而成为广州着力塑造的景观品牌，体现出为实现空间创利而进行空间规划与预设。改革开放后，在后续针对珠江广州城区段的治理及两岸工程的系列规划文件指引下，尤其是珠江夜游空间被纳入新广州中轴线核心节点，视作广州成为现代城市名片的重要表征，该空间成为一种城市发展期望范式或模式，进入立标杆阶段，体现出为实现空间创利而进行空间范式或模式引导。整体而言，珠江夜游空间形态的历史演变，既体现出对该空间的自然环境及其物质资源的依赖与占有，同时也是对该空间进行模式塑造与建构，是一个趋利性的过程。印证了金凤君（2014）理论研究的结论："空间创利基本形式主要由建构区位、预设框架、范式或模式引导"③三个阶段组成。

第二节　游线的空间表征

一、游线空间表征的标志性事件

"威尼斯是一个艺术作品吗？不，因为它不是事先构想的。不像神话里的阿芙罗狄蒂瞬间而出现，而是起源于海洋，并逐渐形成的。威尼斯诞生之初充满了挑战（自然和强敌）与目的（贸易）。定居在环礁湖、沼泽包围和浅滩的空间向海洋开放，是包括在一个更大的空间里，那是一个尚未达到全球规模的商业交换空间里，但已打通地中海沿线和东方的商业交换空间。威尼斯发展的另一个必要条件是政治首脑及商人寡头的宏大规划设计，并将其持续地实践。从最早将地桩打入环礁湖的淤泥中开始，对威尼斯的每一块场址进行规划，通过政治首脑、支持规划的商人集团、直接

---

① 周霞.广州城市形态演进［M］.北京：中国建筑工业出版社，2005：82-84.
② 周霞.广州城市形态演进［M］.北京：中国建筑工业出版社，2005：89.
③ 金凤君.论人类活动的空间趋利行为［J］.地理研究，2014，33（1）：191-198.

建造的工人，最终将规划变成真实。除了面对大海的挑战（港口、通航航道），以及随之而来的公共集会、节庆、重大的仪式（如公爵和大海的婚礼），和各类建筑的发明创造，打桩，修建码头和周围的设施，建造宫殿，这些任务也构成了社会劳动，这种劳动是在困难条件下和确保某个阶级获利目标的决策限制下而进行。在威尼斯这个作品背后，无疑就是一种生产。可以说，早于资本主义剩余价值出现之前，社会剩余生产的出现，已经预示了这种现状。在威尼斯这个案例中，剩余生产是按照当地人的天才旨趣，而极大地用于获得审美的满足，对于他们那种无情的文明化，不能隐藏他们的原初目的。……"① 列斐伏尔以威尼斯为案例，说明空间是逐渐被生产出来的，具有社会性，政商权力主体的宏大规划设计所代表的空间表征形塑这个空间，体现出生产关系与生产力。

空间表征是政府组织、科学家、规划师、城市设计者等权力主体构想的空间。在中国，毫无疑问，政府部门所出台的规划文本是对所规划空间最重要的构想，即使是规划局或相关政府职能部门将规划进行招投标，中标方的规划文本亦往往体现政府职能部门的意识形态，规划评审会亦主要由政府组织和规划师等权力主体组成。已有不少文献在论及空间表征时，通过对历史文献记录、规划文本等进行经验研究而探讨权力主体的构想空间。如上述列斐伏尔举例威尼斯，而周尚意（2016）则明确指出"空间的表征是指构想的空间，在本文中就是历史文献中记录和描写的空间，尤其是在多个文献中均提及的空间，它们可以成为历史文化景观规划"②，这是本文对珠江夜游游线空间表征开展研究的重要借鉴手法。

珠江夜游的空间生产过程，整体上与列斐伏尔笔下的威尼斯空间生产过程一致。从珠江夜游游线的空间实践过程可知，珠江最初未与城市建设产生密切的联系，仅是广州古城的天然防御屏障，珠江夜游的原始空间形态可追溯至宋代广州八景之一的"珠江秋月（色）"，但当时的景观依托的是珠江的壮阔景观、海珠石及两岸林木繁生的自然环境。随后，城墙及濠口的修筑，珠江港口的依托，护城河的开辟，陆地驿站的建立，逐渐繁荣了濠口沿线的商业贸易，至清末时，才沿珠江修建长堤及马路，开启沿堤商业建筑模式，

① Lefebvre H. The production of space [M]. trans. Donald Nicholson –Smith. Oxford: Blackwell, 1991: 75–76.
② 周尚意. 发掘地方文献中的城市景观精神意向——以什刹海历史文化保护区为例 [J].北京社会科学, 2016, (1): 4–12.

在此过程中，珠江夜游空间形态亦逐渐由自然景观空间形态向人文景观空间形态过渡。1932 年，广州市城市规划史的第一部正式规划设计文件——《广州市城市设计概要草案》及《广州市道路系统图》，开始涉及珠江两岸的规划，可视为政府对珠江夜游游线空间表征的标志性事件。

二、游线空间表征的演变：政策与规划文本

（一）早期的规划重心在于商贸与生产

1. 堤岸及道路的修建

早于清末的两广总督张之洞已奏请在珠江北岸筑建长堤，当时的天字码头为官用码头，长堤的修建亦是围绕天字码头这一段。长堤建设的主要目的并非一般意义的防洪防灾，而是出于当时政治及经济的双重考虑。故当时"所有填筑地段、新修铺房，商民争来承领缴价，其隙地未修之铺屋，均有商人分领，自认兴修。西关房租地租，一月以来，已经纷纷减价"[①]。长堤的修建不仅"耀国威"且"兴商务"，新城区的建设及各种商业业态的发展也随之而起。之后的长堤西濠段、东濠段、芳村段及沙面的长堤沙基段陆续完工。1920 年，东起海珠桥、西接孙逸仙纪念医院的长堤大马路填筑完工。1929 年的《广州市政府施政计划书》，将原位于江中的海珠石（岛）划入珠江北岸，通过将海珠石（岛）炸沉江底，进而填筑新堤岸，当时命名为新堤大马路（现沿江西路永安堂至爱群大厦地段），其主要目的在于扩展珠江新堤，使弧形堤岸变成直线（图 4-6、图 4-7），有利于两岸建筑的兴建、城市建设的拓展及江上船舶的行走。此后，逐渐重视珠江南岸堤岸及道路的规划与建设，1958 年珠江南岸的《滨江路规划》，明确提出滨江路宽度定为 36 米，近期规划修筑 30 米宽，堤岸用麻石堆砌，采用混凝土块铺砌江边至路心绿化带的路面，建成宽阔笔直的人行道。从此，处于该地段的珠江两岸皆有堤岸及道路，且北岸与南岸呈直线弧状的有序对称空间格局，间接有利于两岸休闲游览活动的开展。

---

① 杨颖宇.近代广州长堤的兴筑与广州城市发展的关系［J］.广东史志，2002，（4）：12-17.

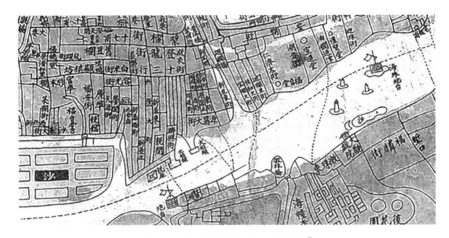

图 4-6　清朝后期未修建的长堤 [①]

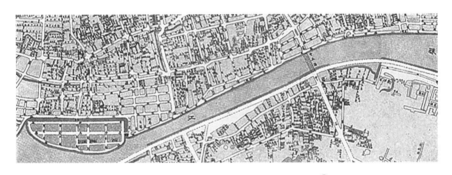

图 4-7　1949 年已建成拉直了的长堤 [②]

2. 沿岸高层建筑的兴建

早在宋朝，那时珠江两岸尚未修建堤岸更未有道路，但当时已在临近珠江沿岸建立了濠（护城河），沿濠畔一字排开两岸商铺，两岸商业街市已初显繁华。清末开始的珠江北岸长堤及道路的修建，使得沿岸高层及特色建筑的兴建接踵而来，至今仍有不少建筑尚存且成为珠江夜游的重要景观。典型的如 1916 年在沿江西路创办的广州邮政博览馆，2002 年被列为广东省级文物保护单位；1916 年在沿江西路兴建的粤海关大楼（广州海关），2006 年被国务院批准列入第六批全国重点文物保护单位名单；1914

---

①　孙海刚，你知道当年长堤有多牛？羊城晚报，2016/3/5.
②　孙海刚，你知道当年长堤有多牛？羊城晚报，2016/3/5.

年在长堤大马路开始营业的广州先施百货公司（现已不存在），木结构建筑五层楼高成为当时一道亮丽风景；1922 年建成的中国第一高楼，沿江西路的城外新大新公司（南方大厦），12 层高的钢筋混凝土结构的南方大厦是当时广州标志性建筑；1925 年建成开业的嘉南堂南楼，高 7 层 30 多米，首层以石砌拱券形柱廊跨出行人道上，是广州早期的西式建筑之一，也是早期的骑楼建筑之一；1937 年落成开业，位于沿江西路拥有 18 层高的爱群大厦，占据了从 1937 年至 1967 年间"广州第一高楼"的称号，享有"南中国之冠"的美誉。沿岸高层及特色建筑的兴建不断刷新广州建筑高度纪录，构成了该时期珠江北岸一线建筑的城市天际轮廓线（图 4-8），连同沙面租界一带的"万国建筑"，构成早期珠江夜游的核心景观。

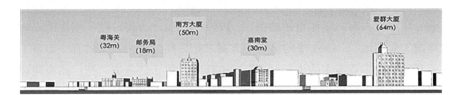

图 4-8　早期长堤天际线 [①]

3. 码头的规划与修建

古代广州商贸发展，主要依托沿濠的港口与码头，如在宋朝时，东濠、西濠、南濠、玉带濠是城内水路交通要道，当时的广州已经发展成为由码头带动的沿濠繁华商业街，明清时，逐步呈现出码头—商业街—商业中心的发展模式，码头是这一发展模式的核心。1932 年的《广州市道路系统规划》，确定白鹅潭一带为内港，沙面至大沙头一带不宜多泊船，以免阻碍河道交通及附近一带的风光，规划从内港堤岸到海珠桥止，共计建设码头数十座[②]。明确白鹅潭一带为内港，为后期这一带码头定位为服务于旅客奠定了基础，同时大量码头的建设也繁荣了两岸的商业。到了 1958 年的《广州港发展计划》，实行了客货分开，大沙头码头和洲头咀码头定位为客运专用码头，且进一步区分大、小点客运码头。大量码头集聚于长堤，在方便船舶停靠及旅客与货物上岸的同时，客观上造成了岸上的混乱与无序。1964 年的《珠江两岸整顿改造》，其重点之一就是对长堤码头进行整理、

---

① 孙海刚. 你知道当年长堤有多牛？羊城晚报，2016/3/5.
② 周霞. 广州城市形态演进［M］. 北京：中国建筑工业出版社，2005：82-83.

合并，除保留天字码头和西濠口等几处必要的轮渡码头外，其余的码头均拆除，结束了原来珠江两岸"三步一堆场，五步一码头，客货混杂，交通拥挤"的局面。码头的整理合并、类型化和专业化划分，为后期码头进一步功能划分为轮渡客运码头和游船旅游码头做了铺垫。

（二）1978 年后的规划重视景观建设

1. 珠江两岸风景河段专项规划

新中国成立后到改革开放前，广州城市规划进行了多轮调整，此期间共出台了 13 个城市总体规划方案（从第一规划方案至第十三规划方案）。短期内如此频繁地出台规划方案，其重要原因在于对城市功能与性质定位不是特别明确。如 1954 年的第四方案"把广州建设成以轻工业为主的生产性城市"，1956 年的第九方案"广州将发展成为以轻工业为主，交通运输业、商业又占有一定比重的城市"，1959 年的第十方案"把广州建设成为华南工业基地"，1961 年的第十一方案"把广州建设成一个具有一定重工业基础、轻工业为主的生产城市"，1972 年的第十二方案"把广州市建设成为一个具有一定重工业基础、以轻工业为主、对外贸易占一定比重的现代化的社会主义工业生产城市"，1976 年的第十三方案"逐步把广州市建设成为一个轻重工业相协调的综合工业城市，成为广东省的工业基地，对发展华南地区的经济起骨干作用"。整体而言，商业贸易与工业生产是贯穿改革开放前广州城市总体规划的两条主线，其中，针对珠江北岸即对长堤、沿江路的规划，主要是依托当时已初步集中形成的一些知名的商业建筑及商贸往来，定位于商业贸易功能区。对珠江南岸的规划，则侧重于发展工业生产，以匹配当时工业生产城市的建设方针。直到 1980 年成稿的第十四方案明确了"把广州建设成为一个以轻工业为主，原材料工业、支农工业协调发展，科学文化、对外贸易和旅游事业发达的社会主义现代化城市"的建设方针。首次在广州城市建设指导方针及总体规划层面突出了旅游在城市发展中的功能与地位，强调历史文化保护与景观规划，城市建设依托珠江北岸向东发展及加强珠江游览线建设。第十四方案指出"珠江两岸对城市景观起着极其重要的影响，规划珠江自白鹅潭起至二沙头的河段为城市风景河，规划迁移、调整现有码头与船舶锚地，并做好沿岸绿化"。此后，1982 年的《广州珠江水系市辖河段功能规划》，将长堤两岸规划为沿江游息区，沙面至二沙头的风景河段规划为滨江绿化区。进一步地，1982 年出台了《珠江（风景河段部分）两岸规划》，是首部将珠江两岸作为风景河段的专项规划。

2. 注重沿江的建筑成景观化

早期的珠江北岸一线建筑已形成城市天际轮廓线，这些建筑具有长期性及固定性的特点，往往建好的建筑短期内不会拆除，已建成的既有为两岸景观添彩加色的，自身亦是景观的建筑，也有与两岸景观不协调不融洽的，成为破坏景观的建筑。在 1982 年将珠江两岸确定为风景河段时，初步明确了将北岸沿江路东面的江湾新村、中间的海珠广场和西面的白天鹅宾馆规划为三点一线的景观效果，指出沿岸各建筑的高度规划均不能超过这三个点，从中可以看出当时沿江路的核心建筑景观为江湾新村、海珠广场和白天鹅宾馆。此外，为突出两岸建筑的层次感和起伏感，强化建筑景观的视觉效果，对沿江路的第一线原有建筑，除保留海关、邮局、南方大厦、银行等旧建筑之外，其余规划改建为多层与高层楼宇，南岸滨江东路沿线的建筑主要是 20 世纪 60 年代兴建的 4~6 层高的住宅群，为求与北岸建筑群体相呼应，滨江西路规划新建高层建筑 13 幢。1993 年的《广州珠江两岸总体规划》，进一步强调改造沿岸一线建筑物的装饰风格，使其具有滨江特色。

（三）1998 年开始的规划重心在于城市形象

1998 年开始出台的有关珠江两岸的规划，不仅强调环境的整治与改造及景观的建设，更为突出的是将珠江两岸作为城市形象重点工程的打造。如"一年一小变，三年一中变"的总体思路就已提出建设一批高标准城市"形象工程"，其中珠江两岸景观工程是塑造广州新形象的标志性建设工程。2008 年的《广州 2010 亚运城市行动计划》，珠江两岸及标志性建筑成为提升城市形象的重点建设工程。2015 年的《中共广州市委关于制定国民经济和社会发展第十三个五年规划的建议》，提出要优化提升珠江经济带、创新带和景观带的"一江两岸三带"，将珠江两岸打造成为展示广州历史文化风貌和现代城市形象的更亮丽的城市名片。珠江两岸作为城市形象展示的重点工程进行打造，从政策与规划文本来看，着重围绕沿江两岸建筑及配套、光亮工程、户外广告等几项工程开展。

1. 沿江两岸建筑及配套的标准化

2005 年的《珠江沿线（中心城区段）景观总体规划》，延续了 1982 年《珠江（风景河段部分）两岸规划》对建筑高度的要求，进一步对两岸一线建筑高度进行严格控制，为了使公众在江面或在江中有更好的视觉景观体验，划定了沿线建筑高度对应江面所允许的界限。如珠江沿线建筑高度一般不宜大于对应江面宽度的 1/4；地标性建筑或构筑物高度一般不宜大于对应江面宽度的 1/2。为了与广州新中轴线布局协调融洽，强调以新中轴线为核心节点，左右两边合理布置地标性高层和超高层建筑，凸显起伏有序的珠江两岸天际轮廓线。将沿江建筑进行景观化的整治与规划，属于从较为宏大的整体视野下对景观的营造，沿江两岸的具体配套则体现出营造城市形象的微观细致环节。1993 年的《广州珠江两岸总体规划》，已提及增加两岸绿化景点，沿江要配置城市雕塑、灯饰等装饰物。1998 年的《珠江沿岸景观设计项目》，则对沿江两岸的相应配套进行一系列的标准化，特别是针对栏杆、花池、座椅、指示牌、垃圾箱、路灯、人行道路面这七要素，将其视为构成景观的基本元素，从而从整体上贯彻珠江两岸景观建设的连续性、统一性、协调性和可持续性四大原则。

2. 光亮工程实施的持续化

光亮工程最早搬上广州市政议程可追溯至 1993 年的"珠江彩虹"灯饰工程，以迎接广州 1994 年春节灯饰大赛为契机，要求当时所涉及到的珠江风景河段的"越秀、海珠区政府应以积极的态度，打破常规，采取特事特办的方式，大开绿灯，确保这项工程在春节完成，为美化、繁荣广州作出应有的贡献"[①]，临江 8 层以上高楼饰以彩灯和射灯，逐步将北岸建成灯饰观赏区。到了 1997 年，广州市政府开展了以珠江景观整治为目标的新工程，其中包括清拆改造原"珠江彩虹"灯饰，打掉原设置的沿江栏杆和眺台，重新建造符合珠江景观标准的建筑物。而 1998 年提出的"一年一小变，三年一中变，十年一大变"，则是广东省委、省政府对广州城市面貌阶段性目标的要求，将其视为创建文明城市的"民心工程""形象工程"和"穿衣戴帽"工程。其中，光亮工程是各个阶段性目标的重要考核内容，且光亮工程实施的重点地段就在珠江两岸。"一年一小变"的任务是，1999 年国庆前完成珠江两岸、解放大桥等 7 座过江大桥，滨江路、沿江路等 18 个重点地段灯饰工程。"三年一中变"的任务是，2000 年年底前完成示范段，使珠江两岸灯饰亮起来；2001 年"九运会"前，滨江路和沿江路先建设 100 米绿树光亮试验段，按统一规划完成重要标志性建筑的灯饰建设等整饰要求。此后，2008 年、2009 年、2010 年、2011 年、2016 年等年份均

---

① 佚名.关于加快"珠江彩虹"灯饰工程施工进度问题的会议纪要［J］.广州政报，1994，（1）：33.

有围绕珠江两岸的光亮工程，具有持续性。尤其是依托广州的重大事件如2001年的九运会、2010年的亚运会、2016年的世界经济论坛、2017年的财富全球论坛及2011年开始往后每年一届的广州国际灯光节等，其相应年份对珠江两岸灯饰的建设力度尤甚。光亮工程是广州城市形象打造的重点工程，亦是确保珠江夜游在夜间能较长时间开展的重要依托。

３.户外广告整治的持续化

2000年的"三年一中变"，首次制定珠江两岸户外广告设置专项规划，当时已要求取缔沿江码头的广告业务。2007年的《广州市珠江岸线户外广告设置规划》，涵盖了珠江沿线中心城区段，西起白鹅潭地区，东至琶洲东端，东西总长度约17千米，南北宽度从650米到2000米不等，总面积约24平方千米，其范围恰好是目前珠江夜游的游线。要求广告设置必须以"新广州、新文化"的展示为主题，对商业广告和公益广告均有严格要求。根据规划，三类建筑将拒绝户外广告：沙面历史文化保护区的全国重点文物保护单位、西堤至长堤的历史建筑；二沙岛公共建筑如星海音乐厅，新城市中轴线附近的诸多公共设施和场地，包括新电视塔、博物馆、歌剧院、第二少年宫、海心沙市民广场、宏城公园等；二沙岛住宅区、滨江东路和中路的沿江高层住宅、珠江新城东翼，全部禁止设置户外广告。2014年的《第一批中心城区主要商圈及重点景观区域户外广告设置规划成果》规定，有6条路被定为户外广告的"禁设区"，集中在珠江两岸。禁设路段包括：临江大道、沙面南街、滨江西路（除洪德路以西段）、滨江中路（除草芳围—滨江横路段）、阅江西路（除珠江啤酒集团段）、阅江中路。从2000年以来，对珠江两岸户外广告的整治一直是广州市户外广告整治的重点地段，其重要原因是认识到珠江两岸对于广州城市形象建设的重要性与特殊性。

表4–4　珠江夜游游线空间历次重要规划

序号	名称（时间）	主要意义	主要内容	单位/人
1	广州市政府施政计划书（1929）	珠江南北堤岸修筑	提出修筑河南北堤岸的计划，其中河北填筑海珠新堤，东起天字码头，西至西濠口，拟将原位于江中的海珠岛划入珠江北岸，使弧形岸线变成直线；河南新堤由内港至士敏土厂一带	广州市政府

序号	名称（时间）	主要意义	主要内容	单位/人
2	广州市道路系统图（1932）	码头的规划及白鹅潭内港定位	规划黄埔港为广州的外港，白鹅潭一带为内港，石围塘至下芳村一带的堤岸，规划建设码头，黄沙一带堤岸，拟建码头，沙面至大沙头一带不宜多泊船，以免阻碍河道交通及附近一带的风光	广州市政府
3	绿化长堤（1956）	绿化长堤，美化广州	在珠江河畔长堤一带和马路两旁广种花木	朱光市长
4	广州港发展计划（1958）	客货运码头分离	整治长堤一带客货运码头34座，改变码头布局，实行客货分开，货运搬迁到黄沙码头和如意坊码头，客运则在大沙头和洲头咀新建客运站，其中大沙头规划为东江和三角洲小点客运码头，洲头嘴为沿海地区及西江、北江、三角洲大点客运码头	广州港务管理局
5	滨江路规划（1958）	修建滨江路	将滨江路宽度定为36米，近期规划修筑30米宽，勒令珠江南岸的工厂大搬迁	广州市城市建设委
6	珠江两岸整顿改造（1964）	珠江两岸整顿改造	对长堤码头进行整理合并，除保留天字码头等几处轮渡码头外，其余码头均拆除，拆除影响市容交通建筑物，修理下沉和毁坏堤坝，整治路段从大沙头西船栏起至沙面东桥，将沿江路海珠广场、沙面和大沙头建成绿化点	曾生市长
7	广州市城市总体规划（1981—2000）（第十四规划方案）	总规强调城市建设沿珠江北岸向东发展，加强珠江游览线建设	确定城市主要是沿珠江北岸向东至黄埔发展，规划采用沿珠江呈三个组团的带状空间结构；规划充分发挥广州一河（珠江）一山（白云山）三路的优势，加强城市主要道路景观、珠江游览线、城市中轴线的空间组织和园林绿化、城市雕塑的建设，使历史文化名城的保护与城市景观、园林绿化有机地结合起来	广州市规划局
8	广州珠江水系市辖河段功能规划（1982）	河段功能分区划定	把市辖河段（北自石门，经白鹅潭，前后航道至东江口）划分为码头区、停泊区（锚地）、滨江绿化区（即风景河段由沙面至二沙头）、给水水源保护区、沿江游息和风景保护区5部分	广州市规划局

序号	名称（时间）	主要意义	主要内容	单位/人
9	珠江（风景河段部分）两岸规划（1982）	风景河段专项规划	强调美化、绿化珠江两岸地区，丰富城市景观，严格控制沿岸新建码头，加强林荫道等绿化设施建设，使之形成点、线、面相结合的沿江绿化系统。其中北岸（沿江路）规划成三点一线的景观效果，三点是东面的江湾新村、中间的海珠广场和西面的白天鹅宾馆，均为高层建筑区，沿岸各建筑的高度规划不能超过这三点。沿江路第一线原有的建筑，除保留海关、邮局、南方大厦、银行等旧建筑之外，其余规划改建为多层与高层楼宇。南岸滨江东路沿线的建筑主要是20世纪60年代兴建的4~6层高的住宅群，以增加建筑空间的起伏感。为求得与北岸建筑群体相呼应，滨江西路规划新建高层建筑13幢	广州市规划局
10	珠江两岸整治规划大纲（广州—虎门）（1990）	景观河段延长	通过功能区划把珠江岸线分为码头、景观游览、绿化、自然岸线4大类，并将景观河段范围从二沙头向东延长至潭村	广州市规划局、水电局、港务局等
11	广州珠江两岸总体规划（1993）	初步确定将珠江大桥至广州大桥建成两岸风景河段	1.珠江大桥至广州大桥将建成两岸风景河段。除公共轮渡码头以外，其他码头及海鲜舫一律外迁和拆除，增加两岸绿化景点，配置城市雕塑、灯饰，并改造沿岸一线建筑物，使其具有滨江特色。2.广州大桥至南方面粉厂，珠江北岸全长4.5千米，其临江一线规划的主要内容为公共绿地、主题花园、文体公园、旅游公园、防护林带等，详细景观设计应与"珠江新城"相协调，使之具有广州新城市的形象特征	广州城市规划局
12	珠江沿岸景观设计项目（1998）	沿岸配套统一规划	对珠江沿岸统一规划，沿线均采用栏杆、花池、座椅、指示牌、垃圾箱、路灯、人行道路面这七个景观构成的基本元素，并强调空间的连续性、统一性、协调性和可持续性四大原则	广州城市规划局

序号	名称（时间）	主要意义	主要内容	单位/人
13	"一年一小变""三年一中变""十年一大变"（1998）	光亮工程确保珠江夜游在夜间能较长时间开展	重点建设工程：1. 珠江新城临江绿化带：西起广州大桥、东至华南大桥，种植尖叶杜英等70多种植物。2. 珠江两岸景观工程：白鹅潭至华南大桥沿江两岸共23千米长的堤岸连成一线，形成珠江两岸景观长廊。工程主要包括砌筑石栏杆、人行道、架设灯饰等。3. 光亮工程：1999年国庆前完成珠江两岸、解放大桥等7座过江大桥，滨江路、沿江路等18个重点地段灯饰工程	广东省委、省政府，广州市委、市政府、市规划局等
14	广州市城市管理"三年一中变"规划（2000）	户外广告专项规划与珠江沿岸光亮工程	重点建设工程：1. 珠江两岸户外广告设置规划；2. 城市灯光景观系统规划（包含珠江沿岸"光亮工程"）	广州市委、市政府、市规划局等
15	广州市城市总体规划（2001—2010）	在1993年珠江两岸总体规划基础上，正式确定且延伸珠江两岸风景游览段	广州珠江两岸总体布局：1. 广州大桥至广州大桥河段，是城市风景游览河段。2. 广州大桥至黄埔大桥河段，是城市风景游览河段	广州城市规划局
16	珠江前航道沿江控制性详细规划及城市设计（2005）	西、中、东段具体发展策略	发展策略：提升西段魅力，强化中段引力，发掘东段潜力，释放整体活力	广州城市规划局
17	珠江沿线（中心城区段）景观总体规划（2005）	严格控制沿江一线建筑高度	在珠江沿线中心城区段（西起白鹅潭地区，东至琶洲东端，东西总长度约17千米）构筑"一条黄金水道，三大景观区段，六大景观节点"。严格控制江边一线建筑的高度，提出沿江建筑应与周边环境相协调，珠江两岸的建筑高度的参考指标为：珠江沿线建筑高度一般不宜大于对应江面宽度的1/4；地标性建筑或构筑物高度一般不宜大于对应江面宽度的1/2；为形成起伏有序的天际轮廓线，需要在关键的节点上，合理布置地标性高层和超高层建筑，以新中轴线地区为最高，形成珠江沿线的重要景观要素。如今沿江建筑的高度控制仍基本遵照了上述规划要求	广州城市规划局

续表

序号	名称（时间）	主要意义	主要内容	单位/人
18	广州城市总体规划（2011—2020）	突出珠江生态文化	珠江生态文化轴线：严格控制珠江两岸城市开发，强化滨水景观带建设，形成兼具连续性、共享性、开放性和景观性的生态文化轴线	广州城市规划局

　　资料来源：本研究整理。上述规划主要围绕本文所研究的区域，即珠江夜游游线空间（珠江广州城区段），该段亦是珠江两岸历次相关规划的重点所在。由于研究区域涉及的范围较广，除上述的区域规划外，还有《珠江西航道和南航道岸线调整利用与滨水地区景观规划设计》《会展中心周边地区城市设计》《广州海珠广场地区城市设计》《海珠石保护规划》《广州市海心沙市民广场城市设计》《港湾广场景观规划设计》《白鹅潭周边地区城市设计》《海珠桥南广场地区城市设计》等专项规划数十项。本部分的研究重点在于从整体上呈现出政府对珠江两岸景观的历次重要表征的演变，以便共现出当下珠江夜游的空间表征，故研究范围内的专项规划未呈现在表中，而是作为研究的重要参考材料。

（四）空间表征演变的呈现

　　政府对珠江两岸的系列构想，以及由这些构想所主导的空间实践，使得该空间的表征在各个时期的重心呈现为：生产与商贸空间—风景河段景观空间—城市形象门户空间。严格意义来说，政府对珠江两岸的系列构想，主要并非服务于珠江夜游（乃至包括了日游的珠江日夜游），在这里，需要在各个阶段所处的时代背景及广州城市社会发展与文化发展背景中进行探究（图4-9）。

　　从新中国成立到改革开放时期，旅游主要扮演着中国外交事业延伸和补充的角色，主要发挥民间外事接待及宣传新中国建设发展的职能，如《外国侨民居留登记及居留证签发暂行办法》（1954）、《关于国际自费旅行者交通费用优待办法》（1958）、《关于开展华侨和港澳同胞旅行业务以增加国家外汇收入问题的通知》（1963）、《外国人入境出境过境居留旅行管理条例》（1964）等，1964年3月，国务院成立了"中国旅行游览事业管理局"（1998年更名为"中华人民共和国国家旅游局"），其重要职能是负责管理外国自费旅游的接待工作。这时的旅游业不具备现代产业的特征，仅突出旅游业的"民间外交"单一功能，全国各地未将旅游业的发展放到重要的议程中。同时，当时全国上下处于大生产时期，致力物质生活条件的改善，当时的社会思想价值体系中，旅游与资产阶级的贪图享乐联系在一起，某种程度上属于被批判的对象，与时代精神不符。

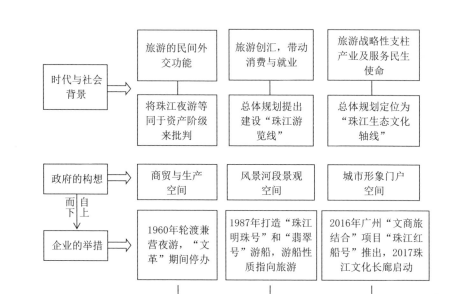

图 4-9 游线空间表征演变的呈现

资料来源：本研究整理。

　　新中国成立初期的广州，一方面，市民文化生活逐渐活跃起来，但当时的文化方式主要局限于陆上戏院的粤剧和话剧，娱乐文化活动呈现单一化。另一方面，明清至民国时期活跃在珠江上的"花艇"，一部分组织妇女卖淫，1949 年 12 月开始，广州实施了一系列针对东堤、长堤一带及珠江上"花艇"的禁娼行动，到 1959 年，基本肃清娼妓。当时，广州与全国旅游发展总体形势一致，市民旅游需求处于沉寂期，旅游的主要职能在于外事接待，该时期的广州旅游发展有一个重大契机，即 1957 年春首届中国出口商品交易会（广交会）在原中苏友好大厦（位于广州流花路）举办，第二届广交会于同年秋季举办，此后，广交会固定为一年两届（春交会和秋交会），从未间断，广交会所带来的大量外籍参展商与采购商，为该时期的广州旅游注入了新的活力。正是在这样的背景下，1960 年，广州市客轮公司将白天的渡江客轮"粤渡 16"和"粤渡 37"用于晚上的珠江游游船，此时的游船实质是轮渡，珠江夜游对于市客轮公司而言，仅是其"兼营"的一项产品，当时夜晚的珠江水面，光线昏暗，游览效果并不好，随后进入"文革"时期的珠江夜游被当成"资产阶级"来批判而停办。因此，在该时期，广州所出台的从第一规划方案至第十三规划方案的城市总体规划方案，对旅游的认识均局限于外事接待与当时的社会意识形态中，所围绕的珠江两岸的系列规划方案及所开展的系列整治活动，主要是服务于珠江两岸的商业贸易活动与生产活动。

改革开放后，旅游主要扮演着外汇收入、拉动消费、解决就业的使命，其转折点是 1981 年在全国旅游工作会议上确定了"旅游事业是一项综合性的经济事业"。随后国务院出台《国务院关于加强旅游工作的决定》（1981）、《旅游汽车、游船管理办法》（1982）、《国务院关于修改〈全国年节及纪念日放假办法〉的决定（第一次修订文件）》（1999）、《国务院办公厅转发国家旅游局等部门关于进一步发展假日旅游若干意见的通知》（2000）等，这个时期，全国各地已逐渐认识到旅游业是一项涉及面广、综合性强、带动性突出、关联系数高的产业。广东是改革开放的前沿地和"试验田"，广州作为省会城市，一直是广东改革开放的中心。1980 年成稿的《广州市城市总体规划（1981—2000）》已将"旅游事业发达"作为城市建设方针之一，提出要加强"珠江游览线"的建设。随后出台了《珠江（风景河段部分）两岸规划（1982）》，将珠江两岸视为风景河段。在此期间，1987 年广州市客轮公司建造了双体豪华游船"珠江明珠号"和"翡翠号"，区别于以往的珠江轮渡，其性质及核心功能均指向旅游。因此，在该时期，政府对珠江两岸的空间表征重心在于构想出风景河段景观空间。

进入 21 世纪，旅游业已陆续成为各地政府报告及规划文件中所定位的"支柱性产业"，2009 年国务院出台《关于加快发展旅游业的意见》，明确指出"把旅游业培育成国民经济的战略性支柱产业和人民群众更加满意的现代服务业"，旅游业的使命从外事接待到经济效益，逐渐提升到服务民生。在此期间，广州加快迈向现代化国际大都市的步伐，以九运会、亚运会、世界经济论坛、财富全球论坛、一年两届的广交会、一年一届的广州国际灯光节等重大事件为契机，实施了一系列城市形象工程和"穿衣戴帽"工程，珠江两岸处于广州新中轴线核心节点，亦是展示广州现代城市名片的核心地段，一直是这一系列工程的重中之重。2012 年出台的《广州城市总体规划（2011—2020）》，对珠江两岸的定位是"珠江生态文化轴线"。经营珠江夜游的公司也逐渐在游船及游线上打"文化"牌与"形象"牌，有代表性的如首航于 2016 年 3 月 20 日的"珠江红船号"游船，是广州市推动"文商旅结合"、打造城市旅游文化名片、探索旅游剧场、发展文化产业的重点项目。2017 年 7 月 2 日，广州市客轮公司已初步推出珠江文化长廊系列之珠江兰花文化主题游航班，将兰花的欣赏及与兰花相关的主题表演融入到游船上。珠江文化长廊，是广州市客轮公司基于珠江两岸码头以及游船资源，所打造的专属品牌项目，目的是向市民传播独具特色的优秀文化理念，实现"一码头一风景，一船舶一展览"的效果，使其成为广州市魅力展示的展览场地。因此，对珠江两岸的规划已不再仅是服务于珠江两岸的商贸与生产或风景河段景观空间，更重要的是构想出城市形象门户空间。

三、游线空间构想的实质

现有旅游空间生产实证研究所涉及的旅游类型中，如古镇旅游空间、民族旅游空间、历史街区旅游空间、乡村旅游空间、社区旅游空间、节事旅游空间等，这些旅游空间的生产是在多重主体博弈交织下而形成，往往政府与企业是强权力生产主体，居民与游客是弱权力生产主体。显然，珠江夜游游线空间的生产，有异于上述一般类型旅游空间生产。从政府对该空间的构想来看，在白天，珠江两岸主要是由一个个较为独立的、功能区划较为显著的块状空间组成，展示出各块状空间的商贸、生产、办公、餐饮、休闲、居住、购物、娱乐、教育、演艺等功能，这些块状空间串联在一起致力于呈现出城市核心区形象，这是对该空间的首要表征。在夜晚，珠江两岸中的各个块状空间的功能区划被模糊化，这时该空间主要呈现为一系列的建筑群落，通过对两岸的建筑实施光亮工程，使得两岸的建筑在夜间成为一道道建筑景观，这些建筑景观所形成的城市夜景，是展示广州夜间形象的重要窗口，两岸的光亮程度，更是反映广州作为现代大城市的经济发展程度、彰显城市现代化、国际化的重要标志。因此，政府对该空间在夜间的构想，首要目的并非服务于珠江夜游，而是城市核心区形象在夜间的展示。

对于实现政府对该空间的构想，经营珠江夜游的游船公司能起的作用微乎其微，沿江两岸的配套设施、建筑群落、光亮工程、广告规划等事项都是政府工程。在半结构访谈中，其中两个问题是"珠江两岸的建设，有哪些项目是直接针对珠江夜游？游船公司能起什么作用？""游船公司在珠江夜游品牌打造过程中发挥什么作用？""我们主要服务于游客，让游客能在珠江上体验广州，让广州多一个展示的机会，让游客多一个体验的方式，两岸的建设似乎和我们关系不大，要说游船公司直接为两岸的建设做贡献，这是不太可能的，两岸的建设主要都是政府在做在主导，两岸的建设主要也不是为了珠江夜游。"（大沙头码头营业点 A1 访谈）"珠江两岸的建设，包括天字码头的规划（天字码头是文物单位），都是由政府部门来完成，游船公司在规划与建设方面起不上什么作用。我们主要提供游船，让游客能够游览两岸，同时也提供相应的媒体报道，让更多人了解珠江两岸的情况和广州的都市风光。然后我们会做些活动，比如天字码头的兰花展、与中医学院合作开展的养生类活动等类似主题活动，还有之前的骑楼文化方面的打造，这些主要还是属于附加性质。"（游船公司 A2 访谈）

"我们更愿意把自己当成嫁接游客和城市传播的一个倡导者跟连接者，因为光是珠江两岸的珠江美景的建设，还达不到能让游客去感受这种浓厚的城市氛围的水平，那么游船公司这么多年的经营，当然不仅蓝海豚，是包括所有的游船公司都是致力于去传播及倡导这种岭南文化跟广州的城市氛围，特别是在提问里面回答到的，游船不仅是一个经营主体，它更多的是一个传播者，游船在珠江上走，本身也属于'亮化工程'，也是可以起到文化传播的作用，如果只是一江两岸去做景观的改造，在江上没有船去行驶去点亮的话，我觉得还欠缺。真正的一江两岸建设，比如说绿化建设、码头建设、一江两岸灯光的改造，主要还是政府部门在做，还是一个民生工程，或者说围绕广州的一系列重大事件的'穿衣戴帽'工程，凭借城市重大事件来进行城市形象的改造。我们主要是一种配合与积极响应及倡导。像码头的改建、布局，上升到类似层面，的确是政府行为，但是很多时候，政府部门需要像我们这种，毕竟我们是老品牌了嘛，在水运这一块，也经常会邀请我们作为专家去开一些论证会，从中汲取到我们的一些建议和意见之后，作为规划的依据，那么这个东西，我觉得相辅相成的吧。因为像之前，您可能或多或少有了解到，广州塔码头和海心沙码头的改建，我们也是提供了很多的建议。"（游船公司 A3 访谈）

在早期，时任广州市客轮公司总经理余浩然亦表示"2000 年的时候，我经常被（政府部门）找去开会，动员我拆除部分码头。我就想拆了码头后市里会怎么做，我应该怎么做。码头拆除了，珠江的堤岸治理了，水清洁了，景观漂亮了，珠江上缺少的就是一艘漂亮游船，水上旅游会成为发展方向。政府要拆我们的码头，拆完之后用来做珠江两岸的景观工程和灯光工程，如果这些都搞起来的话，那我们就有了非常珍贵的旅游资源，那我们现在缺的就是一艘漂亮的游船，当时珠江没有任何一艘船是真正按照旅游的要求去设计的，一旦我们有这艘船的话，可以说是弥补了空白。前景应该说是无量的"①。

　　毫无疑问，珠江夜游游线空间的生产与空间表征，实质是一系列由政府主导并实施的针对珠江两岸的"形象工程""面子工程"与"美化工程"的叠加，在这一过程中，对比一般类型的旅游空间生产，表征资本的经营珠江夜游的游船公司强权力生产主体消失了，居民与游客弱权力生产主体也消失了，政府部门成为游线空间生产的单一权力主体，自始至终，主导着游线空间的生产。从表4-4及上述对政策与规划文本的分析可知：改革开放以前，对珠江两岸规划与建设重心在沙面、白鹅潭、长堤天际轮廓线、沿江西路地段，因此，20世纪六七十年代珠江夜游的线路为"游客们在南方大厦上船，游船经过大沙头到白鹅潭，然后折回，最后又回到南方大厦下船"②。改革开放之后，1981年的广州第十四规划方案强调城市建设沿珠江北岸向东发展，1993年的广州珠江两岸总体规划已初步确定将珠江大桥至广州大桥建成两岸风景河段，因此，20世纪90年代中期珠江夜游的线路延长至海印桥的珠江两岸地段③，21世纪初期珠江夜游的线路延长至广州大桥的珠江两岸地段④。进入21世纪以后，2005年出台的《广州市城市总体规划（2001—2010）》，进一步延伸珠江两岸风景游览段，将广州大桥至黄埔大桥河段，明确为城市风景游览河段；2005年的珠江前航道沿江控制性详细规划及城市设计，其发展策略为"提升西段魅力，强化中段引力，发掘东段潜力，释放整体活力"；此外，随着2008年中国进出口商品交易会展馆（广交会展馆）和珠江-英博国际啤酒博物馆的落成启用，珠江新城地段的标志性建筑物如2010年广州塔和广州西塔与广州大剧院、2011年广晟国际大厦、2014年广州东塔等陆续建成使用，因此，2010年开始珠江夜游的线路延长至琶洲地段。

　　整体而言，珠江夜游游线空间的演变受制于珠江两岸的规划与建设，政府对珠江两岸建设的重心在哪，游船公司所组织的夜游线路就到哪。从这个角度看，珠江夜游游线空间是游船公司"借"上述一系列政府工程的成果而生产出的空间。从游船公司对该空间的利用来看，在白天，该空间主要有两个用途。一方面，是用于各大游船公司所举办的各种游船主题活

---

①　高峰.广州市客轮公司战略转型［D］.广州：华南理工大学，2006.
②　杨格.城市建设日新月异　老广深感惭愧：不懂游广州，信息时报，2005/12/3.
③　佚名."广州游"推出16个新项目，粤港信息日报，1995/1/27.
④　左志红.广州夜生活六大名牌·之一：珠江夜游，新快报，2004/3/24.

动，如商务推介、婚礼寿宴、生日派对、公司庆典、专线旅游、集体包船等，其线路灵活自由，往往珠江夜游游线是其核心线路，主要在白天开展，属于珠江日游，突出该空间的旅游性质，但该业务并非游船公司主营业务，是一个极小众的市场。另一方面，主要是由广州市客轮公司所垄断的珠江水上巴士业务。首先，从水上巴士的票价来看，一楼票价2元/（人·次），二楼票价5元/（人·次），一楼票价纳入广州市公交优惠范围，二楼则不纳入优惠范围且法定节假日价格上升。其次，珠江水上巴士所行驶的路线为芳村—黄沙—西堤—天字—大元帅府—中大—广州塔，正是目前珠江夜游的经典线路。此外，水上巴士所行驶的时间，最晚一班为18点30分，该时期段已是珠江夜游的时段，特别是在秋冬季节，存在少数旅客，其主要是本地居民，在18点及18点30分航次，乘坐水上巴士实现珠江夜游的目的。综上可知，珠江水上巴士业务兼具水上交通与旅游性质。在夜晚，各大游船公司将该空间用于珠江夜游活动，这是各大游船公司的主营业务，亦是主要盈利业务，极力凸显出该空间的旅游性质。

因此，对珠江两岸（游线空间）的规划构想（借力生产），涉及城市政府与游船公司两类主体，城市政府对珠江两岸的规划与建设，决定着游船公司经营珠江夜游游线的起止，城市政府与游船公司是一种自上而下的关系。具体而言，城市政府是空间生产的单一权力主体，该主体视角下对珠江两岸的构想共现为城市核心区形象的展示，体现出城市魅力；游船公司是空间的经营主体，该主体视角下对游线空间的借力生产共现为城市水上旅游空间，突出的是夜游空间（图4-10）。

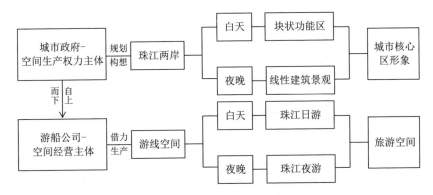

图4-10　权力主体对游线空间的构想

资料来源：本研究整理。

第三节　游线的表征空间

一、资料来源

根据 ChinaZ.com 网站排名（2017 年 10 月），旅游网站排名前 10 位依次为：携程旅行网、蚂蜂窝、欣欣旅游网、去哪儿网、乐途旅游网、驴妈妈旅游网、同程网、博雅旅游网、艺龙旅行网、穷游网。此外，大众点评网不仅在各种网站排名中名列前茅，且是全球最早建立的独立的第三方消费点评网站，而旅游板块是其核心业务之一。综合考虑珠江夜游在上述网站中的游客评论情况，选取大众点评网、携程旅行网和驴妈妈旅游网为资料采集源。通过逐条查阅浏览进行筛选，将与主题无关、无实质内容、不知所云、重复性留言、不文明留言的评论剔除，最终获得 2486 条评论（表4-5）。按顺序抽取 2000 条评论作为模型建构使用，余下的 486 条评论作为模型饱和度的验证。

表 4-5　珠江夜游游客评论数据采集信息

采集网站	评论总数	剔后评论数	起点时间	截止时间
大众点评网	2009	559	2011-06-22	2017-10-11
携程旅行网	3570	1906	2014-05-08	2017-10-17
驴妈妈旅游网	404	221	2014-10-04	2017-10-04

资料来源：本研究整理。

二、理论模型构建

（一）开放性编码

开放性编码是将原始资料在其整体语境下进行拆解审视与对比分析，将繁杂化的材料向精练化的语言转变，进而赋予 / 提取概念；进一步地，借助词典工具如《辞海》等，结合概念在研究中所处的语境，分析概念间的联系，把握概念间的逻辑，将概念以新的方式重新组合，形成范畴。在对游客评论进行编码的具体操作过程中发现，部分游客对珠江夜游的评论并非仅针对游线空间，而往往包含了多个方面，如订票 / 取票、天气状况、排队等候、游船设施设备、游船服务等方面。"来到广州必须要去的著名景点，这段是天字码头到广州塔的路线，也是广州市夜景的精华所在，门票是 138，是豪华甲板票，时长差不多 70 分钟，船上有免费的茶水和小吃，还有免费的川剧和变脸表演，还有免费的拍照，送小照片，这段夜景真的很美，霓虹灯很漂亮，感受着两岸的繁华和这座城市的高速发展，吹着微风，很惬意！广州塔是广州的地标，也称为'小蛮腰'，非常有特色的建筑，这是一个我来了无数次却也依旧想来的景点之一。"（大众点评，2016-06-22）对该评论的编码主要涉及游船上的服务、天气状况和游线空间三方面，实际编码过程中，围绕研究的主题，仅提取与游线空间相关的评论，在此基础上，进行原始评论的开放式编码。值得一提的是，一方面，游客在所乘坐的游船上游览珠江两岸时，会将码头上所停靠的游船及江中所行驶的游船作为景观体验物；另一方面，从上文对游船空间在珠江广州城区段历史演变来看，游船各个阶段演变的发展对应广州社会经济的发展，整体上呈正向关系，即游船越兴旺繁荣、越多高档次高规格的游船在珠江上，当时广州的社会经济越发达，这可从游船作为第三产业，由第三产业发展程度与当地经济发展水平成正比的角度解释，游船的发展程度也是广州城市发展 / 城市形象 / 城市氛围的重要体现。因此，本文将码头上停靠的及江中行驶的游船视为游客对游线空间体验的重要组成部分。使用建构型扎根理论的质性研究方法，借助 Nvivo 10 质性分析软件［该软件由 QSR 公司（Qualitative Solutions and Research Pty Ltd）开发，是目前国际上主流的质性分析软件，其运作的方法论框架是扎根理论，其突出的优势在于对资料的分析具有强大的编码功能］。通过将收集和整理好的文字转成合适的格式，导入 Nvivo 10 的项目内存档，然后建立节点，采用浏览编码方式，即一边浏览原始评论，一边将所需要的内容编码到指定节点中。此后，利用 Nvivo 10 的创建模型功能，串连各模块中的相关节点建立模型，呈现出概念、范畴、主轴之间的关系，形成研究的译码模型图，为后续理论的建构与解释做好铺垫。编码过程先由作者对资料进行整理，并邀请旅游专业博士生和硕士生各 1 名对编码进行校对，讨论编码的初始概念、范畴及主范畴，无异议后形成正式编码。最终建立了 143 个初始概念、12 个范畴（表4-6）。

表4-6　游船空间体验编码示例

游客评论举例	初始概念	范畴
P1 珠江夜景还是很不错的，主要看广州塔（"小蛮腰"），看起来游客也很多，值得来	a1 广州塔	A1 两岸建筑
P2 开船以后可以去甲板看风景，夜晚的珠江，特别是珠江新城灯火辉煌	a2 珠江新城	
P3 在江中间看两岸感觉还是不一样的，特别是到了白鹅潭一带	a3 白鹅潭	
P4 绕线景色不错，二沙岛夜景最美，建议坐七点多班4次	a4 二沙岛	
P5 珠江两岸夜景最漂亮的就是海心沙那一带，生活在广州去一次是值得的，夜景真的很美	a5 海心沙	
P6 经过中山大学时，灯光幽黄，有学府气质	a6 中山大学	
P7 船已经开出去，正兴致勃勃地要看白天鹅（宾馆）	a7 白天鹅宾馆	
P8 广州近代西方新古典主义建筑的代表作之一的粤海关大楼	a8 粤海关大楼	
P9 广州当今八大百货商场之一的南方大厦	a9 南方大厦	
P10 感受"小蛮腰"，感受江边豪宅	a10 江边豪宅	
P11 最精彩的就是广州塔段、亚运会场馆段	a11 亚运会场馆	
P12 靠近马堤酒吧街那边，晚上风景不错	a12 马堤酒吧街	
P13 广州的夜景，一般，我的看点就是"小蛮腰"和星海音乐厅	a13 星海音乐厅	
P14 夜游珠江领略珠江风采，领略广州风采，途经"小蛮腰"、"水桶腰"（西塔）	a14 西塔（广州国际金融中心）	
P15 傍晚到沿江游船可观赏到"珠江丹心"	a15 海珠广场	
P16 还有南方大厦、爱群大厦、广州宾馆、华厦大酒店、江湾大酒店	a16 爱群大厦、a17 广州宾馆、a18 华厦大酒店、a19 江湾大酒店	
P17 沙面洋房建筑等多个文化历史景点	a20 沙面洋房建筑	
P18 12月去广州穿个长袖在船上游江看看两岸的霓虹建筑	a21 两岸建筑	
P19 坐船看看珠江两旁的景色，繁华的高楼大厦林立	a22 高楼大厦	
P20 珠江夜景还是不错的，两岸灯光将广州的江边洋式建筑照得很漂亮	a23 洋式建筑	
P21 夜景很美，珠江两岸，灯光璀璨，新旧建筑，各具特色	a24 新旧建筑	

续表

游客评论举例	初始概念	范畴
P22 广东博物馆，珠江两岸珠光琉璃广州塔高耸入云	a25 广东博物馆	A1 两岸建筑
P23 讲解员会一路详细介绍两岸风景，有二沙岛的星海音乐厅，大元帅府博物馆，广州塔，白天鹅宾馆等	a26 大元帅府博物馆	
P24 珠江夜景非常漂亮，"小蛮腰"和东塔、西塔等地标性建筑都在眼前	a27 东塔（广州周大福金融中心）	
P25 景点："小蛮腰"、猎德大桥、珠江啤酒厂、"水桶腰"	a28 珠江啤酒厂	
P26 第一码头之称的天字码头	a29 天字码头	A2 码头建筑
P27 有名的海鲜食府西贡渔港·新西堤码头	a30 西堤码头	
P28 大沙头相对远点，但位置和景观不错，特别是船比广州塔码头的新	a31 大沙头码头	
P29 很多人就是静静地看着这个漂亮的码头	a32 漂亮的码头	
P30 沿途景点有珠江（大）桥，江湾大桥，广州大桥等	a33 珠江大桥、a34 江湾大桥、a35 广州大桥	A3 桥梁建筑
P31 "小蛮腰"、猎德大桥夜景很漂亮	a36 猎德大桥	
P32 远望鹤洞大桥觉得那是最美丽的景色	a37 鹤洞大桥	
P33 途经两座桥倒是装饰得很美，拍拍照留念很不错	a38 桥梁装饰	
P34 彩虹似的大桥一座又一座横跨夜空	a39 彩虹似的大桥	
P35 广州的珠江两岸夜景真的十分璀璨夺目	a40 璀璨夺目	A4 灯光景观
P36 珠江夜色绚丽多彩	a41 绚丽多彩	
P37 珠江两岸灯火通明	a42 灯火通明	
P38 雨中五彩斑斓的旋律	a43 五彩斑斓	
P39 尤其在晚上更是五光十色	a44 五光十色	
P40 特别是珠江新城灯火辉煌	a45 灯火辉煌	
P41 夜景果然非常美，霓虹灯闪烁	a46 霓虹灯闪烁	
P42 两岸灯光不够多不够亮	a47 两岸灯光	
P43 沿江灯火阑珊	a48 灯火阑珊	
P44 感受灯光 show	a49 灯光 show	
P45 虽然不及黄浦江的金碧辉煌，但却五彩缤纷	a50 五彩缤纷	

续表

游客评论举例	初始概念	范畴
P46 看看两岸的灯色	a51 两岸灯色	A4 灯光景观
P47 江中景色很好，灯影闪烁，波光粼粼	a52 波光粼粼	
P48 电视塔和周围的建筑物一起流光溢彩	a53 流光溢彩	
P49 期间看到很多夜游船来来往往，看到一辆又新又靓的船（查了原来叫"水晶号"，外号"水上鸟巢"）好懊悔没有买这艘的	a54 "水晶号"游船	A5 游船景观
P50 "魔力鲜颜号"船。真的很干净，就是时间太短了。还没玩够	a55 "魔力鲜颜号"游船	
P51 那天和朋友一起到天字码头坐"信息时报号"船游江，两岸的景观真的很漂亮	a56 "信息时报号"游船	
P52 "南海神号"外观很霸气，龙船	a57 "南海神号"游船	
P53 船都很有趣，都被做了广告，什么"京东号"之类的	a58 "京东号"游船	
P54 特别是我这次所乘坐的"广百号"游船，是招待过胡锦涛总书记的游船	a59 "广百号"游船	
P55 原本订了仿古的邮轮，由于有游客包船，被调换为蓝海豚的"光大银行号"	a60 "光大银行"号游船	
P56 买的是"水晶号"，码头最豪华的船。真的，很美丽	a61 珠江"水晶号"游船	
P57 "工行牡丹号"挺漂亮，钢琴键似的霓虹灯，挺美	a62 "工行牡丹卡号"游船	
P58 建议游船选择"中恒集团号"，是整个码头上最大的一艘船了	a63 "中恒集团号"游船	
P59 但后来发现过往的船只好多都是落船窗	a64 珠江上过往的游船	
P60 码头游客不少，总体还算比较有序，在码头停靠的船也很多	a65 码头停靠的游船	
P61 工会的活动，本来没有什么期望，但是来到岸边看到船的颜值，还是感觉不错的	a66 游船的颜值	
P62 小朋友们对那些花花绿绿游船兴趣比两岸景物要浓厚得多	a67 花花绿绿的游船	
P63 感受江上的来往船只	a68 感受江上来往游船	

游客评论举例	初始概念	范畴
P64 珠江夜游不错的，可以看到两岸的夜景，很美，而且亚运的花船还在那里	a69 亚运花船	A5 游船景观
P65 晚上八点半，一艘艘花船缓缓驶来，每艘花船各有亮点，有古色古香的，有金碧辉煌的……看得我如痴如醉	a70 风格各异的游船	
P66 船整体还是不错的，两岸夜景与江中穿梭的游船尽收眼底	a71 江中穿梭的游船	
P67 珠江夜景非常漂亮，各式各样的游船也是一道亮丽风景	a72 游船是亮丽风景	
P68 显出了广州珠江边大楼的科技感……对景色称赞	a73 广州科技感	A6 城市发展
P69 自广州举办亚运会后，羊城夜景美不胜收	a74 亚运会后的广州	
P70 几年来两岸变化特别大	a75 广州变化	
P71 广州建设发展趋势如骏马奔腾	a76 广州建设发展	
P72 在广州这样一个现代化建设如此好的城市，这样的珠江夜游还是很有感觉的	a77 广州现代化建设	
P73 感受着两岸的繁华和这座城市的高速发展	a78 城市高速发展	
P74 景色很美，现代化的大都市	a79 现代化大都市	A7 城市形象
P75 迅速浓缩广州风光的一个好去处	a80 浓缩广州风光	
P76 感受那种大都市的繁华	a81 都市繁华	
P77 亲戚来了都会带他们去珠江夜游感受大广州的美景	a82 大广州	
P78 徜徉在两岸的楼宇间，惊叹这座城市高速的发展，不愧是中国华南第一大都市	a83 华南第一大都市	
P79 珠江夜游是广州市的一张名片	a84 广州名片	
P80 这个夜游，也属于广州的特色吧	a85 广州特色	
P81 家人来广州一起去玩的，客人印象很好，展示了广州大都市的形象	a86 广州都市形象	
P82 珠江夜景真是几靓下，感觉好有岭南风情	a87 岭南风情	
P83 大桥和高楼的夜景都散发着都市的韵味	a88 都市韵味	
P84 这个城市的繁华、霓虹和安静的一面，是一番独特的魅力	a89 广州独特魅力	
P85 珠江夜魅，畅人心田，时代的魅力	a90 时代魅力	

游客评论举例	初始概念	范畴
P86 城市精彩纷呈的另一面就浮现于眼前	a91 城市精彩纷呈	A7 城市形象
P87 时尚的国际性大都市	a92 国际大都市	
P88 珠江夜游不仅景色极美，且充分展示广州大都市的气概	a93 大都市气概	
P89 是一个不错的游广州方式	a94 广州方式	
P90 夜游珠江领略珠江风采，领略广州风采	a95 广州风采	
P91 快速了解广州的好方式	a96 快速了解广州	
P92 感受到活力广州的魅力	a97 活力广州	
P93 广州明信片，力挺，外地朋友每次来访必备节目	a98 广州明信片	
P94 广州不愧是中国南大门	a99 中国南大门	
P95 最快认识广州的窗口	a100 认识广州的窗口	
P96 彰显一线大城市高大上的环境	a101 一线大城市环境	
P97 看广州繁华，值得一去	a102 广州繁华	
P98 珠江夜游看南国画卷值得一游	a103 南国画卷	
P99 对于老广州是情怀，对于外地游客是新奇	a104 情怀与新奇	A8 城市氛围
P100 通过夜游珠江，感受古老与现代完美结合的广州	a105 古老与现代	
P101 特别是每经过一座桥总有一种时光穿梭的感觉	a106 时光穿梭	
P102 美丽的灯火与妖娆的江景把过去与现代一起呈现在你面前	a107 过去与现代	
P103 广州还是比深圳多一些历史氛围	a108 历史氛围	
P104 这个文化底蕴与时尚气息兼备的大都市	a109 文化底蕴与时尚气息	
P105 霓虹中闪烁着沧桑	a110 沧桑感	
P106 现代感较强，历史感较弱	a111 历史感与现代感	
P107 可以看到广州塔在内的广州地标建筑物在夜晚的美丽风光	a112 美丽风光	
P108 逐见华灯初上，夜幕渐渐笼罩，美轮美奂	a113 美轮美奂	

游客评论举例	初始概念	范畴
P109 夜景真的挺漂亮的	a114 漂亮	A8 城市氛围
P110 行经珠江新城一段当然是很壮观	a115 壮观	
P111 夜幕降临后摇身一变就成了仙境	a116 仙境	
P112 两岸灯火辉煌，倒映在江中，似天上人间	a117 天上人间	
P113 感受了广州城的气息，古老的文化，中西结合	a118 中西结合	
P114 夜游珠江我认为是来广州必去的一个旅游项目	a119 旅游观光	A9 自我效能
P115 能坐着和客户边吃喝点什么边聊聊，客户的感觉会更好	a120 船上社交	
P116 听船上广播里传来沿路各种景点的介绍，还是蛮长知识的	a121 长知识	
P117 和家人来到天字码头逛一下，风景不错人也放松	a122 休闲放松	
P118 消磨时间好去处	a123 消磨时间	
P119 心情很顺畅，约会聚会的好场所	a124 约会聚会	
P120 晚上游珠江感觉很舒服	a125 舒服	A10 自我情感
P121 一家大小同游珠江的感觉温馨	a126 温馨	
P122 带朋友夜游珠江，好浪漫	a127 浪漫	
P123 总体来说，还是挺尽兴	a128 尽兴	
P124 彩云追月，令人心情畅快无比	a129 畅快无比	
P125 看着两岸缤纷夜色真的悠哉悠哉啊	a130 悠哉悠哉	
P126 珠江夜游是件很赏心悦目的事情	a131 赏心悦目	
P127 坐个船看看还是蛮惬意的	a132 惬意	
P128 沿途风景真的心旷神怡	a133 心旷神怡	
P129 珠江夜色绚丽多彩，好风景让我们心情愉悦	a134 愉悦	
P130 自广州举办亚运会后，羊城夜景美不胜收，沿江增添了许多灯饰，珠江夜游真值得一去再去	a135 一去再去	A11 自我行为
P131 广州靓丽名片性价比很高，有意思的地方，珠江夜游很好值得推荐	a136 值得推荐	

续表

游客评论举例	初始概念	范畴
P132 一种莫名的幸福感	a137 幸福感	
P133 看着那美丽的夜景还是蛮自豪的	a138 自豪感	
P134 但看到了自己奋斗工作的 CBD 并骄傲地指着向孩子介绍这是爸爸工作的地方	a139 骄傲感	
P135 感受到祖国日新月异的变化，能赶上这个美好的时代我引而满足	a140 满足感	A12 自我憧憬
P136 真的很想在江边买一套房，天天可以看美景	a141 激励感（江边买房）	
P137 一定要看看晚上的羊城，高楼大厦，繁华都市，向往的生活	a142 向往感	
P138 异地他乡，自由自在，五光十色，浪漫珠江，让人留恋	a143 留恋感	

资料来源：本研究整理。初始概念提取秉承贴近数据、注意关联、原词优先的原则，即尽可能提取游客评论的原始概念，游客评论举例仅列举一次该概念的原始资料。

（二）主轴编码

主轴编码的目的是对范畴的区分和精炼，通过识别这些范畴之间的内在关系，如类属关系、关联关系、因果关系、情景关系、结构关系、功能关系、相似关系、差异关系、时间关系、空间关系等，在此基础上，精炼出副范畴和主范畴。将两岸建筑、码头建筑、桥梁建筑 3 个范畴精炼为建筑景观 1 个副范畴，最终生成了由建筑景观（两岸建筑、码头建筑、桥梁建筑）、灯光景观、游船景观 3 个副范畴所形成的景观体验主范畴（图 4-11）；由城市发展、城市形象、城市氛围 3 个副范畴所形成的城市体验主范畴（图 4-12）；由自我效能、自我情感、自我行为、自我憧憬 4 个副范畴所形成的自我体验主范畴（图 4-13）；以及由 10 个副范畴与 3 个主范畴所形成的游线空间译码模型（图 4-14）。

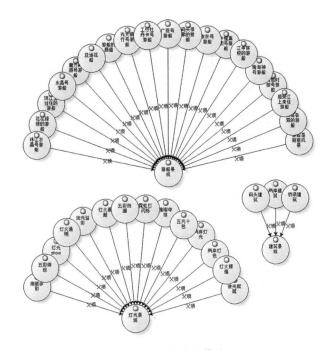

图 4-11　景观体验主范畴译码

资料来源：本研究整理。

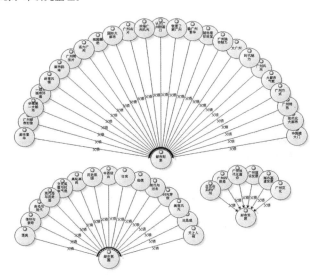

图 4-12　城市体验主范畴译码

资料来源：本研究整理。

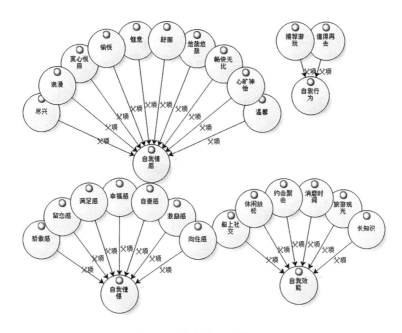

图 4-13　自我体验主范畴译码

资料来源：本研究整理。

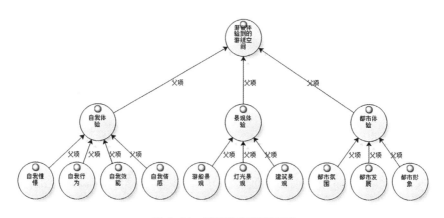

图 4-14　游线空间译码模型

资料来源：本研究整理。

（三）选择性编码

选择性编码是确定核心范畴，通过明确主轴编码中所形成的主范畴与

现象之间的关系，通过"故事线"概念化的方式把主范畴串联成与研究主
题紧密相关的有意义的逻辑体系，由此发现核心范畴。进一步地，基于核
心范畴，把其他主范畴系统地、有机地联系起来，从而构建理论框架，同
时回到原始评论中验证其中的关系。在上述过程中，研究确定核心范畴为
"游线空间体验"，并由此建立由景观体验－城市体验－自我体验形成的
L–U–S 游线空间体验理论模型（图 4-15），围绕核心范畴所开展的故事线
体现在以下两个方面。

图 4-15　L–U–S 游线空间体验理论模型

资料来源：本研究整理。

（1）游客体验到的游线空间生成是一个由景观、城市与自我三个主范
畴构成的金字塔式的模型。其中，景观处于底层，城市位于中间层，自我
处于顶层。其体验到的模式有三种：景观→自我；城市→自我；景观→城
市→自我。具体而言：景观→自我，该模式对游线空间的体验立足于景观。
游线空间建筑景观由两岸建筑、码头建筑、桥梁建筑三部分组成，两岸建
筑的功能属性以商务办公和住宿住宅为主，依托建筑体量的庞大、建筑形
式和风格的特异、建筑承载的历史与文化，成为建筑景观。代表性两岸建
筑如广州塔建筑、白天鹅宾馆建筑、广东省博物馆建筑、珠江帝景建筑、
广州国际会展中心建筑等。游线空间码头建筑的功能属性以船舶停泊和客
物流通为主，凭借码头与珠江的天然连接、码头的历史文化典故，成为码
头建筑景观。代表性码头建筑如天字码头、大沙头码头、海心沙码头、广

州塔码头、中大码头等。游线空间桥梁建筑的功能属性以交通运输为主，依托桥梁的宏伟壮观、对桥梁的装饰与美化、桥在中国文化中的隐喻、游船行驶过桥梁时的穿越感，成为桥梁建筑景观。代表性桥梁建筑如猎德大桥、广州大桥、海珠大桥、江湾大桥等。游线空间的灯光，不仅是一种明视照明与标示照明，更重要的是饰景照明与气氛照明，此时的灯光不是为了感知空间，而是成为灯光景观。游线空间的游船，无论停靠在码头上的游船亦或行驶于珠江上的游船，凭借游船的规模体量、特色外观、装饰点缀等，成为一道亮丽的风景线，有别于建筑景观的固定性，游船是一种流动性景观。建筑、灯光和游船，都是游线空间上有实体可被游客感知的景观，亦是游客直接体验到的对象物，处于外围视觉感知层面。因此，将景观→自我模式下的游线空间总结为"看景是景"。

城市→自我，该模式对游线空间的体验立足于城市，由两岸的建筑景观、灯光景观和游船景观折射出一个充满着现代化的城市空间，游客在该空间中感叹（见证）着城市日新月异的变化，这种变化是现代科技技术引领下的广州现代化城市建设高速发展。尤其是亚运会后的广州，以广州塔、海心沙及珠江新城为广州新中轴线核心节点的建成使用，游客将该空间视为"浓缩广州风光"、彰显"广州独特魅力"与"时代魅力"的"现代化大城市"，认为通过该空间能够"快速了解广州"的"城市精彩纷呈"而呈现的"国际大都市"与"大都市气概"，毫无疑问，该空间成为一张"广州名片"与"广州明信片"，是"广州城市形象"的表征。游客在珠江夜游游线空间体验到一种城市氛围，这种城市感融合了时间与空间的双重维度，往往只有置身于城市中，才能体验到"古老与现代""过去与现代""时光穿梭""天上人间""情怀与新奇""文化底蕴与时尚气息""历史感与现代感"。因此，将景观→城市模式下的游线空间总结为"看景非景"。

景观→城市→自我，该模式是游客对游线空间体验的完整生成，游客通过游览两岸的建筑景观、灯光景观、游船景观，从而获得视觉感知，由此上升到对城市发展的赞赏、城市形象的认同、城市氛围的沉醉，最终反观自身。自我效能，着重在于反观此次游线空间体验，能否使自身获得参与一项旅游活动最基础的功能属性，如旅游观光的属性、休闲放松的属性、增长知识的属性等。自我情感，着重是自身在游线空间中所获得的心境及体现出的情感，如"舒服""温馨""浪漫""悠哉悠哉""心旷神怡"等。自我行为，在于往后对待游线空间的态度与行动，如是否推荐他人游玩、以后是否还来游玩等。自我憧憬，主要是自身在游线空间中所获得的身体感官和心境情感的各种升华，如"幸福感""自豪感""骄傲感""满足感""激励感"，此时的心态与思绪在时间维度上不在于现在，在空间维度上不在于游线空间，而是对此时此地的超越。因此，将景观→城市→自我模式下的游线空间总结为"看景观己"。

（2）L-U-S的游线空间体验理论模型，金字塔式模型的特点，表明由底层到顶层的面积呈递减态势，其面积的大小有两层含义。表层含义是针对游客原始评论而进行编码的多与少，针对景观主范畴及其范畴与初始概念的原始评论最多，城市主范畴及其范畴与初始概念的原始评论次之，自我主范畴及其范畴与初始概念的原始评论最少。深层含义是游客对游线空间的（旅游）体验有层次之分，较多游客仅体验到游线空间的景观，主要是对物质景观的体验，其旅游体验停留于较为底层（直接）的视觉感官，亦即仅见景，看景是景。部分游客将两岸景观作为载体，由此关联到的是城市发展与城市形象的表征，其所获得的旅游体验是一种城市氛围体验。如"这段夜景真的很美，霓虹灯很漂亮，感受着两岸的繁华和这座城市的高速发展，吹着微风，很惬意！"（P73）；"不错，感受了广州城的气息，古老的文化，中西结合，清新的空气，时尚的国际性大都市"（P113）。少数游客在景观的载体与城市的表征基础上，想象自我，向往未来，不仅在游线空间中获得旅游体验，而且在游线空间中获得憧憬未来的精神动力。如"春节期间的珠江夜游，景色之美丝毫不逊色新加坡金沙酒店夜景，一股自豪感不禁油然而生，祖国的强盛是我们每个中华儿女的骄傲，更是我们每个中华儿女的责任"（P141）；"珠江夜游是件很赏心悦目的事情，吹着和风，靠着椅子，两岸各具特色的灯光夜景显示出广州的繁华美丽，真的很想在江边买一套房，天天可以看美景"（P136）；"一定要看看晚上的羊城，高楼大厦，繁华都市，向往的生活。华灯初上，沿途观赏珠江两岸夜景，领略广州风土人情，各式建筑风光尽收眼底"（P114）。游线空间镜像为普通的日常生活与工作空间，处于该空间的人洋溢出幸福感、充满着自豪感、渗透出骄傲感，同时该空间也赋予人激励感与向往感，毋庸置疑，这是一个面向未来的空间。因此，游客对游线空间三个层次的（旅游）体验可归纳为：景观—观光—载体；城市—关联—表征；自我—想象—向往。

（四）理论饱和检验

一般而言，可通过以下三条准则对理论饱和度进行检验：第一，后续的资料没有发现新的范畴；第二，范畴的属性和维度已经充分开发；第三，范畴之间的关系已经形成，且能予以验证。依照上述三条准则，将余下的486条评论作为模型饱和度的验证，发现这些评论均可归入所发展的范畴内，没有发现形成新的范畴和关系，模型中的范畴也已经发展得非常丰富，因此可以认为，本研究所构建的 L–U–S 游线空间体验理论模型在理论上是饱和的。同时，结合前期对游客的观察和访谈可知，所建构的理论模型能予以验证，进一步验证理论已达饱和。

三、初始验证模型构建与量表开发

（一）初始验证模型构建

为了建构与开发出科学的验证模型及测量量表，并确保游线空间体验模型的结构能够涵盖游客体验游线空间的理论边界，初始验证模型与测量量表主要来自两个方面。一方面，立足于上述所构建 L–U–S 游线空间体验理论模型的内在关联及针对游线空间体验这一核心范畴所演绎的故事线，尤其是游客体验到的游线空间的三种模式，即景观→自我、城市→自我、景观→城市→自我，以及三个层次的体验，即景观—观光—载体、城市—关联—表征、自我—想象—向往。

另一方面，直接针对游线空间体验（乃至水上游体验）的经验研究文献极为少见，所涉及到的相关文献主要是对漂流旅游（也译作激流旅游，Whitewater tourism）和邮轮旅游 / 游轮旅游的体验研究。漂流旅游方面，惠斯曼和霍伦霍斯特（Whisman and Hollenhorst, 1998）通过问卷研究游客的漂流满意度路径情况，研究表明，游客对漂流划船的体验受自身获得挑战的机会、漂流技能的掌握程度、漂流的水流量、拥挤感知的影响，这些因素决定了游客满意度的高低[①]。迪克森和霍尔（Dickson and Hall, 2006）对游客漂流划船的期望进行检查，研究认为，游客划后的体验与预期的体验较为一致，划船体验主要受客观环境如游客的数量、河流和周围卫生程度等，以及自身内在状态如是快乐还是无聊才去划船等的影响[②]。贝克曼等（Beckman et al., 2017）基于问卷研究游客漂流划船的动机与体验，结构方

① Whisman S A, Hollenhorst S J.A path model of whitewater boating satisfaction on the Cheat River of West Virginia［J］. Environmental Management, 1998, 22 (1): 109–117.

② Dickson S, Hall T E.An examination of whitewater boaters' expectations: Are pre–trip and post–trip measures consistent?［J］. Leisure Sciences, 2006, 28 (1): 1–16.

程模型显示，刺激和自然动机导致对冒险活动产生积极的情感反应，从而产生对冒险目的地的依恋和积极的行为结果，感知风险是快感和情感反应之间的显著调节者 ①。邮轮旅游 / 游轮旅游的体验研究，如泰耶和勒克莱尔（Teye and Leclerc，1998）探讨游客对北美邮轮产品和服务提供满意度影响因素，研究显示游客关注邮轮船舱清洁度、工作人员礼貌程度及服务质量、设施设备外观等 14 项要素，游客总体期望达到满意 ②。豪孟德和威瑟姆（Hosany and Witham，2010）从教育、娱乐、审美、逃避四个方面开发邮轮旅游情境下的游客体验量表，研究旅游者的邮轮旅游体验与满意度及推荐意愿之间的关系 ③。黄和许（Huang and Hsu，2010）基于社会交往理论，认为在邮轮旅游中，游客与游客之间的互动交往对旅游体验有着重要的影响，将邮轮旅游体验分为学习、放松、自我观照、家庭关系、健康和人际关系体验六个方面 ④。必须认识到，城市水上夜游与漂流旅游和邮轮旅游 / 游轮旅游均有明显的区别。首先，漂流旅游是一种以独木舟、木筏、橡皮船为工具的挑战自身身心的探险旅游，一般是在河流中进行，注重水的流速；邮轮旅游 / 游轮旅游行驶于远洋和沿海，是一种长时（一周乃至更长时间）远线（跨区域甚至跨国）的度假旅游；城市水上夜游行驶于江河湖，是一种近程（城市核心区）短时（1 小时左右）的观光旅游，这决定三者的旅游体验有本质区别。其次，城市水上夜游的旅游吸引物较为单一，往往没有上岸活动，游线空间是其核心旅游吸引物；漂流旅游注重对自身漂流技能的体验、对河流资源条件的依赖，在漂流途中经常穿插着垂钓、远足、野营等活动，其旅游吸引物较为丰富；邮轮旅游 / 游轮旅游的旅游吸引物则非常丰富，邮轮 / 游轮本身就是一个食住行游购娱的综合性旅游空间，航线的跨区域或者跨国岸上活动亦非常丰富，其核心旅游吸引物指向不清晰。因此，针对漂流旅游和邮轮旅游 / 游轮旅游体验的经验研究，不能直接应用于城市水上夜游游线空间的体验研究。

---

① Beckman E, Whaley J E, Kim Y K.Motivations and experiences of whitewater rafting tourists on the Ocoee River, USA［J］. International Journal of Tourism Research, 2017, 19 (2): 257–267.

② Teye V B, Leclerc D. Product and service delivery satisfaction among North American cruise passengers［J］. Tourism Management, 1998, 19 (2): 153–160.

③ Hosany S, Witham M. Dimensions of cruisers' experiences, satisfaction, and intention to recommend［J］. Social Science Electronic Publishing, 2010, 49 (3): 351–364.

④ Huang J, Hsu C H C. The impact of customer-to-customer interaction on cruise experience and vacation satisfaction［J］. Journal of Travel Research, 2009, 41 (1): 79–92.

但是，可以通过追溯体验或旅游体验的构成维度或分类将其作为验证模型及其相关假设的理论支撑。布尔斯廷（Boorstin，1964）首次提出旅游体验，将其视为在旅游过程中的一种综合性感觉，以及对旅游活动的整体性评判和认识①。此后，有较多文献针对旅游体验展开研究。较有代表性的如皮尔斯（Pearce，1988）以马斯洛需求模型为模版，从旅游体验视角提出旅游需要层次模型，认为旅游者旅游体验的需要由下至上依次为放松 - 刺激 - 关系 - 自尊与发展 - 自我实现②。朱莉和里奇（Julie and Ritchie，1996）认为旅游业服务体验由享乐（hedonics）、精神宁静（peace of mind）、涉入（involvement）和认知（recognition）四个维度组成，通过开发量表予以测评③。米尔曼（Milman，1998）将旅游体验分为身体活动与心智活动两种类型，认为通过对旅游者的知觉、意识、想象、推理和思考产生影响，进而形成旅游体验④。派因和吉尔摩（Pine and Gilmore，1999）从消费者参与程度（主动参与与被动参与）和投入方式（吸收方式与沉浸方式），将体验分为 4 种类型，教育（educational）、娱乐（entertainment）、审美（esthetic）、逃避（escapist），简称 4E，从而区分了体验的基本属性⑤。施密特（Schmitt，1999）基于心理学、社会学和哲学等多学科视角，把消费者体验分成感官（sense）、思考（think）、情感（feel）、行动（act）和关联（relate）体验 5 种类型，将其视为战略体验模块⑥。在施密特战略体验模块基础上，布拉库斯等（Brakus et al.，2009）认为消费者对品牌体验主要包括四个维度，即从产品中获得视、听、嗅、触等基于感官获取的感官体验，从产品中带来某种感悟和情绪状态如快乐、唤醒水平的情感体验，能够增加消费者知识、开阔眼界及提高智力水平的认知体验，从产品中感

① Boorstin D. The image: a guide to pseudo-events in America［M］. New York: Harper& Row, 1964.

② Pearce P L. The ulysses factor: evaluating visitors in tourist settings［M］. New York: Springer Verlag, 1988.

③ Julie E O, Ritchie J R B.The Service Experience in Tourism［J］. Tourism Management, 1996, 17 (3): 165-174.

④ Milman A. The impact of tourism and travel experience on senior travelers' psychological well-being［J］. Journal of travel Research, 1998, 37 (6): 166-170.

⑤ Pine B J, Gilmore J H. The experience economy［M］. Boston: Harvard University Press, 1999.

⑥ Schmitt B H. Experiential marketing: How to get customers to sense, feel, think, act, relate to your company and brands［M］. New York: The Free Press, 1999.

知到自我实现、社会成就感与社会认同的关系体验①。谢彦君（2005）对旅游体验行为驱动因素进行了层级划分，由下至上依次为旅游行为（具体表现）–旅游动机（工具性实现）–旅游需要（意识反映）–旅游内驱力（根本动力）②。

　　通过对体验或旅游体验的构成维度或分类的梳理，发现施密特的战略体验模块较为适合作为验证模型及其相关假设的理论支撑，将战略体验模块 5 种类型的体验对应于 L–U–S 游线空间体验理论模型（表 4-7）。需要指出的是，有别于多数研究将施密特 5 种类型的体验应用于测评消费者重购意向的做法，本文立足研究需要，特别是结合扎根理论所构建的 L–U–S 游线空间体验理论模型，认为游线空间不同类型的体验有关联且有层次之分，因此，验证的是游线空间不同类型体验的关系。

表 4-7　施密特的操作性定义与游线空间体验的操作性定义

体验类型	施密特的操作性定义	游线空间体验的操作性定义
感官体验	依靠视觉、听觉、味觉等基本身体感官刺激为消费者提供知觉性的体验，促使消费者产生行为态度和倾向	针对游线空间建筑景观、灯光景观、游船景观的感官体验，对应于景观体验
思考体验	激发顾客的兴趣与好奇，激起消费者对产品的思考，以智力创造新的认知，并对产品或服务产生兴趣	由两岸的景观体验，引发对现代化城市建设高速发展及现代化城市空间的思考，对应于城市体验
情感体验	依靠情境、气氛或产品服务本身的功能和乐趣，触动个体内在感觉和情绪，从而产生愉悦、快乐等感受	游客身处游线空间所获得的心境及体现出的情感，对应于自我情感体验，隶属于自我体验
行动体验	感受体验给生活方式和行为方式带来的改变，是一种与身体或生活方式有关的体验	游客往后对待游线空间的态度与行动，对应于自我行为体验，隶属于自我体验
关联体验	综合感官、思考、情感和行动体验，从而创造独特的体验使个体产生或加强与群体的关联与归属感，展示理想中的自我	游客体验不在于现在，不在于游线空间，而是对此时此地的超越，在游线空间中所获得的身体感官和心境情感的升华，对应于自我憧憬体验，隶属于自我体验

资料来源：本研究整理。

　　①　Brakus J J, Schmitt B H, Zarantonello L.Brand experience: What is it? How is it measured? Does it affect loyalty? ［J］. Journal of Marketing, 2009, 73 (5): 52–68.
　　②　谢彦君.旅游体验研究——一种现象学视角的探讨 ［D］.大连：东北财经大学，2005.

　　综合上述扎根所建构的 L–U–S 游线空间体验理论模型及对体验或旅游
体验构成维度或分类的梳理，提出以下初始验证模型（图 4–16）。

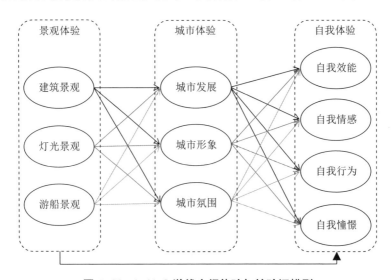

图 4–16　L–U–S 游线空间体验初始验证模型

资料来源：本研究整理。

（二）初始测量量表开发

　　基于扎根理论开发的 L–U–S 游线空间体验理论模型，编制出由 12 个
维度构成的初始量表。初始量表的题项表述首先依据扎根理论研究中的游
客评论资料，回溯 12 个维度及 143 个初始概念的原始评论语句和具体表述。
其次通过文献梳理，搜集旅游体验中与"城市体验""景观体验""自我体
验"相关的研究成果，参考已有量表的有关条目。为了提高初始量表的内
容效度，聘请中国科学院大学、中山大学和华南理工大学 5 位专家和游船
公司 1 位高层管理者对题项进行审核，判断表述是否精准到位，相关题项
是否与各维度相匹配，各维度的问题之间是否存在较明显的同义等，经过
反复讨论与修改，最终达成共识，形成初始测量量表（见附录 2）。

（三）小样本试测

　　正如上文所论及的初始验证模型与测量量表主要来自两个方面，特别
是初始测量量表条款直接来源于成熟的量表较少，因此，需要小样本试测
来净化量表条款，以提升正式调研的科学性。问卷调查时间集中于 2017 年

11 月 30 日—12 月 3 日，在游船公司高层管理者的介绍下，到游船中进行游客问卷调查，共发放问卷 220 份，回收 212 份，剔除无效问卷，如题项选择一致、填写主体缺失 5% 以上、同一题项多选等，最终得到 191 份有效问卷，回收有效率为 90.09%。采用 SPSS19.0 进行问卷的人口特征、正态分布检验与探索性因子分析。

1. 小样本游客人口特征和旅游行为特征

从表 4-8 可知：性别方面，男性占 39.27%，女性占 60.73%；年龄方面，没有 18 岁以下和 60 岁以上的被调查者，18~30 岁占 57.07%，31~45 岁占 37.17%，46~60 岁占 5.76%；受教育程度方面，初中或以下占 1.05%，高中 / 中专 / 技校占 19.37%，大专 / 本科占 71.20%，硕士或以上占 8.38%；职业方面，政府机关 / 事业单位职工占 14.66%，企业职工占 28.27%，学生占 8.90%，文教科技人员占 13.09%，自由职业占 17.80%，工人占 5.76%，军人占 3.66%，其他占 7.85%；税前月收入（元）方面，≤ 2000 占 8.38%，2001~5000 占 30.37%，5001~10000 占 42.41%，>10000 占 18.85%；来源地方面，广州本地人占 7.33%，非广州人（但现在广州居住）占 37.70%，外地游客占 54.97%；旅游方式方面，独自一人占 4.19%，与家人一起占 48.69%，与同事 / 朋友 / 同学一起占 43.46%，其他占 3.66%；第几次乘游船夜游珠江，第 1 次占 68.06%，第 2 次占 23.56%，3 次及以上占 8.38%。

表 4-8　游客人口特征和旅游行为特征（N=191）

项目		人数	百分比
性别	男	75	39.27
	女	116	60.73
年龄	18 岁以下	0	0
	18~30 岁	109	57.07
	31~45 岁	71	37.17
	46~60 岁	11	5.76
	60 岁以上	0	0

项目		人数	百分比
受教育程度	初中或以下	2	1.05
	高中 / 中专 / 技校	37	19.37
	大专 / 本科	136	71.20
	硕士或以上	16	8.38
职业	政府机关 / 事业单位职工	28	14.66
	企业职工	54	28.27
	学生	17	8.90
	文教科技人员	25	13.09
	自由职业	34	17.80
	工人	11	5.76
	农民	0	0
	军人	7	3.66
	离退休	0	0
	其他	15	7.85
税前月收入（元）	≤ 2000	16	8.38
	2001~5000	58	30.37
	5001~10000	81	42.41
	>10000	36	18.85
来源地	广州本地人	14	7.33
	非广州人，但现在广州居住	72	37.70
	外地游客	105	54.97
旅游方式	独自一人	8	4.19
	与家人一起	93	48.69
	与同事 / 朋友 / 同学一起	83	43.46
	其他	7	3.66
第几次乘游船夜游珠江	第 1 次	130	68.06
	第 2 次	45	23.56
	3 次及以上	16	8.38

资料来源：本研究整理。

2. 小样本的正态性检验

对测量条款进行正态性检验，通过峰度－偏度进行检验，峰度与偏度的绝对值数值越小，表示其分布陡缓程度与正态分布的差异程度越小，当偏度绝对值小于3、峰度绝对值小于10时，是判断样本符合正态分布的基本条件[①]。由表4-9可知，偏度与峰度绝对值最大分别为0.662与1.224，因此测量样本服从正态分布。

表4-9　样本的描述性统计（N=191）

条款	均值统计	标准差统计	偏度		峰度	
			统计量	标准误	统计量	标准误
A1	4.0000	.71818	−.258	.176	−.312	.350
A2	3.7958	.80471	.020	.176	−.800	.350
A3	3.9843	1.1641	−.403	.176	−.169	.350
A4	3.5654	.79780	.129	.176	−.492	.350
A5	3.1990	.76928	.624	.176	.341	.350
A6	3.9686	.87983	−.469	.176	1.224	.350
A7	3.9319	.98845	−.009	.176	−1.087	.350
A8	3.7487	.85656	.111	.176	−.696	.350
A9	3.9738	.74293	−.036	.176	−.975	.350
A10	3.6859	1.0950	.545	.176	−.893	.350
A11	3.4136	.87405	.527	.176	.072	.350
A12	3.3141	.95795	.284	.176	−.145	.350
A13	4.1937	.80076	−.551	.176	−.690	.350
A14	4.0524	1.0935	−.164	.176	−.813	.350
A15	3.8010	.74847	.115	.176	−.770	.350
A16	3.3613	.99613	.319	.176	.571	.350
A17	4.0524	.85679	−.608	.176	−.056	.350
A18	3.8220	.78805	.247	.176	−.879	.350

---

① Kline R B. Software programs for structural equation modeling: AMOS, EQS, and LISREL［J］. Journal of Psychoeducational Assessent, 1998，(16): 302–333.

条款	均值统计	标准差统计	偏度		峰度	
			统计量	标准误	统计量	标准误
A19	3.7016	.80334	−.149	.176	.406	.350
A20	3.3927	.72384	.507	.176	.505	.350
A21	3.5393	.78790	−.216	.176	.205	.350
A22	4.2147	.71891	−.517	.176	−.314	.350
A23	3.8848	1.0627	.130	.176	−.723	.350
A24	3.9843	.89945	−.538	.176	1.189	.350
A25	4.1623	.64876	−.171	.176	−.659	.350
A26	4.0890	.84040	.069	.176	.367	.350
A27	3.9424	.92562	−.089	.176	−.049	.350
A28	3.9843	.77693	−.249	.176	−.224	.350
A29	3.0681	.78100	.420	.176	.482	.350
A30	3.8691	.86383	−.067	.176	−.239	.350
A31	3.1990	.74141	.289	.176	−.077	.350
A32	3.6754	1.1800	−.303	.176	.687	.350
A33	3.8953	.98019	−.070	.176	−.347	.350
A34	3.7958	.75057	.128	.176	−.785	.350
A35	3.9581	.73149	−.098	.176	−.701	.350
A36	3.6911	.92559	−.232	.176	−.418	.350
A37	3.2880	.81163	.023	.176	−.009	.350
A38	3.0052	.90900	.202	.176	−.372	.350
A39	3.8168	.75126	−.607	.176	.921	.350
A40	3.6649	.82893	.023	.176	−.645	.350
A41	3.7696	1.1176	−.662	.176	1.086	.350
A42	3.6859	.78523	−.370	.176	−.155	.350
A43	3.8796	.86582	.032	.176	−.492	.350
A44	3.9529	.77655	−.259	.176	−.521	.350

条款	均值统计	标准差统计	偏度		峰度	
			统计量	标准误	统计量	标准误
A45	3.6911	.87580	.466	.176	−.782	.350
A46	3.8691	.77367	−.183	.176	−.487	.350
A47	4.0524	.98632	−.355	.176	−.620	.350

资料来源：本研究整理。A1 两岸的建筑很宏伟壮观；A2 两岸的建筑风貌很有特色；A3 两岸的建筑形态多样化；A4 两岸有许多标志性建筑；A5 两岸有许多历史建筑；A6 两岸有许多现代建筑；A7 两岸建筑高低起伏、错落有致；A8 珠江上的大桥各有特色；A9 珠江上的大桥装饰很好看；A10 珠江上的大桥很宏伟壮观；A11 珠江上的码头各有特色；A12 珠江上的码头装饰很好看；A13 珠江两岸灯火通明；A14 珠江两岸灯光的光亮程度很舒适；A15 珠江两岸灯光五彩斑斓；A16 珠江两岸灯光很有艺术感；A17 珠江上的游船大型宽敞适合游玩；A18 珠江上的游船外观独特；A19 珠江上的游船装饰得很漂亮；A20 珠江上的游船很动感时尚；A21 珠江上的游船如水晶般亮丽；A22 珠江上的游船是一道流动的风景；A23 我感受到广州城市的变化；A24 我感受到广州城市建设的高速发展；A25 我觉得珠江两岸是认识广州的窗口；A26 我觉得珠江两岸浓缩着广州现代化建设的风光；A27 我觉得珠江两岸反映出广州是一个现代化都市；A28 我觉得珠江两岸能够代表广州都市形象；A29 游览珠江两岸使我感受到广州的历史感；A30 游览珠江两岸使我感受到广州的现代感；A31 游览珠江两岸使我感受到广州的文化底蕴；A32 游览珠江两岸使我感受到广州的时尚气息；A33 游览珠江两岸使我感受到广州的都市氛围；A34 游览珠江两岸可以满足我旅游观光的需求；A35 游览珠江两岸可以满足我休闲放松的需求；A36 游览珠江两岸可以满足我约会聚会的需求；A37 游览珠江两岸可以满足我社会交往的需求；A38 游览珠江两岸可以令我增长知识；A39 游览珠江两岸使我感觉到舒服；A40 游览珠江两岸使我感觉到浪漫；A41 游览珠江两岸使我感觉到愉悦；A42 有机会，我还会再次游览珠江两岸；A43 我会对游览珠江两岸给予正面评价；A44 我会向别人推荐游览珠江两岸；A45 我向往珠江两岸的繁华美丽；A46 珠江两岸的繁华美丽会激励我奋斗前进；A47 珠江两岸的繁华美丽使我对未来生活更加憧憬。

3. 小样本的探索性因子分析

为了从整体上把握初始量表 12 个维度的结构，识别不同变量之间是否有相互关联的测量条款，以及进一步验证测量条款的合理性，本文对所有测量条款同时进行探索性因子分析。首先，信度检验。选取 Cronbach's Alpha 系数作为衡量量表内部一致性的指标，一般而言，该系数大于 0.8 则表示测量条款有较高的相关性，内在信度较高[1]。整个量表 Cronbach's Alpha 系数为 0.91，表明量表具有良好的内部一致性，符合信度要求。其次，效

---

① Kline R B. Software programs for structural equation modeling: AMOS, EQS, and LISREL［J］. Journal of Psychoeducational Assessent, 1998，(16): 366.

度检验。在内容效度方面，通过游客原始评论、高校及游船公司的专家意见、成员讨论、预填写等三角互证方式提高内容效度。在结构效度检验方面，KMO 和 Bartlett 检验结果显示，KMO 为 0.722，显著性统计值为 0，表明问卷条款之间的结构性较好、变量间的偏相关性较强，较适合进行因子分析[①]。进一步采用主成分方法、基于特征根值大于 1 进行因子抽取，采用最大方差法进行因子旋转，得到表 4-10。共呈现 15 个特征根大于 1 的公因子，15 个公因子的累计方差解释量为 73.056%。

表 4-10　小样本各条款初次因子负荷

	1	2	3	4	5	6	7	8	9	10	11	12	13	14	15
A1	-.048	.387	-.051	.153	**.605**	.110	.183	.122	-.028	.135	.101	-.032	.034	.011	-.032
A2	.093	.016	-.045	-.021	.732	.153	.180	.059	.177	.096	.055	-.001	.092	.285	-.001
A3	.071	-.037	.118	.074	.760	-.005	-.074	.166	.079	.051	.057	.091	-.026	-.073	.141
A4	.031	.097	.166	-.047	.338	-.143	.216	-.097	-.217	-.037	.376	.389	.228	-.195	.057
A5	.057	.053	-.008	-.012	.292	.061	-.137	.404	.219	-.085	.447	.280	.028	-.003	-.123
A6	.186	.072	-.022	.014	-.104	.050	.000	.053	.055	.079	.175	**.805**	.004	.089	.090
A7	-.033	.034	.206	.123	.192	.112	.049	-.099	.130	-.148	-.036	**.740**	.038	-.002	.046
A8	.239	.469	.106	.322	.234	-.050	-.167	-.281	.207	-.068	-.037	.172	-.130	-.108	-.369
A9	.056	.120	.068	.109	.142	.126	-.183	.024	-.073	-.095	-.010	.149	-.120	.011	**.719**
A10	.245	.396	-.076	.250	.135	.065	-.102	-.117	**.694**	-.120	.422	-.026	-.118	.133	.253
A11	.021	.180	.120	.061	.107	-.016	-.069	.049	**.732**	.190	.021	.059	.033	-.116	-.226
A12	.072	.152	.025	.046	.083	.023	.158	-.012	**.826**	-.042	.150	.101	-.104	.150	.093
A13	-.148	**.712**	.125	.120	.035	.221	.109	.033	.084	.085	-.015	.071	.104	.100	.028
A14	.168	**.701**	.035	.111	.036	-.037	.008	.142	.039	.230	.106	-.014	.123	.123	.009
A15	.035	**.692**	.064	.046	.072	-.062	.148	.185	.337	-.050	-.026	.043	.115	-.155	.136
A16	.355	.431	.164	-.076	-.020	.171	.187	.164	.228	.134	.027	.134	.043	**-.501**	.119
A17	.080	.205	-.016	.201	.184	.327	.302	.098	.097	.270	-.089	.012	.064	.494	.175

[①]　张文彤，董伟.SPSS 统计分析高级教程［M］.北京：高等教育出版社，2015：219.

续表

	1	2	3	4	5	6	7	8	9	10	11	12	13	14	15
A18	−.168	.124	.050	.194	.087	**.768**	.057	.120	−.058	−.059	.012	.073	−.020	.024	−.106
A19	.226	−.043	.041	.028	.033	**.796**	.001	−.019	−.022	−.112	.073	.091	.132	.068	.179
A20	.427	.077	.049	−.156	.085	**.634**	.082	.076	.125	.172	.224	−.046	.163	−.011	.097
A21	.379	.074	−.001	−.193	.224	.337	−.004	−.049	.172	.265	.456	.085	−.011	.079	.207
A22	.200	.100	.011	.129	.234	.143	.053	−.020	.109	.190	.049	.161	.365	**.549**	.093
A23	−.084	.184	.154	.141	.104	.013	−.002	.172	.007	−.078	.132	.023	**.811**	.091	−.095
A24	.361	.042	.178	.024	−.057	.329	.028	−.054	−.138	.033	−.138	.038	**.690**	−.027	−.076
A25	.100	.450	.189	.077	−.099	−.023	.086	.188	−.018	.257	−.021	.196	.459	.156	−.205
A26	.335	.341	.362	.232	.154	.095	.203	−.121	−.215	.130	.173	−.092	−.234	−.074	.002
A27	.107	−.066	.311	.188	−.186	.072	.475	−.225	.074	.159	**.592**	.067	.221	.001	.052
A28	.088	−.042	.380	.303	−.008	.231	.178	.087	.098	.130	**.588**	.125	−.012	−.098	−.126
A29	.086	.127	**.608**	.093	.155	.008	.017	.234	.201	−.333	.240	−.099	.102	.078	−.280
A30	−.137	.131	**.707**	−.062	−.039	.133	.019	.123	−.128	.098	−.100	.189	.074	.153	.090
A31	.286	.057	**.612**	.032	−.028	.213	−.139	.278	.063	−.132	.092	−.062	.093	−.001	−.336
A32	.233	.001	**.672**	−.056	.055	−.042	.110	−.050	.049	.153	.083	.168	.235	−.215	.229
A33	.188	.097	**.659**	.253	.050	−.133	.115	−.009	.384	.144	.079	.034	−.003	−.050	.065
A34	.154	.203	.064	.151	.160	−.022	−.147	.140	.112	**.656**	.174	−.016	−.177	.099	−.115
A35	.274	.156	.051	.173	.066	−.083	.144	.018	.009	**.696**	−.083	−.097	.081	.172	.022
A36	.010	.161	−.033	.129	.031	.120	**.857**	−.004	.037	.055	−.078	.052	−.028	.028	−.029
A37	.263	.039	.113	−.083	.227	−.074	**.684**	.273	.004	−.133	.105	.011	.025	.064	−.197
A38	.385	.104	.182	.074	.146	.015	.478	.168	.340	−.030	.339	−.031	.018	.001	−.092
A39	**.661**	−.018	.148	.068	.050	.080	.038	.209	.029	.253	.136	.328	.095	.043	−.062
A40	**.683**	.072	.144	.298	−.020	.051	.170	.049	.077	.081	.061	−.062	.041	.117	.108
A41	**.723**	.052	.038	.331	.110	.097	.081	.263	.022	.107	.043	.115	.028	−.043	−.048
A42	.153	.156	−.112	**.546**	.222	.113	.114	.239	.006	.050	.338	.039	.209	−.004	.006

	1	2	3	4	5	6	7	8	9	10	11	12	13	14	15
A43	.201	.140	.105	**.815**	.038	.038	.117	.084	.115	.102	−.067	.036	.067	.074	.067
A44	.245	.184	.041	**.676**	−.030	.056	−.028	.242	−.048	.226	.153	.087	.010	.213	.066
A45	−.037	.021	.118	.438	.252	.046	−.023	.233	.222	.468	.054	.103	.102	−.277	−.134
A46	.207	.090	.142	.161	.229	.053	.083	**.773**	−.028	.113	.042	−.041	.126	.012	.016
A47	.182	.242	.129	.287	.093	.098	.110	**.743**	.088	.096	.026	−.028	−.007	.013	.023

资料来源：本研究整理。

对测量条款进行筛选，重点考虑以下基本原则：①所提取的因子，各条款的负载值＞0.5，在其他因子上的负载值接近于0；②删除独自成因子的单一条款；③删除在所有因子上的负荷均小于0.5或在两个及以上因子的负荷大于0.4（即出现横跨因子的情况）的条款[①]；④基本能够基于L–U–S游线空间体验理论模型对条款的合理解释。分别删除A9、A4、A21、A8、A26、A45、A17、A5、A38、A28、A31，每删除一次，进行一次因子分析，观察整体效果。最终探索性因子分析的KMO为0.710，显著性统计值为0，呈现12个特征根大于1的公因子，12个公因子的累计方差解释量为70.950%，经校正的项总体相关性（CITC）及项已删除的α值的检验，各测量条款具有较好的稳定性和内部一致性。其中，条款A10负荷为0.467、A22负荷为0.464、A27负荷为0.456，均较为接近0.5，由于是小样本试测，且这3个条款能结合理论模型较好地解释，将其保留。因子7和因子12共同形成两岸建筑景观，因子10是桥梁和码头建筑景观，因子7、因子12、因子10共同形成建筑景观，因子3是灯光景观，因子8是游船景观，因子9是城市发展和形象，因子4是城市氛围，因子5和因子11共同形成自我效能，因子2是自我情感，因子1是自我行为，因子12是自我憧憬。此外，将A23的"我感受到广州城市的变化"修改为"游览珠江两岸能够感受到广州的变化"，A24的"我感受到广州城市建设的高速发展"修改为"游览珠江两岸能够感受到广州城市建设的高速发展"。

① Lederer A, Sethi V. Critical dimensions of strategic information systems planing [J]. Decision Sciences, 1991, 2 (4): 104–119.

表4-11 修正后的条款因子负荷

	条款	因子负荷		条款	因子负荷
因子1	A42	.644	因子7	A1	.605
	A43	.786		A2	.739
	A44	.743		A3	.806
因子2	A39	.638	因子8	A18	.785
	A40	.597		A19	.792
	A41	.658		A20	.650
因子3	A13	.692	因子9	A22	.464
	A14	.624		A23	.822
	A15	.768		A24	.737
	A16	.539		A25	.592
因子4	A29	.552		A27	.456
	A30	.705	因子10	A10	.467
	A32	.738		A11	.752
	A33	.703		A12	.802
因子5	A34	.652	因子11	A36	.867
	A35	.711		A37	.735
因子6	A46	.776	因子12	A6	.834
	A47	.766		A7	.737

资料来源：本研究整理。

　　综上所述，形成正式测量量表（见附录3），并修正L-U-S游线空间体验初始验证模型为L-U-S游线空间体验验证模型（图4-17），结合L-U-S游线空间体验理论模型，提出以下假设：

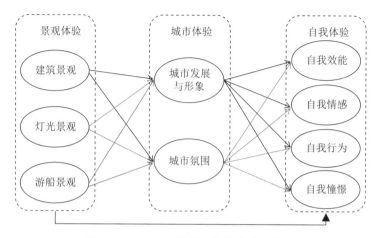

图 4-17　L-U-S 游线空间体验验证模型

资料来源：本研究整理。

H1a：景观体验对城市发展与形象体验具有显著的正向影响作用

H1b：景观体验对城市氛围体验具有显著的正向影响作用

H1c：景观体验对自我效能体验具有显著的正向影响作用

H1d：景观体验对自我情感体验具有显著的正向影响作用

H1e：景观体验对自我行为体验具有显著的正向影响作用

H1f：景观体验对自我憧憬体验具有显著的正向影响作用

H2a：城市发展与形象体验对自我效能体验具有显著的正向影响作用

H2b：城市发展与形象体验对自我情感体验具有显著的正向影响作用

H2c：城市发展与形象体验对自我行为体验具有显著的正向影响作用

H2d：城市发展与形象体验对自我憧憬体验具有显著的正向影响作用

H3a：城市氛围体验对自我效能体验具有显著的正向影响作用

H3b：城市氛围体验对自我情感体验具有显著的正向影响作用

H3c：城市氛围体验对自我行为体验具有显著的正向影响作用

H3d：城市氛围体验对自我憧憬体验具有显著的正向影响作用

四、正式验证模型构建与检验

（一）数据收集与基本描述

根据小样本试测后所形成的正式测量量表，对游客进行大样本的问卷调查。问卷调查时间集中于 2017 年 12 月 9 日—12 月 17 日，通过游船公司高层管理者的引荐，到游船中进行游客问卷调查，共发放问卷 840 份，回收 809 份，剔除无效问卷，最终得到 744 份有效问卷，回收有效率为 91.97%。对极少数出现的缺失值，其处理方法主要是采用列的算术平均值替代。

1. 游客人口特征和旅游行为特征

从表 4-12 可知：性别方面，男性占 42.61%，女性占 57.39%；年龄方面，18 岁以下占 1.08%，18~30 岁占 66.53%，31~45 岁占 29.97%，46~60 岁占 2.42%；受教育程度方面，初中或以下占 1.75%，高中/中专/技校占 17.47%，大专/本科占 72.45%，硕士或以上占 8.33%；职业方面，政府机关/事业单位职工占 9.14%，企业职工占 33.60%，学生占 15.46%，文教科技人员占 9.54%，自由职业占 10.62%，工人占 1.34%，农民占 0.40%，军人占 2.96%，离退休占 0.54%，其他占 16.40%；税前月收入（元）方面，≤ 2000 占 14.92%，2001~5000 占 25.40%，5001~10000 占 45.30%，>10000 占 14.37%；来源地方面，广州本地人占 7.53%，非广州人（但现在广州居住）占 27.96%，外地游客占 64.52%；旅游方式方面，独自一人占 4.30%，与家人一起占 41.67%，与同事/朋友/同学一起占 42.74%，其他占 11.29%；第几次乘游船夜游珠江，第 1 次占 84.81%，第 2 次占 10.75%，3 次及以上占 4.44%。需要说明的是，游客的年龄结构在珠江夜游中并不具有代表性，事实上，珠江夜游游客中 46~60 岁和 60 岁以上的群体占比要比此次问卷结果高，年龄结构处于这两个阶段的游客主要是参加旅行团或者与家人同游，在调研中，囿于这类群体问卷填写较为不方便、拒填写率高等原因，笔者有意识地寻找中青年游客填写问卷。因此，此次问卷代表的是中青年游客对游线空间的体验。通过 SPSS19.0 进行问卷的人口特征、正态分布检验与探索性因子分析。

表 4-12　游客人口特征和旅游行为特征（N=744）

项目		人数	百分比
性别	男	317	42.61
	女	427	57.39

项目		人数	百分比
年龄	18 岁以下	8	1.08
	18~30 岁	495	66.53
	31~45 岁	223	29.97
年龄	46~60 岁	18	2.42
	60 岁以上	0	0
受教育程度	初中或以下	13	1.75
	高中/中专/技校	130	17.47
	大专/本科	539	72.45
	硕士或以上	62	8.33
职业	政府机关/事业单位职工	68	9.14
	企业职工	250	33.60
	学生	115	15.46
	文教科技人员	71	9.54
	自由职业	79	10.62
	工人	10	1.34
	农民	3	0.40
	军人	22	2.96
	离退休	4	0.54
	其他	122	16.40
税前月收入（元）	≤2000	111	14.92
	2001~5000	189	25.40
	5001~10000	337	45.30
	>10000	107	14.37
来源地	广州本地人	56	7.53
	非广州人，但现在广州居住	208	27.96
	外地游客	480	64.52

续表

项目		人数	百分比
旅游方式	独自一人	32	4.30
	与家人一起	310	41.67
	与同事/朋友/同学一起	318	42.74
	其他	84	11.29
第几次乘游船夜游珠江	第1次	631	84.81
	第2次	80	10.75
	3次及以上	33	4.44

资料来源：本研究整理。

2. 样本的正态性检验

由表 4–13 可知，偏度与峰度绝对值最大分别为 0.933 与 1.071；同时，通过描述统计中的 Q–Q 图，执行正态检验分布，发现各点近似围绕着直线，由此判断样本服从正态分布。

表 4–13　样本的描述性统计（N=744）

条款	均值统计	标准差统计	偏度		峰度	
			统计量	标准误	统计量	标准误
A1	3.9624	1.0651	−.479	.090	.410	.179
A2	3.9677	.96359	−.528	.090	.535	.179
A3	3.6707	.83585	−.125	.090	−.033	.179
A4	4.2890	.76933	−.736	.090	1.071	.179
A5	3.9772	1.1890	−.454	.090	.146	.179
A6	3.9637	.96429	−.301	.090	−.209	.179
A7	3.5255	.89561	−.248	.090	.363	.179
A8	3.5538	1.1218	−.107	.090	.064	.179
A9	4.4167	.77530	−.786	.090	−.301	.179

条款	均值统计	标准差统计	偏度		峰度	
			统计量	标准误	统计量	标准误
A10	4.2796	.85406	−.361	.090	−.743	.179
A11	3.9524	.75632	−.796	.090	−.137	.179
A12	3.9341	.96584	−.501	.090	.205	.179
A13	4.2366	1.0944	−.452	.090	−.496	.179
A14	4.0228	.75774	−.187	.090	−.843	.179
A15	3.6263	.84814	−.165	.090	−.104	.179
A16	4.5403	.78329	−.933	.090	.318	.179
A17	3.8387	.78052	−.630	.090	.650	.179
A18	4.0282	.77164	−.612	.090	.418	.179
A19	4.2231	.88924	−.472	.090	−.265	.179
A20	4.3414	1.0717	−.743	.090	.329	.179
A21	3.1828	.87368	−.242	.090	−.188	.179
A22	4.2728	.95381	−.406	.090	−.467	.179
A23	4.1169	1.1759	−.396	.090	−.275	.179
A24	4.2796	.80931	−.308	.090	−.238	.179
A25	3.8831	.76851	−.511	.090	.521	.179
A26	4.1371	.71139	−.429	.090	−.204	.179
A27	3.9973	.77823	−.373	.090	−.376	.179
A28	3.7823	.81929	−.654	.090	.825	.179
A29	4.0349	.92807	−.287	.090	.434	.179
A30	3.7056	1.0868	−.368	.090	.737	.179
A31	3.8471	.75743	−.325	.090	−.663	.179
A32	4.1452	1.1767	−.394	.090	−.030	.179
A33	4.0591	.83267	−.175	.090	−.052	.179

条款	均值统计	标准差统计	偏度		峰度	
			统计量	标准误	统计量	标准误
A34	4.0112	.91395	−.672	.090	.566	.179
A35	3.9685	.73327	−.333	.090	−.429	.179
A36	4.2540	.75094	−.703	.090	−.103	.179

资料来源：本研究整理。A1 两岸的建筑很宏伟壮观；A2 两岸的建筑风貌很有特色；A3 两岸的建筑形态多样化；A4 两岸有许多现代建筑；A5 两岸建筑高低起伏、错落有致；A6 珠江上的大桥很宏伟壮观；A7 珠江上的码头各有特色；A8 珠江上的码头装饰很好看；A9 珠江两岸灯火通明；A10 珠江两岸灯光的光亮程度很舒适；A11 珠江两岸灯光五彩斑斓；A12 珠江两岸灯光很有艺术感；A13 珠江上的游船外观独特；A14 珠江上的游船装饰得很漂亮；A15 珠江上的游船很动感时尚；A16 珠江上的游船是一道流动的风景；A17 游览珠江两岸能够感受到广州的变化；A18 游览珠江两岸能够感受到广州城市建设的高速发展；A19 我觉得珠江两岸是认识广州的窗口；A20 我觉得珠江两岸反映出广州是一个现代化都市；A21 游览珠江两岸使我感到广州的历史感；A22 游览珠江两岸使我感到广州的现代感；A23 游览珠江两岸使我感到广州的时尚气息；A24 游览珠江两岸使我感受到广州的都市氛围；A25 游览珠江两岸可以满足我旅游观光的需求；A26 游览珠江两岸可以满足我休闲放松的需求；A27 游览珠江两岸可以满足我约会聚会的需求；A28 游览珠江两岸可以满足我社会交往的需求；A29 游览珠江两岸使我感觉到舒服；A30 游览珠江两岸使我感觉到浪漫；A31 游览珠江两岸使我感觉到愉悦；A32 有机会，我还会再次游览珠江两岸；A33 我会对游览珠江两岸给予正面评价；A34 我会向别人推荐游览珠江两岸；A35 珠江两岸的繁华美丽会激励我奋斗前进；A36 珠江两岸的繁华美丽使我对未来生活更加憧憬。

3. 均值比较

表 4–13 显示，各维度及条款的均值得分均在 3 分以上，说明游客在珠江夜游中对珠江两岸的体验基本持积极态度。结合下文探索性因子分析所最终确定的因子可知，从主范畴均值得分来看，由大到小依次是景观体验主范畴 – 自我体验主范畴 – 城市体验主范畴，从副范畴均值得分来看，由大到小依次是灯光景观 – 自我行为 – 自我憧憬 – 城市发展和形象 – 游船景观 – 自我情感 – 城市氛围 – 建筑景观 – 自我效能。从各条款均值得分来看，"A21 游览珠江两岸使我感受到广州的历史感"的均值最低，"A16 珠江上的游船是一道流动的风景"的均值最高。

4. 样本的共同方法偏差说明

共同方法偏差（common method variance，CMV），也叫同源偏差，主要是由于同样的数据来源、同样的测量环境、项目语境以及项目本身特征所造成的潜在变量与观察变量之间人为的共变。由于此次问卷采用了相同的数据来源，因此可能存在共同方法偏差问题。在大样本调研前，通过小样本试测对问卷条款进行优化，特别是删除了意义相近的测量条款；对问卷条款表述的反复斟酌，降低条款的复杂性或模糊性；采用匿名的方式，减小对测量目的的猜度；通过上述做法尽量降低有可能产生的共同方法偏差。在对数据进行分析时，采用 Harman 单因素检验法，即在因子分析时，通过观察所得到的未旋转成分矩阵因子，发现未萃取到一个综合的主要因子，即没有题项都显著地负荷于一个综合因子（通常判定负荷水准为 0.5）。借此论证本研究有可能出现的共同方法偏差情况并不严重。

（二）探索性因子分析

研究将 744 份问卷随机折半，分别用于探索性因子分析和验证性因子分析，前半部分的 372 个样本用于探索性分析，后半部分 372 个样本用于验证性因子分析，分别考察测量条款的信度、收敛效度和区分效度。其理论依据在于：研究者通常会将样本一分为二，以一半的样本数，使用探索性因子分析产生因素结构，以另外一半样本，采用验证性因子分析来检验假设因素结构的契合度[1]。

对正式量表所有测量条款同时进行探索性因子分析。KMO 和 Bartlett 检验结果显示，KMO 为 0.767，显著性统计值为 0，表明问卷条款比较适合进行因子分析。进一步采用主成分方法、基于特征根值大于 1 进行因子抽取，采用最大方差法进行因子旋转，得到表 4-14 共呈现 10 个特征根大于 1 的公因子，10 个公因子的累计方差解释量为 62.999%。

表 4-14　正式量表各条款初次因子负荷

	1	2	3	4	5	6	7	8	9	10
A1	**.737**	.109	.030	.265	.053	-.007	-.067	.186	.029	.100
A2	**.614**	-.026	-.040	.147	.054	-.005	.006	.352	.145	.145
A3	**.643**	.081	-.034	.406	.046	.022	.030	.049	.085	.039
A4	**.754**	.270	-.067	.170	.038	.043	.013	.077	.025	.087

[1]　吴明隆.结构方程模型——AMOS的操作与应用［M］.重庆：重庆大学出版社，2017：213.

续表

	1	2	3	4	5	6	7	8	9	10
A5	**.722**	.286	−.020	−.163	.050	.094	.091	.158	.059	.054
A6	.301	.177	−.078	.094	.150	.041	−.040	**.558**	.078	.004
A7	.140	.189	−.039	−.006	−.049	.129	.041	**.773**	.042	.093
A8	.227	.019	.033	.165	−.121	−.070	−.035	**.691**	.005	.198
A9	.108	.057	.001	−.151	.077	**.709**	.040	−.121	.025	−.010
A10	.073	.016	.042	.008	−.018	**.796**	−.023	.047	−.029	.040
A11	.012	−.033	.123	.061	.052	**.686**	−.023	.057	.066	.024
A12	−.080	.067	−.090	.033	−.112	**.599**	.034	.074	−.042	−.005
A13	.281	.067	−.040	**.669**	.232	.024	.054	.031	.118	−.007
A14	.180	.000	−.006	**.800**	.114	−.031	−.038	−.001	−.078	.059
A15	.042	.066	.053	**.750**	−.117	.000	−.022	.087	.075	.092
A16	.118	.188	.003	**.492**	.253	−.044	.061	.273	.212	−.132
A17	−.039	−.085	**.716**	−.031	.086	.101	−.044	−.031	−.019	−.077
A18	−.009	−.131	**.800**	.010	−.072	.048	−.040	.040	−.100	−.015
A19	−.063	.084	**.756**	.029	.015	−.069	.034	−.001	.088	−.002
A20	.022	.003	**.785**	.006	−.075	−.004	.038	−.077	−.074	.033
A21	.160	**.624**	−.080	.030	.149	.002	.097	.271	.189	.037
A22	.223	**.814**	.003	.008	.211	.023	.014	.034	−.022	.002
A23	.121	**.852**	−.012	.081	.041	.006	−.012	.066	.067	.199
A24	.113	**.827**	−.069	.126	.061	.100	.048	.069	.058	.148
A25	−.137	−.056	−.006	−.043	.168	−.080	**.650**	.212	−.123	−.012
A26	.037	.077	.013	−.085	.122	.070	**.805**	.030	.110	.023
A27	.095	.025	−.013	.065	−.119	.043	**.793**	−.090	.019	.011
A28	.035	.092	−.004	.101	−.297	−.024	**.493**	−.211	.019	.151
A29	.181	.151	.021	.100	**.703**	−.076	.003	−.107	.065	.168

	1	2	3	4	5	6	7	8	9	10
A30	−.056	.084	−.032	.126	**.733**	.027	−.004	.003	.037	.120
A31	.088	.159	−.021	.024	**.774**	.022	.008	.054	.036	.217
A32	.117	.147	−.079	.105	.269	−.016	.102	.213	.081	**.639**
A33	.007	.281	−.031	.045	.129	.076	.047	.154	.058	**.753**
A34	.187	.001	.017	−.019	.161	.003	.001	−.019	.064	**.731**
A35	.142	.060	−.108	.118	.042	.022	.047	.079	**.887**	.097
A36	.076	.141	.001	.056	.084	−.002	−.014	.039	**.903**	.084

资料来源：本研究整理。

按照小样本测量条款筛选基本原则进行条款剔除，由于 A16 在因子 4 的负荷为 0.492，A28 在因子 7 的负荷为 0.493，非常接近 0.5，且这两个条款均能结合所在因子进行解释，因此予以保留，A3 由于在因子 1 与因子 4 的负荷均大于 0.4，予以删除。最终探索性因子分析的 KMO 为 0.759，显著性统计值为 0，呈现 10 个特征根大于 1 的公因子，10 个公因子的累计方差解释量为 63.365%。经校正的项总体相关性（CITC）及项已删除的 α 值的检验，各测量条款具有较好的稳定性和内部一致性。因子 1 是城市氛围，因子 2 是两岸建筑景观，因子 8 是桥梁与码头建筑景观，因子 2 与因子 8 共同形成建筑景观，因子 3 是城市发展和形象，因子 4 是游船景观，因子 5 是自我情感，因子 6 是灯光景观，因子 7 是自我效能，因子 9 是自我憧憬，因子 10 是自我行为。

对比可知，此次探索性因子分析结果与试测探索性因子分析结果较为吻合，有变化的是试测中因子 7 和因子 12 形成此次因子 2 的两岸建筑景观，此次样本整体结果和信度均优于试测，各变量的测量条款之间亦具有良好的辨别效度。鉴于因子 2 与因子 8 共同合成建筑景观因子，建筑景观因子的合成并非直接源于探索性因子分析，而是基于前期所建构的 L-U-S 游线空间体验理论模型。其合成的科学性如何，可进一步在验证性因子分析中进行辨别。为了使行文更为简洁与紧凑，笔者一并在此予以说明，通过在探索性因子分析中将因子 2 与因子 8 固定为提取 1 个因子，发现所提取的这个因子将 A7 剔除，其 KMO 值及解释的总方差与成分矩阵均优于剔前，同时通过验证性因子分析对建筑景观因子进行前期的模型拟合度分析，亦发现将 A7 剔除，各项拟合指标优于剔前，且剔后的条款能较好地收敛于相应的潜在变量，即建筑景观因子条款为 A1、A2、A4、A5、A6、A8，通过上述两环节验证所合因子的科学性。

表 4-15　正式量表修正后各条款因子负荷

因子	条款	因子负荷	因子	条款	因子负荷
因子1	A21	.631	因子5	A29	.703
	A22	.813		A30	.734
	A23	.850		A31	.772
	A24	.829	因子6	A9	.710
因子2	A1	.736		A10	.796
	A2	.625		A11	.686
	A4	.748		A12	.599
	A5	.726	因子7	A25	.645
因子3	A17	.716		A26	.805
	A18	.801		A27	.795
	A19	.756		A28	.496
	A20	.785	因子8	A6	.516
因子4	A13	.684		A7	.778
	A14	.816		A8	.673
	A15	.748	因子10	A32	.639
	A16	.499		A33	.754
因子9	A35	.889		A34	.730
	A36	.903			

资料来源：本研究整理。

（三）验证性因子分析

探索性因子分析用于评估测量量表的因子结构，使用探索性因子分析从数据中提取非观察性因子时，无须设定观察标识如何负载在特定因子上，而是在提取因子后，根据观察标识负载的结构来定义因子。一般来说，当设计新的测量量表或用现存量表测量新的目标总体时，数据中的观察变量维度或因子结构通常是不确定的。此时，验证性因子分析用来探索性地检验量表的因子结构。验证性因子分析可以根据理论和经验事先定义因子和设定各测量条目如何具体负载在假设的因子上，即事先定义好测量量表的因子结构，然后检验所设定的模型是否拟合数据[①]，除了作为因素结构验证之用，还可以与其他次模型整合，形成完整的结构方程模型分析。因此，本文的验证性因子分析以前期的 L–U–S 游线空间体验理论模型及探索性因子分析为基础，确认其理论观点所生成的计量模型是否正确，是结构方程模型的一种次模型及特殊应用。从 L–U–S 游线空间体验理论模型来看，大样本的探索性因子分析只是其中一种结构模型，除此之外，还存在不同的结构模型。理论上，总共可生成5种待验证的竞争模型（图4–18、图4–19、图4–20），其中，图 4–18 M1 单一维度模式和图 4–18 M2 一阶九维度模式为一阶验证性因子模型，图 4–19 M3 二阶单维度模式、图 4–19 M4 二阶三维度模式、图 4–20 M5 三阶单维度模式均为高阶验证性因子模型。高阶验证性因子模型的原理可以理解为，在一阶验证性因子模型中发现原先的一阶因子构念间有中高度的关联程度，且一阶验证性因子分析模型与样本数据可以匹配，此时研究者可进一步假定几个一阶因子构念形成测量更高一阶的因子构念，即原先的一阶因子构念均受到一个较高阶潜在特质的影响，也可说某一高阶结构可以解释所有的一阶因素构念[②]。

---

① 王济川，王小倩，姜宝法.结构方程模型：方法与应用［M］.北京：高等教育出版社，2011：30.

② 吴明隆.结构方程模型——AMOS的操作与应用［M］.重庆：重庆大学出版社，2017：246.

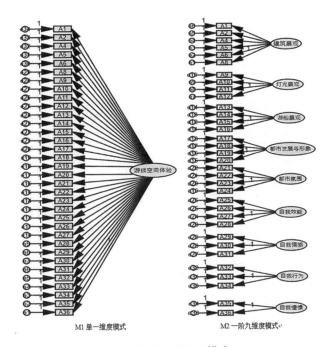

图 4-18　M1 和 M2 模式

资料来源：本研究整理。

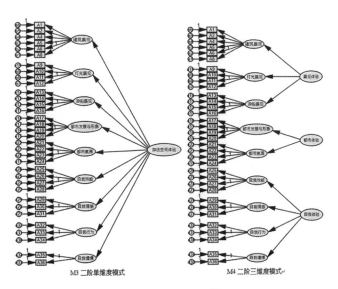

图 4-19　M3 和 M4 模式

资料来源：本研究整理。

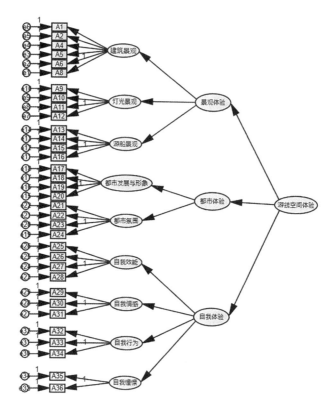

图 4-20 M5 三阶单维度模式

资料来源：本研究整理。

进一步，通过验证性因子分析对 5 种竞争模型的拟合度和量表的建构效度进行检验，从而遴选出合理的游线空间体验模型。数据源于样本的另一折半数据，即后半部分 372 个样本。由于样本数据整体符合正态分布检验，且前期的数据处理与分析均在 SPSS 下进行，因此选用 AMOS 24.0 进行验证性因子分析及后期的路径分析。

在 AMOS 24.0 中分别建立测量模型，采用最大似然法逐一进行验证性因子分析，得到初次运行所得的各项拟合指标。单一维度模式，无论是因子载荷，还是各项拟合指标，其效果均不佳，不难理解，该模式相当于将所有条款（观察标识）生成于单一因子上，实际操作通常无法实现，仅存在理论可能性，因此不具体探讨该模式。另外 4 种竞争模型，均为多因子模式，各因子上的观察标识数量为 2~6 个，以 4 个或 3 个观察标识居多。

对于一个因子通常需要有多少个观察标识，目前尚无定论，甚至有时各种观点还相互矛盾，但较多学者认为，一个因子可以有 2 个观察标识，而 3~4 个观察标识更为理想[①]。4 种竞争模型均存在一定的合理性，以一阶九维度模式为例（图 4-21），一方面，该模式下最低与最高的因子载荷均已是其他模式的最低值与最高值（标准化后的因子载荷处于 0.4~0.93，仅 A8 和 A25 因子载荷在 0.5 以下，其余均高于 0.5）；另一方面，该模式亦是直接对探索性因子分析的验证。为使假设模型与观察数据更为适配，通过修正指标值（Modification indices，MI）对模型进行修正，最终各竞争模型的各项主要拟合指标如表 4-16 所示。

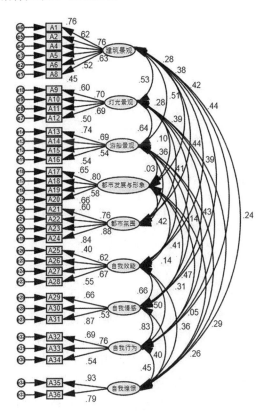

图 4-21 一阶九维度模式因子载荷

资料来源：本研究整理。

———
[①] 王济川，王小倩，姜宝法.结构方程模型：方法与应用［M］.北京：高等教育出版社，2011：36-37.

表 4-16 4 种竞争模型的主要拟合指标

指数	拟合指标	拟合标准	一阶九维	二阶单维	二阶三维	三阶单维
绝对适配度指数	χ^2/df	<3	1.396	1.370	1.395	1.381
	GFI	>.90	.911	.907	.907	.908
	AGFI	>.80	.885	.886	.885	.886
	RMSEA	<.08	.033	.032	.033	.032
	RMR	<.05	.026	.027	.027	.033
增值适配度指数	NFI	>.90	.864	.860	.857	.861
	RFI	>.90	.835	.838	.835	.837
	CFI	>.90	.956	.957	.954	.957
	IFI	>.90	.957	.958	.955	.957
	TLI	>.90	.947	.950	.947	.949
简约适配度指数	PNFI	>.50	.710	.743	.741	.732
	PGFI	>.50	.706	.739	.739	.728
	CN 值	>200	372	372	372	372

资料来源：本研究整理。χ^2/df 为考虑模型复杂度后的理论模型与观察模型的拟合程度；GFI 为假设模型可以解释观察数据的比例；AGFI 为考虑模型复杂度后的 GFI；RMSEA 为比较理论模型与饱和模型的差距；RMR 为未标准化假设模型整体残差；NFI 为比较假设模型与独立模型的卡方差异；RFI 为相对适配指数；CFI 为假设模型与独立模型的非中央性差异；IFI 为增值适配指数；TLI 为比较假设模型与独立模型的适配程度，亦称 NNFI；PNFI 为简约调整后的规准适配指数；PGFI 为考虑模型的简效性；CN 值为临界样本数。各项适配度指数及拟合标准值主要源于文献 [1] 和文献 [2]。

拟合度对比：对比 4 种竞争模型的各项拟合指标，除 NFI 和 RFI 非常接近拟合标准外，其余拟合指标均能达到拟合标准，且 4 种竞争模型的各项拟合指标值均十分接近或者相等，说明竞争模型的构建都具有合理性。事实上，一阶九维模型是直接对探索性因子分析的验证，而二阶单维模型、二阶三维模型和三阶单维模型，均是在一阶九维模型的基础上，结合 L-U-S 游线空间体验理论模型衍生而来。三阶单维模型直接对 L-U-S 游

[1] 吴明隆.结构方程模型——AMOS 的操作与应用 [M].重庆：重庆大学出版社，2017：40-53.

[2] 王济川，王小倩，姜宝法.结构方程模型：方法与应用 [M].北京：高等教育出版社，2011：16-23.

线空间体验理论模型构建的合理性提供了佐证，由此可以认为，游客对游线空间的体验由景观体验、城市体验和自我体验 3 个二阶维度和建筑景观、灯光景观、游船景观、城市发展与形象（城市发展、城市形象）、城市氛围、自我效能、自我情感、自我行为、自我憧憬 9 个一阶维度所构成。

效度检验：在收敛效度方面，一阶九维模型中，除 A8 与 A25 标准化后的因子载荷为 0.40 和 0.45 外，其余测量条款的因子载荷均高于 0.5，由此可见，各变量的测量条款能有效反映出其测量变量的性质，其收敛效度较好。在聚合效度方面，各变量的建构信度（CR）在 0.71~0.86，平均方差抽取量（AVE）在 0.39~0.74，说明竞争模型的内在质量较好，但部分变量的辨别（区分）效度较为一般。

各测量条款显著性：各测量条款的标准差（S.E.）在 0.06~0.205，临界比（C.R.）在 5.669~20.448，显著性（P）均以 *** 显示。临界比（C.R.）相当于 t 检验值，若临界比值大于 1.96，则说明参数估计值在 0.05 水平下显著；若临界比值大于 2.58，则说明参数估计值在 0.01 水平下显著，若显著性概率小于 0.001，则分析结果会以 *** 显示。因此，可以判断各测量条款对相应潜变量的回归系数在 0.001 水平下都显著不等于 0，各测量条款在对相应潜变量的解释上具有实际意义的贡献。

表 4–17　一阶九维模型的回归路径系数

影响路径	估计系数	标准差（S.E.）	临界比（C.R.）	显著性（P）
码头装饰好看 <--- 建筑景观	1			
大桥宏伟壮观 <--- 建筑景观	1.067	0.156	6.828	***
建筑高低起伏 <--- 建筑景观	1.341	0.185	7.257	***
许多现代建筑 <--- 建筑景观	1.361	0.175	7.788	***
建筑风貌特色 <--- 建筑景观	1.276	0.17	7.507	***
建筑宏伟壮观 <--- 建筑景观	1.567	0.196	7.977	***
岸灯光有艺术感 <--- 灯光景观	1			
灯光五彩斑斓 <--- 灯光景观	1.044	0.132	7.939	***
光亮程度舒适 <--- 灯光景观	1.183	0.18	6.583	***
灯火通明 <--- 灯光景观	1.038	0.161	6.457	***
游船是流动风景 <--- 游船景观	1			

影响路径	估计系数	标准差 （S.E.）	临界比 （C.R.）	显著性 （P）
游船动感时尚 <--- 游船景观	1.115	0.154	7.257	***
游船装饰漂亮 <--- 游船景观	1.66	0.205	8.101	***
游船外观独特 <--- 游船景观	1.626	0.187	8.692	***
广州是现代化都市 <--- 城市发展与形象	1			
认识广州窗口 <--- 城市发展与形象	0.908	0.094	9.65	***
城建高速发展 <--- 城市发展与形象	1.389	0.13	10.654	***
广州的变化 <--- 城市发展与形象	1.156	0.125	9.264	***
广州的城市氛围 <--- 城市氛围	1			
广州的时尚气息 <--- 城市氛围	1.225	0.06	20.448	***
广州的现代感 <--- 城市氛围	0.97	0.061	16.009	***
广州的历史感 <--- 城市氛围	1.023	0.087	11.726	***
社会交往的需求 <--- 自我效能	1			
约会聚会的需求 <--- 自我效能	1.471	0.168	8.74	***
休闲放松的需求 <--- 自我效能	0.954	0.122	7.806	***
旅游观光的需求 <--- 自我效能	0.689	0.122	5.669	***
感觉到愉悦 <--- 自我情感	1			
感觉到浪漫 <--- 自我情感	0.683	0.082	8.367	***
感觉到舒服 <--- 自我情感	0.785	0.083	9.476	***
推荐游览 <--- 自我行为	1			
正面评价 <--- 自我行为	1.442	0.171	8.448	***
再次游览 <--- 自我行为	1.407	0.179	7.871	***
生活更加憧憬 <--- 自我憧憬	1			
激励奋斗前进 <--- 自我憧憬	1.146	0.167	6.842	***

资料来源：本研究整理。在验证性测量模型中，每个潜在变量的测量变量中要有一个测量条款的路径系数固定为1，所以这些参数不需要进行路径系数显著性检验，其估计系数为1，而标准差（S.E.）、临界比（C.R.）、显著性（P）均为空白。

通过上文验证性因子分析对各项指标拟合度对比、信度效度检验、各测量条款显著性测量，可以看出，通过扎根理论所构建的游线空间体验理论模型，所开发的验证模型及测量量表，经过向专家咨询、小组讨论、小样本试测等流程，最终形成的量表的信度与效度水平较高，由此所获取的问卷调查数据可靠性较好，可以用来进行后续的数据分析。

（四）模型拟合与假设检验

1. 结构方程模型的建立

根据上述 L-U-S 游线空间体验验证模型和研究假设以及竞争模型的验证性因子分析结果，建立了游线空间体验的结构方程模型图（图4-22）。

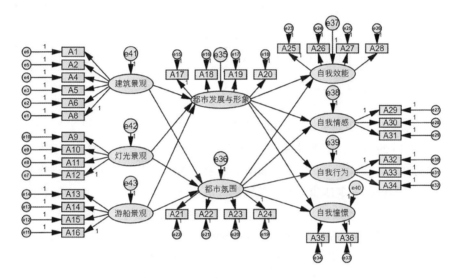

图4-22　游线空间体验的结构方程模型

资料来源：本研究整理。

2. 模型分析与假设检验

利用 AMOS 24.0 建立测量模型，采用最大似然法对模型进行分析，得到初次运行的各项拟合指标。为使假设模型与观察数据更为适配，通过修正指标值对模型进行修正。一般在修正模型时，需要注意以下几点：①若同时有数个修正指标很大，研究者应一次放宽一个参数，将其从固定参数改为自由参数，重新估计模型，而不要一次放宽数个参数；②若放宽最大修正指标的参数，模型没有得到实际的解释意义，那么考虑放宽第二大修正指标的参数，以此类推，以让模型能获得实质的解释意义；③修正指标必须配合期望参数改变量，如果修正指标值（MI值）较大，且相对应的期望参数改变量也较大时，对此参数进行修正可以明显降低卡方值，此种修正也才具有显著的实质意义[1]。具体而言，分别释放 e3 与 e13，e17 与 e18，e23 与 e24，e21 与 e22，e3 与 e33，e21 与 e34，e39 与 e40 之间的残差。最终测量模型的各项主要拟合指标如表 4-18 所示。

表 4-18　游线空间体验结构方程模型的主要拟合指标

指数	绝对适配度指数					增值适配度指数					简约适配度指数		
	χ^2/df	GFI	AGFI	RMSEA	RMR	NFI	RFI	CFI	IFI	TLI	PNFI	PGFI	CN
标准	<3	>.9	>.8	<.08	<.05	>.9	>.9	>.9	>.9	>.9	>.5	>.5	>200
模型	2.55	.907	.890	.046	.024	.851	.834	.903	.904	.892	.763	.810	337

资料来源：本研究整理。

基于表 4-19 可验证各项研究假设：

H1a 的验证，景观体验→城市发展与形象的标准化回归路径影响系数为 0.238，P 值为 ***，在 0.001 水平上显著，因此假设 H1a 得到验证。H1b 的验证，景观体验→城市氛围的标准化回归路径影响系数为 0.547，P 值为 ***，在 0.001 水平上显著，因此假设 H1b 得到验证。H1c 的验证，景观体验→自我效能的标准化回归路径影响系数为 0.124，P 值为 0.049，在 0.05 水平上显著，因此假设 H1c 得到验证。H1d 的验证，景观体验→自我情感的标准化回归路径影响系数为 0.144，P 值为 0.031，在 0.05 水平上显著，因此假设 H1d 得到验证。H1e 的验证，景观体验→自我行为的标准化回归路径影响系数为 0.222，P 值为 0.002，在 0.01 水平上显著，因此假设 H1e 得到验证。H1f 的验证，景观体验→自我憧憬的标准化回归路径影响系数为 0.389，P 值为 ***，在 0.001 水平上显著，因此假设 H1f 得到验证。

H2a 的验证，城市发展与形象→自我效能的标准化回归路径影响系数为 -0.001，P 值为 0.982，在 0.05 水平上不显著，因此假设 H2a 未能得到验证。H2b 的验证，城市发展与形象→自我情感的标准化回归路径影响系数为 -0.109，P 值为 0.018，在 0.05 水平上显著，但由于路径影响系数为负值，因此假设 H2b 未能得到验证，应更改为城市发展与形象体验对自我情

① 吴明隆.结构方程模型——AMOS 的操作与应用［M］.重庆：重庆大学出版社，2017：158-159.

感体验具有显著的负向影响作用。H2c 的验证，城市发展与形象→自我行
为的标准化回归路径影响系数为 –0.086，P 值为 0.076，在 0.05 水平上不显
著，因此假设 H2c 未能得到验证。H2d 的验证，城市发展与形象→自我憧
憬的标准化回归路径影响系数为 –0.067，P 值为 0.122，在 0.05 水平上不显
著，因此假设 H2d 未能得到验证。

H3a 的验证，城市氛围→自我效能的标准化回归路径影响系数
为 –0.017，P 值为 0.755，在 0.05 水平上不显著，因此假设 H3a 未能得到
验证。H3b 的验证，城市氛围→自我情感的标准化回归路径影响系数为
0.173，P 值为 0.003，在 0.01 水平上显著，因此假设 H3b 得到验证。H3c
的验证，城市氛围→自我行为的标准化回归路径影响系数为 0.200，P 值为
***，在 0.001 水平上显著，因此假设 H3c 得到验证。H3d 的验证，城市氛
围→自我憧憬的标准化回归路径影响系数为 0.072，P 值为 0.235，在 0.05
水平上不显著，因此假设 H3d 未能得到验证。

表 4–19　游线空间体验结构方程模型的回归路径系数

影响路径	估计系数	标准差（S.E.）	临界比（C.R.）	显著性（P）	假设	验证
城市发展与形象 <--- 景观体验	.565	.134	4.209	***	H1a	接受
城市氛围 <--- 景观体验	1.345	.176	7.661	***	H1b	接受
自我效能 <--- 城市发展与形象	.000	.018	–.023	.982	H2a	拒绝
自我情感 <--- 城市发展与形象	–.091	.038	–2.359	.018*	H2b	拒绝（负向）
自我行为 <--- 城市发展与形象	–.083	.047	–1.773	.076	H2c	拒绝
自我憧憬 <--- 城市发展与形象	–.081	.052	–1.546	.122	H2d	拒绝
自我效能 <--- 城市氛围	–.007	.023	–.312	.755	H3a	拒绝
自我情感 <--- 城市氛围	.139	.047	2.971	.003**	H3b	接受
自我行为 <--- 城市氛围	.186	.055	3.370	***	H3c	接受
自我憧憬 <--- 城市氛围	.084	.070	1.188	.235	H3d	拒绝
自我效能 <--- 景观体验	.128	.065	1.969	.049*	H1c	接受

续表

影响路径	估计系数	标准差（S.E.）	临界比（C.R.）	显著性（P）	假设	验证
自我情感 <--- 景观体验	.287	.133	2.156	.031*	H1d	接受
自我行为 <--- 景观体验	.508	.167	3.046	.002**	H1e	接受
自我憧憬 <--- 景观体验	1.118	.212	5.284	***	H1f	接受

资料来源：本研究整理。*** 表示在 0.001 显著水平上相关，** 表示在 0.01 显著水平上相关，* 表示在 0.05 显著水平上相关。

最后，剔除不成立的假设，添加上路径系数，获得游线空间体验路径图（图 4-23）。

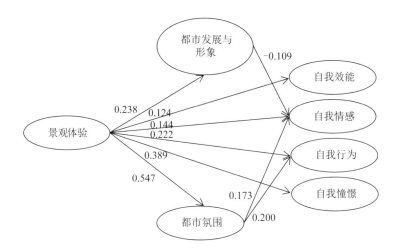

图 4-23 游线空间体验路径

资料来源：本研究整理。

五、结果分析

（一）不同类型的景观体验对整体景观体验的影响

景观体验由建筑景观体验、灯光景观体验和游船景观体验构成。在不同类型的景观体验对整体景观体验的影响中，建筑景观体验的影响最大，其标准化后的路径系数达到了 0.83；其次是游船景观体验，其标准化后的路径系数为 0.67；最后是灯光景观体验，其标准化后的路径系数为 0.11。可以认为，游客在游线空间的体验，最主要的是体验两岸建筑景观，事实上，由于两岸建筑具有稳定性与不可移动性，尤其是一些历史名胜古迹建筑，是在历史长河下凝结而成，即使是一些现代的建筑群，也需要至少几年的时间才能形成，而游船所行驶的游线空间，两岸的建筑高低起伏、建筑形态宏伟壮观、建筑风貌各具特色、现代与历史建筑数不胜数，从这个角度出发，不难理解，建筑景观体验对整体景观体验的影响最大。游客在游线空间的体验，对游船景观体验亦很重要，主要是由于行驶于珠江上的游船在数量规模上及外观装饰上已成为十分重要的景观体验物。夜晚的珠江，在并不宽阔的江面上，尤其是海珠桥段的江面只有 180 米，在节假日时期，有时有 10 余艘游船穿梭于珠江上，可谓游船如织。"广州真的很繁华，夜晚珠江上行驶的游船就好像地面上行驶的公交车一样多，游客量也很大。"（游客对话）珠江上的游船，不仅外观独特，且装饰得很漂亮，已成为一道流动的风景。游客在所乘坐的游船上，看着穿梭来往的游船，往往会出现高呼并产生对比。"哇，对面的游船好气派好复古，上面的灯笼古色古香，好有喜气感，那船的名字都能辟邪，我们应该去坐那艘船的。"（游客对"南海神·广州日报号"的评论）比较之下，灯光景观对整体景观体验的影响较弱，其重要原因在于对灯光的配置不够均匀，甚至参差不齐。突出表现在：首先，两岸灯光景观主要集中于珠江新城地段，其他地段的灯光较为黯淡；其次，部分建筑上的灯光设施已有一定的年限，出现故障未能及时维修的现象，影响了灯光景观的观赏，典型的如"珠江帝景"的灯光标识，部分字体的灯光已不亮；此外，有吸引力的灯光景观，往往是商业性广告，如广州塔上的灯光广告、珠江桥梁上的灯光广告及游船上的灯光广告，较多商业性的灯光景观降低了整体的观赏效果（图 4-24 环球贸易中心火热招租灯光广告、图 4-25 猎德大桥广汽传祺灯光广告）。

图 4-24　广告招租灯光

资料来源：作者自摄。

图 4-25　猎德大桥上的广告

资料来源：作者自摄。

（二）景观体验对城市体验与自我体验的影响

景观体验对城市体验与自我体验均具有显著的正向影响作用。在对城市体验影响方面，景观体验对城市氛围体验的影响比对城市发展与形象体验的影响大，相对应的标准化后的路径系数分别为 0.547 与 0.238。游客在珠江夜游游线空间体验到一种城市氛围，置身于城市中，体验到融合了时间与空间双重维度的城市感，而城市感的形成，正是广州在现代科技技术引领下的现代化城市建设高速发展的结晶。在对自我体验影响方面，景观体验对各维度的自我体验影响由大到小依次为自我憧憬－自我行为－自我情感－自我效能，相对应的标准化后的路径系数分别为 0.389-0.222-0.144-0.124。游客在游线空间上感受着珠江两岸的繁荣美丽，该空间成为一个日常生活与工作的标杆空间，游客不由自主产生激励感与憧憬感。景观体验对自我行为影响较大，其重要原因是珠江夜游的游客中，外地游客占比 64.52%，非广州人（但现在在广州居住）占比 27.96%，广州本地人占比仅为 7.53%。一方面，高比例的外地游客，将还会再次来到广州，直接折射为还会再次游览珠江两岸；另一方面，现在在广州居住的游客及广州本地的游客，还会再次游览珠江两岸及向别人推荐游览珠江两岸，亦主要是陪同他人游览，该结论可通过此次旅游方式与家人一起占比 41.67%、与同事/朋友/同学一起占比 42.74% 予以佐证。

（三）城市体验对自我体验的影响

城市氛围体验对自我行为体验与自我情感体验产生显著的正向影响作用，其相对应的标准化后的路径系数分别为 0.200 和 0.173。游客在游览珠江两岸的过程中所感受到的历史感、现代感与时尚气息，强化了游客的自我行为与自我情感。城市发展与形象体验仅对自我情感体验产生显著的影响作用，且该影响为负向，其标准化后的路径系数为 -0.109，该结论和城市发展与形象的测量条款及自我情感的测量条款密切相关。城市发展与形象测量条款体现出城市变化、城市发展和城市现代化，高速发展的城市与现代化的城市，背后隐藏着生活节奏快、生活压力大、生活空间狭小等特点，该特点与自我情感测量条款的舒服、浪漫和愉悦呈现负向关系。

六、游线表征空间的实质

在列斐伏尔看来，表征空间体现出空间的复杂象征意义，或虚或实的图像、符号、形式、意向和象征等与隐而不显或无人知晓的社会生活和艺术连接在一起，空间的使用者通过图像和符号直接体验覆盖在物理空间之上的想象性空间^①。在本章中，游线空间体验的使用者是游客。游客体验到的游线空间是对现实社会及内心世界的映射，建立在对景观体验基础上的城市体验与自我体验。游客对珠江两岸的游览，所凝视的对象为两岸建筑、两岸灯光、两岸游船，是一种对物理空间（游线空间实践）视觉的感官体验。在对景观体验所依托的物理空间体验之上，对广州城市建设的变化、广州的历史感、现代感、时尚气息等的体验，是对广州政府将珠江两岸的构想共现为城市核心区形象、体现出城市魅力（游线空间表征）的体验。此后，在游线空间下从效能、情感、行为与憧憬各方面反观自身。因此，从这一角度看，可以将景观体验理解为对空间实践的体验，即"直接体验物理空间"，将城市体验理解为对空间表征的体验，即"直接体验覆盖在物理空间之上的想象性空间"，而景观体验、城市体验和自我体验的结合为游线表征空间的体验，体现出表征空间的能动性、多元性与丰富性。

---

① Lefebvre H. The production of space［M］. trans. Donald Nicholson –Smith. Oxford: Blackwell, 1991: 33–39.

第五章　微观权力视角下的游线空间生产

　　本章以珠江夜游游线空间为研究对象，将游线空间置于现代性语境下，以福柯微观权力学说为理论框架，主要使用话语分析，侧重于分析话语以怎样的规则被说出，话语秩序体现出何种意识形态与社会关系，致力于回答游线空间如何通过官方建构与游客的建构生产为"异托邦"空间，其现代性的隐喻又如何体现。本章的研究资料除涉及第三章、第四章、第五章的部分资料外（主要是张中朝和黄良河编著的《广东经典导游词》"珠水流光——珠江沿线"的导游解说章节，广州政府门户网站对珠江夜游的介绍，广州图书馆的《广州风物》栏目对各个景点的历史记载，游船工作人员景点讲解），还包括对 27 名游客（编码 C 表示）的半结构访谈。

第一节　现代性语境下的"异托邦"

　　现代性，是一个富于想象、充满异域且意义丰富的术语，皮埃尔·波德莱尔（Pierre Baudelaire）、格奥尔格·齐美尔（Georg Simmel）、瓦尔特·本雅明（Walter Benjamin）和安东尼·吉登斯（Anthony Giddens）对现代性的研究，整体是在批判中的继承，其口中笔下的现代性常常伴随着"都市"空间的出场，都市不仅表征着现代性，而且成为其研究的对象与内容。波德莱尔的现代生活和现代性指的是"大城市的风光"，是在 19 世纪的都城巴黎中找到的[1]，在齐美尔看来，现代性展示得最充分，也是个体感受现代性最强烈的地方，体现在现代大都市[2]，本雅明对现代性的批判较为

---

[1]　汪民安.大都市与现代生活［J］.西北师大学报（社会科学版），2006，43（3）：7–12.
[2]　成伯清.格奥尔格·齐美尔：现代性的诊断［M］.杭州：杭州大学出版社，1999.

集中于"巴黎拱廊街计划"①，吉登斯将现代性总体概貌描述为"巨型怪兽的阴影"，其临摹的标本在现代的都市空间中②。现代性，将其全部的实践力量，部署在世俗化的都市中——现代生活，既是世俗化的，也是都市化的，都市生活主要是世俗性的物质主义生活，是充满激情的旨在放纵的声色犬马生活③。旅游是现代现象，是对现代性生存条件的"好恶交织"的反应和体现④，作为"现代性的同盟军"⑤，其暂时性和非惯常空间完美地反映了现代性的核心特征⑥。城市是各种不同类型旅游活动，如主题公园旅游、节事旅游、遗产旅游、工业旅游、历史街区旅游等的重要演绎空间，旅游与城市的结合自然而然地成为现代性的重要隐喻。其中，城市水上夜游是一种较为特殊的旅游类型，其游线往往处于城市最繁华的地段，以感受及领略城市的现代性景观为主，其地段的繁华及景观的现代性特点充分展示出城市魅力所在，逐渐成为城市名片的重要表征。因此，城市水上夜游既是一种旅游活动，又是城市精神的重要载体，是旅游与城市成为现代性重要隐喻结合的完美体现。

福柯的微观权力有别于国家权力或政府权力所指涉的统治性、占有性、实体性、压迫性、镇压性等传统权力，而是体现出权力的差异性、隐蔽性、生产性、流动性。这种微观权力批判思想对西方当代地理学具有深刻的影响⑦，特别是对现代空间中的权力-知识与身体和主体性的批判⑧，这种批判体现在福柯对现代性的诊断方式、诊断过程、诊断结果与治疗方案等多个层面⑨。福柯微观权力作用机制主要是发生在一系列诸如"墓地、监狱、精神病院、戏院、花园、博物馆、图书馆、度假村、游乐所、妓院、

①　本雅明.巴黎，19世纪的首都［M］.刘北成，译.上海：上海人民出版社，2006.

②　包亚明.现代性与空间的生产［M］.上海：上海教育出版社，2003：307-353.

③　汪民安.现代性［M］.南京：南京大学出版社，2012.

④　王宁.旅游、现代性与"好恶交织"——旅游社会学的理论探索［J］.社会学研究，1999，（6）：93-102.

⑤　孙九霞，周一.日常生活视野中的旅游社区空间再生产研究——基于列斐伏尔与德塞图的理论视角［J］.地理学报，2014，69（10）：1575-1589.

⑥　夏赞才，刘婷.旅游何以与文明有关：从鲍曼的旅游者隐喻说开去［J］.旅游学刊，2016，31（8）：1-3.

⑦　王丰龙，刘云刚.空间生产再考：从哈维到福柯［J］.地理科学，2013，33（11）：1293-1301.

⑧　郑震.空间：一个社会学的概念［J］.社会学研究，2010，25（5）：167-191.

⑨　郗戈.资本、权力与现代性：马克思与福柯的思想对话［J］.哲学动态，2010，（12）：13-20.

殖民地、船"等系列空间中，将这些空间称为"Heterotopias"（异托邦）。约翰逊（Johnson，2006）指出"异托邦"术语在人文社会科学中肇始于福柯，该词源于福柯对文本空间语境和一些特殊社会空间语境的理解，在美国学术界中被应用于多种学科中，尤其在社会学、地理学和建筑学上，然而对该概念的理解却未能达到较好的共识，甚至出现截然不同的解读[①]，但"异质""异时""异位""共时""并置""差异""重叠交错"等是"异托邦"的重要表征，侧面反映出"异托邦"具有强大的理论张力。在现代性语境下，城市水上夜游的游线空间作为城市的重要表征，是一个具有"异托邦"色彩的异质空间。本章正是在现代性语境下，探讨珠江夜游游线空间如何在文本空间（官方建构）与社会空间（游客建构）下生产为"异托邦"空间。

第二节　"异托邦"空间生产

一、官方建构下的"异托邦"空间生产

（一）命名：异托邦空间的界限

福柯仅三次公开论及"异托邦"，首次提到"异托邦"是在 1966 年的著作《词与物》中，序言一开始就提及博尔赫斯（Borges）的作品引用中国某部百科全书[②]对动物的另类命名与划分："动物可以划分为：①属皇帝所有；②有芬芳的香味；③驯顺的；④乳猪；⑤鳗螈；⑥传说中的；⑦自由走动的狗；⑧包括在目前分类中的；⑨发疯似地烦躁不安的；⑩数不清的；⑪浑身有十分精致的骆驼毛刷的毛；⑫等等；⑬刚刚打破水罐的；⑭远看像苍蝇的。"[③]对这种另类命名与划分引发出一系列思考："在这个令人惊奇的分类中，我们突然间理解的东西，通过寓言向我们表明为另一种思想具有的异乎寻常魅力的东西，就是我们自己的思想的限度，即我们完全不可能那样思考……异位移植（heterotopias）是扰乱人心的，可能是

① Johnson P. Unravelling Foucault's different spaces[J]. History of the Human Sciences, 2006, 19(4): 75-90.
② 福柯在其著作中并未指明具体引用的百科全书，甚至无法确认该书是否真实存在，但据刘宗迪的考究，该书为《山海经》。见刘宗迪.古典的草根[M].北京：生活·读书·新知三联书店，2010.
③ 福柯.词与物——人文科学考古学[M].莫伟民，译.上海：上海三联书店，2002：1.

因为它们秘密地损害了语言，是因为它们阻碍了命名这和那，是因为粉碎或混淆了共有的名词，是因为它们事先摧毁了'句法'，不仅有我们用以构建句子的句法，而且还有促使词与物'结成一体'（一个接着另一个地，还有相互对立地）的不太明显的句法。……"① 这是福柯在文本空间语境下所提到的"异托邦"②，来自中国这种他性的奇怪命名及分类就是"异托邦"。张一兵（2015，2013）认为"这种奇怪的分类解构了传统西方文化对存在本身的命名（分类）之有序，反向呈现了'丧失了场所和名称共有的东西'，它们并没有被摆置到同一性理性逻辑的共同场所，在《词与物》一书中，福柯发现了人类主体如何通过命名事物暴力性地建构自己周围世界的内里秩序结构，以生成自己的同一性的存在性历史"③④。从这个角度来理解，"异托邦"这种他性指的就是主体认知的差异性，同一性也是差异性主体中的同一性。

从第四章表 4-2 各时期羊城八景可知，本文研究对象所在范围的羊城八景在各时期/年代对应的称谓为：宋朝的"珠江秋月（色）"、明朝的"珠江晴澜"、清朝的"珠江夜（秋）月"（版本二）、清朝的"珠海晴澜"（版本三）、1963 年的"鹅潭夜月"、1986 年的"珠海（水）晴波"、2002 年的"珠水夜韵"及 2011 年的"珠水流光"。羊城八景在新中国成立以前，没有具体的机构组织负责，主要是一些官僚豪贵、历史名人或有影响力的文人发起并确定，历代加以传颂才流传下来⑤⑥。新中国成立后的羊城八景评选，主要是由羊城晚报报业集团、广州市委、广州市政府等部门主承办，由广州市民共同参与评选⑦。在针对游客或居民的访谈中，当问及"您知道羊城八景吗？能否说一说有哪些"时，部分游客或居民会回答出"珠江夜

———————

① 福柯.词与物——人文科学考古学［M］.莫伟民，译.上海：上海三联书店，2002：1-2，5.

② Johnson P. Unravelling Foucault's different spaces［J］. History of the Human Sciences, 2006, 19 (4): 75-90.

③ 张一兵.福柯的异托邦：斜视中的他性空间［J］.西南大学学报（社会科学版），2015，41（3）：5-9.

④ 张一兵.暴力性构序：主体对客体的存在论命名——福柯否定性的历史存在论［J］.学术月刊，2013，45（8）：52-59.

⑤ 李华."羊城八景"的历史变迁和发展现状［J］.学术论坛，2012，（12）：97-100.

⑥ 刘亦文."羊城八景"古与今［J］.环境，2000，（5）：12-13.

⑦ 广州市民主要是在主承办方所提供的候选景点中，投票挑选出哪些景点应评为羊城八景。

游""白云山""广州塔('小蛮腰')"等，而不会说出相对应的"珠水流光""云山叠翠""塔耀新城"等；"您有听说过'珠水流光'吗"，多数游客或居民会回答没听过，少部分会反问"你说的是珠江夜游吗"。由此可知，珠江夜游主要是一个"口头语"，其对应称谓主要是"官方用语"。实际上，无论是新中国成立以前的社会"精英人士"对羊城八景的命名，还是新中国成立后专门机构对羊城八景的命名，都可以称为官方命名，因为上述命名主要都不是民间（市民）惯常使用的通俗用语。从福柯文本空间语境的"异托邦"来理解，珠江夜游的官方命名是人类主体按照"自身逻辑"对周围事物的一种建构，是一个标志性事件，是我者主体（这里指官方）认知下同一性理性逻辑的观照。

以 2011 年的"珠水流光"来理解。首先，"珠水流光"的确定是对象物物理空间的划分，标志着对象物有特定的空间归属，划定了空间界限，其游线空间范围是从珠江广州水域白鹅潭地段至琶洲地段。其次，"珠水流光"是对象物属性空间的确定，"珠江"与"珠水"是同构关系，两者均是一个具象物的指称，前面加上"广州"一词，同样表明物理空间的划定，显然确定其属性的词是"流光"。从第五章对游线空间形态的历史演变可知，新中国成立后的珠江夜游景观不再是依托傍晚黄昏的落日景观、入夜或晓晨的月色景观等自然天气气象景观，而是依托象征城市繁华的现代景观。因此，"流光"，一方面突显城市具有现代性的丰富多彩与瞬息万变，为消费者建构了梦幻般的观看情境及视觉效应，产生城市现代性奇观，使消费者进入异质的心理空间，正如齐美尔所说的"都会性格的心理基础包含在强烈刺激的紧张之中，这种紧张产生于内部和外部刺激快速而持续的变化……瞬间印象和持续印象之间的差异性会刺激他的心理"[①]。另一方面，"夜游"——"流光"，"夜"与"光"是对应关系，灯光是现代性的重要表征，波德莱尔描述穷人来到灯光辉煌的都市中时，面对着眼前光怪陆离的一切，沉浸在眼睛快乐观看的享受中[②]；本雅明眼中的"拱廊街"是整个巴黎城市的缩影，灯光和商店把拱廊街打造成为了一座城市，或者说打造成为了一个微型的梦幻世界[③]。此外，已有较多实证研究表明灯光亮度与

①　齐美尔.时尚的哲学［M］.费勇，吴燕，译.北京：文化艺术出版社，2001：186-187.
②　波德莱尔.巴黎的忧郁［M］.亚丁，译.北京：生活·读书·新知三联书店，2015.
③　杨向荣.现代性视域下的商品化都市景观及其批判——从齐美尔到法兰克福学派［J］.广东开放大学学报，2016，25（6）：55-61.

GDP之间均存在着非常显著的正向关系[①]，夜景灯光成为城市经济发达程度的"晴雨表"，在这个空间里，原本灯光的照明功能被转变为流光溢彩的现代城市，灯光的功能属性被转变为消费的城市符号属性，灯光的使用价值被转变为虚幻意义上的交换价值。事实上，广州市政府门户网站对"珠水流光"的介绍为"地点：珠江广州水域白鹅潭至琶洲段。包括景点：珠江及珠江沿岸各码头，珠江一线的景点：白鹅潭、沙面、沿江路、二沙岛、海心沙、琶洲会展等。体现了珠江在广州城市中的重要地位，以及对于城市魅力的提升作用"。在这里，"地点：珠江广州水域白鹅潭至琶洲段"即为"珠水流光"物理空间划分；"包括景点：珠江及珠江沿岸各码头，珠江一线的景点：白鹅潭、沙面、沿江路、二沙岛、海心沙、琶洲会展等"为"珠水流光"的游线空间；"体现了珠江在广州城市中的重要地位，以及对于城市魅力的提升作用"则是确定了"珠水流光"的属性空间，概括为现代性城市。因此，"珠水流光"的命名不仅划分了物理空间，而且还界定了游线空间内在的同一性理性逻辑，这个同一性理性逻辑是在官方认知下将游线空间建构为现代性城市。游线空间中事物的有序与失序、合理与不合理、接收与排斥等，都受到现代性城市这个异托邦空间的同一性理性逻辑考评。微观权力，极其隐蔽地渗入到社会各个领域，在社会的每一个细微之处，在旅游空间的命名上，权力技术的实践发挥其特长、实现其意图。

图 5-1　广州市政府门户网站的"珠水流光"

资料来源：广州市政府门户网站—羊城八景—珠水流光

① 徐康宁，陈丰龙，刘修岩.中国经济增长的真实性：基于全球夜间灯光数据的检验［J］.经济研究，2015，（9）：17-29，57.

（二）内容：异托邦空间的隐喻

游客对珠江夜游的游览是借助于游船，通过游船行驶于珠江进行游览，游船上看到游线两岸景观众多，通常当行驶于某个位置时，导游会通过广播进行讲解，不同游船导游的介绍大同小异，主要以《广东经典导游词》和广州政府门户网站介绍为模板。一方面，即使不同游船，都存在对游线景观的介绍不是很重视，且介绍的时间较短的现象，每趟游览累计对景观介绍的时间多数不超过 10 分钟，大部分时间用于吸引游客的商业性表演活动上，短时介绍难以让游客深入了解两岸的资源特色。"……船开了一会就不停地广播，要大家去拍什么免费照、买收费的照片，本来是陪外地的客户欣赏家乡的美，结果是对于景点的历史都没怎么介绍，令人失望，真丢广州的脸。"（游客 C1）"……游船上人实在太多了，还在那里做拍卖书画，整个船舱很吵，听不清景点的介绍，突然好怀念之前游玩过的天津海河夜景。"（游客 C2）"广州真的很繁荣，夜景很浪漫，但船上讲解员普通话也太普通了，我和同伴还在嘲笑她的发音，搞得都没怎么听清内容。"（游客 C3）另一方面，导游词仅是选择了部分最具代表性景观进行简单介绍，所选择的景观介绍，是对官方主体命名下的较为具体的映射，整体上是建构起现代性城市这个异托邦空间的同一性理性逻辑。对导游词（结合上述导游词模板及实地考察导游现场介绍）的文本分析发现，共26 处景点在导游讲解时有展开介绍（见表 5-1）。按景点所表征的主要社会意义划分，大致可分为：以南方大厦、爱群大厦 / 爱群大酒店、华厦大酒店、江湾大酒店、白天鹅宾馆、珠江新城、珠江琶醍啤酒文化创意艺术区 / 沿江酒吧廊、广州塔表征现代消费空间，以人民桥、解放大桥、海珠桥、江湾大桥、海印大桥、广州大桥表征现代交通系统，以沙面、粤海关旧址 / 粤海关博物馆表征西方文化遗产，以白鹅潭、珠江（广州城区段）表征神话传说，以中山大学孙逸仙纪念医院等表征名人事迹典故，以中山大学北门牌坊、二沙岛表征文化空间，以广州国际会展中心 / 琶洲展馆表征现代展览中心，以天字码头表征历史文化遗产，以沙基惨案烈士纪念碑表征红色遗产。

表 5-1 珠江夜游导游词主要景点

主要景点	主要物理功能	主要社会意义	主要景点	主要物理功能	主要社会意义
珠江（广州城区段）	航运	神话传说，梦幻美好开端	海印大桥	交通运输	现代交通
南方大厦	商务洽谈、购物、住宿、娱乐	现代消费空间	二沙岛	办公、居住	文化空间
人民桥	交通运输	现代交通	广州大桥	交通运输	现代交通
中山大学孙逸仙纪念医院	医疗康复、教育科研	名人事迹典故，西方文化遗产	中山大学北门牌坊	教书育人、科学研究	文化空间，名人事迹典故
爱群大厦/爱群大酒店	商务洽谈/购物/住宿/娱乐	现代消费空间，名人事迹	粤海关旧址/粤海关博物馆	通商口岸、历史遗址、观光	西方文化遗产
解放大桥	交通运输	现代交通	沙基惨案烈士纪念碑	历史遗址、教育	红色遗产
海珠桥	交通运输	现代交通，历史事件	猎德大桥	交通运输	现代交通
华厦大酒店	商务洽谈、购物、住宿、娱乐	现代消费空间	沙面	文化、外事中心	西方文化遗产
天字码头	船只停泊	历史文化遗产	白鹅潭	航运	神话传说，梦幻美好开端
江湾大酒店	商务洽谈、购物、住宿、娱乐	现代消费空间	白天鹅宾馆	商务洽谈、购物、住宿、娱乐	现代消费空间，名人事迹典故
江湾大桥	交通运输	现代交通	珠江琶醍啤酒文化创意艺术区/沿江酒吧廊	餐饮、娱乐	现代消费空间
珠江新城	金融、外贸、娱乐、居住中心	现代消费空间	广州塔	餐饮、购物、娱乐、信号发射	现代消费空间
海心沙	生态绿化	现代演艺、展示、娱乐空间	广州国际会展中心/琶洲展馆	大型展览、文化艺术、表演演艺	现代展览中心

资料来源：本研究整理。该表与第四章的表 4-3 珠江夜游空间临江两岸主要形态对应。

事实上，大厦、宾馆、酒吧、展馆等不同类型商品荟萃空间，正是齐美尔对现代性批判矛头指向的空间，将其美誉为现代性都市"审美的生产力"。这种审美的生产力"由展览引起的物品的'橱窗品质'的增长中，商品生产……必然导致一种赋予物品超出其实用性的迷人外表的情形……人们必然试图通过物品的外在吸引力，甚至仅仅借助于物品布置的形式去刺激购买者的兴趣"①。桥在城市中，显然已不是"小桥流水人家"的意蕴，而是"流动速度重叠交错"的现代感。珠江夜游游线空间所经过的桥，桥的设计目的及现行使用状况均表明其承载主体是现代交通工具——小汽车。小汽车与轮船、火车、飞机、高铁等同样表征现代交通工具，不同的是，小汽车是私人用品，是城市中的生活消费品，而轮船、火车、飞机、高铁等是集体用品，是城市中的社会生产力用品，小汽车象征着现代人所拥有的财富、身份、地位与新型生活方式。在桥这个空间中，往往已分门别类地规划出汽车行驶道、单车行驶道和步行道，步行道及单车行驶道普遍非常狭窄，都让位于汽车行驶道，这种让位是一种对速度的赶超、对快节奏生活理念的让位，汽车行驶道上的拥挤程度衡量着城市现代化的程度，这些代表不同速度的空间并置交错于其中，处于同一空间中不同速度空间的主体同样是一种社会形态的阶层化划分，他们并置于自身同一空间中。在珠江夜游游线空间中，桥与灯光紧密结合，凭借国际知名的"广州国际灯光节"，游线空间中的 7 座桥，均布置着 LED 网屏及 LED 灯画，2016 年第六届广州国际灯光节 7 座桥梁灯画展期从 2016 年 10 月 1 日至 2017 年 3 月 31 日，展期长达半年之久，完美地烘托出动感十足、绚丽多彩的现代性城市画面，让观赏者宛如置身梦幻的异质空间。在珠江夜游游线空间中，存在着西方文化遗产，确切地说是西方殖民文化遗产，这是广州近现代史的片断记忆，原本承载着的是一段侵略和反侵略、奴役和反奴役、压迫和反压迫、邪恶与正义的历史，原本担当着的是铭记历史、以史为鉴、展望未来的和平使命。但在导游的讲解过程中，历史要么被掩盖成"美好的记忆"（文本只字未提 1859 年英国攫夺粤海关，从此一直为帝国主义把持，直到 1949 年广州解放），要么被淹没在异国情调的"桃花源"。整体而言，珠江夜游导游词建构了消费的、流动的、梦幻的、西方的、文化的异质空

---

① 弗里斯比.现代性的碎片——齐美尔、克拉考尔和本雅明作品中的现代性理论［M］.卢辉临，等译.北京：商务印书馆，2013.

间，而"消费想象"与"西方想象"是其主线。

"我们看到的北面的那幢大楼就是建于 1976 年的'粤海关大楼'，它是西方新古典主义建筑的代表作之一。它的天台前部中央有一个高 13 米的钟楼，上置大型四面时钟，内有五个大小不一的吊钟，是 1915 年英国制造，曾以音乐报时，传遍广州，给广州人留下了美好的记忆。"(《广东经典导游词》文本)"在游船前行左手边这座钟楼就是全国重点文物保护单位——粤海关大楼，楼的顶层是英国制造的四面都可以看时间的大钟。当年大钟发出的报时音乐，声音可传至广州郊区，所以，广州百姓把粤海关大楼俗称为'大钟楼'。'大钟楼'是广州作为历史上著名的港口城市的标志，同时是现时全国历史最长的海关大楼。现在广东海关已经迁往广州 CBD 中心——珠江新城办公，这里现在是广东海关博物馆。"(A 游船文本介绍)"沙面是人们休憩游览的好地方，被国务院定为国家级重点文物保护单位和历史文化保护区，素有'广州第九景'之誉，是一个具有欧洲建筑风格的历史文化保护区，在这里我们可以看到许多具有异国情调的欧洲建筑群。沙面岛有 150 多座欧洲风格建筑，特色突出的新巴洛克式、仿哥特式、券廊式、新古典式和中西合璧风格的建筑就有 42 座，是广州最具异国情调的欧洲建筑群。沙面大街 14 号的路德天主教圣母堂，规模不大，结构也比较简单，它的入口处是仿哥特式的，黄色的外表，柔和的灯光，以及慈爱的圣母，让人感觉很安详。很多人来这里拍摄婚纱照或者结婚行礼。"(《广东经典导游词》文本)"好了，现在我们看到的这一片区域是沙面，鸦片战争后，成为英、法租界，曾经有十几个国家在沙面设立领事馆，多家外国银行也在沙面经营，现在的沙面是人们休闲游览的胜地，建筑群是全国重点文物保护单位，在这里我们可以欣赏到具有异国情调的欧洲建筑群，有新巴洛克式、仿哥特式、新古典式，还有中西合璧风格……沙面大街有路德天主教圣母堂，入口是仿哥特式的，外表是黄色的，衬上柔和的灯光及慈爱的圣母，让人感觉很安详……现在这里成了年轻人追求浪漫、拍摄婚纱照的好场所。"(A 游船导游广播介绍)

二、游客建构下的"异托邦"空间生产

(一)镜像：异托邦空间的呈现

福柯第二次论及"异托邦"是在 1966 年的"乌托邦与文学"主题演讲上，最后一次是在 1967 年建筑研究会上发表了《另类空间》(或译《其他

的空间》，1984 年才允许该文公开发表于《建筑、运动、连续性》杂志）主旨发言①，后两次属于社会空间语境②，在仅有的三次公开论及中，该文最为详细地论述了"异托邦"。福柯以镜子的隐喻，来说明"异托邦"的混杂特质："……镜子毕竟是一个乌托邦，因为它是一个无地方的地方。在镜子中，我在一个非真实的空间中，看到自己在那里，而那里却不是我，这个非真实的空间展现在外表后面；我在我没有在的那边……但是在镜子真实存在的范围内，镜子有一种反射我占据地方的作用，这也是一个异托邦……镜子像异托邦一样发挥作用：当我在镜子中看到自己时，镜子使我所占据的地方变得绝对真实，因为它同围绕该地方的整个空间关联，同时它又绝对不真实，因为为了使自己被感觉到，它必须通过某种在那个地方的虚拟点。"③ 在此，镜子是"乌托邦"与"异托邦"的交汇，具有两者的双重属性。第一，镜子自身是一个客观存在物，占据一定的空间，其客观存在性使其映射功能得以实现；第二，镜子中并不存在一个实体的世界，因此镜中我是不真实的；然而，镜中我又是现实世界真实我的映射，在此我又是真实的；第三，真实与虚幻的我的实现、对我的认识及再认识（重构）均借助镜子予以实现，这个过程是一个视角（凝视）的切换过程，视角不同，对主体的认识不同。

在旅游空间中，城市水上夜游游线空间扮演着镜子般功能的"异托邦"角色。首先，游线空间自身是一个物理空间，有实体可感知、有轮廓可触摸、有边界可丈量，其真实性使其具备凝视的可能性。其次，在凝视下，物理空间成为景观空间，成为备受追逐的凝视对象，使我的身份转变为游客，其成为景观的过程及游客身份的转变过程是一个凝视的不断建构过程，在这个过程中，游线空间被权力主体借助知识建构为一个赏心悦目的对象，这时的我看到的不再是一个物理空间，而是一个旅游空间，然而这个空间是知识予以建构的，从这个视角看，它同时也是一个虚幻的空间，真实的我与虚幻的游客身份的我，从我的视角认识到的物理空间及从游客的我

---

① Foucault M. Of other spaces, heterotopias[J]. Architecture, Mouvement, Continuite, 1984: 46–49.

② Johnson P. Unravelling Foucault's different spaces[J]. History of the Human Sciences, 2006, 19 (4): 75–90.

③ Foucault M. Of other spaces, heterotopias[J]. Architecture, Mouvement, Continuite, 1984: 46–49.

的视角认识到的景观空间，由差异性的意义建构产生了混杂特质的"异托邦"。最后，游线空间是一个实现了的商务办公的、居住生活的、购物消费的、演艺展示的、休闲娱乐的他者空间，这个他者空间所展示出的功能恰恰又是游客最熟悉不过，贯穿其日常生活的空间，只不过这个空间不在此地而在异地，游客在游线空间上重构自我，空间的他者性映射出现世真实的我——需要面对但又必须想象性离开的生活的映射，游客要么回到现实，要么走向想象。

（二）朝拜：异托邦空间的魅力

在《另类空间》一文中，福柯列举了墓地、监狱、精神病院、戏院、花园、博物馆、图书馆、度假村、游乐所、妓院、殖民地、船，将这些均视为异托邦空间。这些异托邦空间的主要共同点呈现为具有某种创造幻象空间的功能。但是，这些空间在性质上显然是不一样的，有些是欲望和梦想的天堂，如花园、度假村、游乐所、船等，有些是禁欲和监禁的场所，如监狱、精神病院等。显然，游线空间倾向于前者。在半结构访谈过程中，有两个重要的访谈问题：请您描述在游览"珠江夜游"两岸景观时立刻联想到的一个词/词语。能否结合您刚刚所提到的这个词/词语，谈谈您在观看两岸景观时的感受？在接受访谈的 27 名游客中，除 3 名联想到"普通""一般般""不好看"外，余下所联想到的词/词语可分为三类：第一类，倾向于整体且体现感官的描述，包括"美、好美、好看、漂亮、好漂亮"，共提到 15 次；第二类，注重于经济且体现物质的描述，包括"五光十色、绚丽、璀璨夺目、有钱、繁荣、繁华"，共提到 14 次；第三类，侧重于氛围且体现心理的描述，包括"梦幻、迷人、浪漫"，共提到 6 次（注：部分游客不只说出一个词/词语，故总数大于 27 次）。整体而言，游线空间象征着欲望和梦想的天堂，对于本地游客是庆幸生活在这样的城市，"我在广州工作多年了，第一次夜游，和家人一起来，坐在船上，看着珠江两岸的夜景，真的很美，还是蛮自豪的。特别是游客在船上赞美广州的美时，这时身在广州的我就觉得比较自豪"（游客 C4）；对于外地游客是向往着生活在这样的城市，"在船上，更加能感受两岸的繁华和广州的发展，我一年有几次来省城（指广州）办事，对面的珠江新城我很熟悉，因为总部（指单位）在那里，所以每次都会去那，我们在乡下的营业点和这里没得比，很美慕能在这里"（游客 C5）。即使是极少数觉得"普通""一般般"和"不好看"的游客，也要么是"不识庐山真面目，只缘身在此山中"，

"这里离我家也不远，平时在广州生活这么多年，也没想过到船上来，有时晚上会沿着珠江边走一走，我们土生土长的广州人，对珠江夜游没什么感觉，可能是平常来来往往（指两岸上），见惯就不觉得有什么新意，这次是陪外地来的亲戚（指堂姐）才上游船，不过亲戚却玩得很开心"（认为普通的游客C6）；要么是"见多识广不足奇，一山还比一山高"，"广州我经常来，有时是要来拜访客户，有时是来参加广交会或者是去看一些展览，平时也经常出差，所以很多地方都去过。珠江夜游是第一次，感觉很一般吧，没什么特点，灯光也不够壮观，也不够繁荣。我去过香港维多利亚港夜游，也去过上海外滩夜游，这里的夜景比较逊色，除了'小蛮腰'有特色外，其他就很一般"（认为一般般的游客C7）；要么是"未亮灯则景非景，游不当时抱憾归"，"不好看，没看到什么，饭都还没吃就赶过来，在船上开始就饿了。我们下了班就过来，因为想早点游完去北京路逛街，所以买到最早的一班票（指19点航班），10月份的广州天依然还很亮，感觉挺多灯都还没开，船到'小蛮腰'时灯也不是很亮，返程时才逐渐亮进来"（认为不好看的游客C8）。游线空间已成为代表城市形象的"城市景观"，展示出一幅极具整体—经济—氛围、尽现感官—物质—心理的理想场景，对"朝拜"于这个异托邦空间的游客描绘各种现代性的魅力。这个异托邦空间，正是齐美尔笔下柏林贸易展的重写，柏林贸易展将世界各地的商品聚集在一起，对于参观者而言，这些都是新奇的事物，瞬时让他们心潮澎湃，暂时忘记那个乏味和与之不称的社会角色，在视觉上在感官中娱乐自身。"迥然相异的工业产品十分亲近地聚集到一起，这种方式使感官都瘫痪了——在一种确凿无疑的催眠状态中，只有一个信息得以进入人的意识：人只是来这里取悦自身的。"[①] 游线空间展示出各种各样富有引导性的场景，游客尽情领略豪华气派的办公空间、欧式奢华的居住空间、尊贵高端的酒店空间、惬意浪漫的公园空间、小资情调的酒吧空间……一方面，现代人渴望这种对象物的象征与自我价值的意义连接；另一方面，套用鲍德里亚的话说，"消费不是对物品的使用，而是对空间的想象性满足"[②]。

---

① 齐美尔.时尚的哲学［M］.费勇，吴燕，译.北京：文化艺术出版社，2001：138.

② 王炳钧，王炎，汪民安，等.空间、现代性与文化记忆［J］.外国文学，2006，（4）：76–87.

三、游线空间生产机制

　　官方对游线空间的命名界定了"异托邦"空间的同一性理性逻辑,这一逻辑是对象物的视觉效应映衬出异质的心理空间,对象物功能属性转变为符号属性、使用价值让步于交换价值;官方对游线空间内容的阐述隐喻出"异托邦"空间,这是一个在现代性视野下充满着消费的、流动的、梦幻的、西方的、文化的"异托邦"空间。对应官方的建构,游客对游线空间的建构所折射出来的"异托邦",是一种镜像效果,游客在镜像中反观自身并重构自身,进而在镜像中获得娱乐自我与想象性满足。因此,微观权力视角下的珠江夜游游线空间生产机制,是一种官方建构对游客建构的自上而下权力实践,渗透着权力主体意识形态的规训机制。权力主体通过话语形成强大的心理控制场,勾勒出现代性城市蓝图,为胸怀现代性梦想的游客设置了一个"异托邦"空间,从而在身体与精神层面规训着游客,激发出游客"扭转乾坤"的意志和信心(图5-2)。

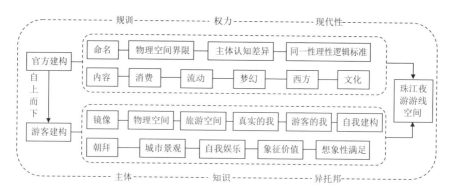

图5-2　微观权力视角下的珠江夜游游线空间生产机制

资料来源:本研究整理。"消费"和"西方"标黑表示这两者是主线。

四、游线空间生产反思

　　微观权力视角下的珠江夜游游线空间生产,是广州迈向现代性进程的一个体现。对珠江夜游游线空间生产的反思,应该持辩证的态度。一方面,现代化与现代性的概念有着内在的联系,现代性是现代社会或工业文明的缩略语①，没有一个始自近代的现代化运动，现代性无从发生②，对于人类社会从传统的以自然经济为主的农业文明、走向以商品经济为主的现代工业文明的现代化过程，对于现代化所追求的解放和发展生产力、改善人民生活水平的过程，这些应该持肯定态度。毋庸置疑，珠江夜游游线空间所展示的欣欣向荣的城市景观，正是人类现代化进程的历史必然性，也是现代性文明的重要体现；珠江夜游游线空间所勾勒出的现代性城市蓝图，亦是人类现代文明的重要标志；这些均具有重大的正面意义。另一方面，在现代化的道路上，较为普遍且突出地渗透着现代性的工具（目标）理性，由此导致城市空间的物化与符号化，在权力主体社会价值标准建构下，将其作为一种审美价值推销给现代人，规训人们自愿沉沦在光影幻像的"人的异化"中，这些理应成为批判的指向。

① 吉登斯，皮尔森.现代性——吉登斯访谈录［M］.尹宏毅，译.北京：新华出版社，2001.

② 晏辉.现代性与现代道德困境：科学的立场与哲学的视野［J］.学习与探索，2015，（8）：29–35.

第六章　空间反思：城市水上夜游空间正义探索

一、谁的空间：城市水上夜游空间为谁生产

谁的空间决定了空间应该为谁生产。珠江夜游游线空间处于城市核心区，经历了多次城市大规模的改造与更新，现已成为各种流动性要素（大型商场、金融机构、电信通信终端等）加上前工业社会时期的神话（白鹅潭神话、海珠石神话、珠江神话等）与后工业社会时期的建筑景观（珠江新城、琶洲展馆、凯旋会花园等）的集合体。

（一）谁的空间：空间中的权力主体

时下，珠江夜游空间既是一个为广大市民提供休闲娱乐的空间，具有公共性；又是一个为游船公司的经营创造利润的空间，具有商业性；还是一个为游客提供旅游体验的空间，具有旅游性；更是一个展示广州城市形象的空间，具有政治性。从第三章至第六章的研究可知，珠江夜游空间主要涉及地方政府、游船公司、冠名及广告企事业、媒体、游客、居民六种不同主体。

地方政府：主要指广州市政府及与珠江两岸的建设治理等相关的职能部门，如广州市国土资源和规划委员会、广州市住房和城乡建设委员会、广州港务管理局、广州海事局。1992 年，广州市八届人大五次会议，正式提出了把广州市建设成为现代化国际大都市的战略构想。1993 年 4 月，广州市政府召开了"现代化国际大都市：迈向 21 世纪的广州国际研讨会"。1993 年 9 月，广州市被世界大都市协会正式接纳，成为该会的会员。1994年，由广州市人民政府编辑，广东人民出版社出版了《广州——迈向国际大都市》摄影集。此后，历次广州市城市规划均直接或间接提出了将广州建设为国际大都市，《珠江三角洲地区改革发展规划纲要（2008—2020年）》明确要求"将广州建设成为广东宜居城乡的'首善之区'和面向世

界、服务全国的国际大都市"，《广州市城市总体规划（2011—2020年）》进一步将城市发展目标确定为"将广州建成广东省宜居城乡的'首善之区'和服务全国、面向世界的现代化国际大都市"。毫无疑问，珠江夜游所行驶的航线，从珠江广州水域白鹅潭地段至琶洲地段，流经北岸的荔湾区、越秀区、天河区以及南岸海珠区，实质是流经广州老城区的核心区与新城区的核心区，正是广州历年建设国际大都市所取得成果的浓缩区，特别是现今游线的重心——珠江新城地段，更是广州建设国际大都市成果的精华区，游线空间扮演着广州迈向国际大都市的重要表征，起着经营都市品牌、传播都市形象的重要作用。"政府、政治和知识分子领袖们，全都重视一种稳定的（却充满活力的）形象，认为这是他们权威和权力魅力的一部分。政治媒介化现在已经变得非常普遍……在身份日益依赖于形象的范围内，这意味着连续和重复的身份复制，成了一种非常真实的可能性和问题。我们肯定可以把它在政治领域里所起的作用，看做是形象制造者和媒介在塑造政治身份中担负了更为有力的角色。"[①]从这个角度看，珠江夜游不仅承载着经济意义，更重要的是体现出政治意义。

游船公司：目前经营珠江夜游的游船公司隶属于广州市客轮公司、广东省珠江航运有限公司、广州港集团有限公司和广东珠江投资控股有限公司。一方面，四大公司均为国有企业，其经营行为首先必须符合政府的意志和利益，正如在访谈过程中，游船公司管理者普遍指出，游船公司主要服务于游客，让游客能在珠江上体验广州，让广州多一个展示的机会，让游客多一种体验的方式，致力于传播及倡导岭南文化和广州的城市氛围，将自身定位为嫁接游客和城市传播的倡导者和链接者。另一方面，作为现代市场经济的重要成员，追求利润是其核心导向，因此，游船公司强调跳出门票经济、不断创新业务，如举办公司庆典、专线旅游、商务推介、婚礼寿宴、集体包船、游船的冠名与广告、游船上的书画拍卖、摄影活动等。由于利润驱动较为明显，游船公司体现出浓郁的商业气氛。

冠名及广告企事业与媒体：目前经营珠江夜游的游船，除"珠江红船号"游船尚未进行商业性广告及冠名外，其他游船均曾经或现已进行商业性广告及冠名，普遍接受冠名及广告意愿强烈，且冠名及广告有愈演愈烈

① 大卫·哈维.后现代的状况：对文化变迁之缘起的探究［M］.阎嘉，译.北京：商务印书馆，2013：360-362.

之势。企事业依托游船所行驶的航线，借助游船公司的游船进行冠名与广告，其核心目标是展示与传播自身的产品与形象，具有明显的商业性质。媒体在珠江夜游的运作中有两类，一类是冠名游船公司的媒体，如《信息时报》和《广州日报》，另一类是未冠名游船公司的媒体。显然，前一类媒体与游船公司利益关联极为紧密，自身亦代表游船公司的利益，其报道主要为广告宣传性质；另一类媒体的报道多数与前一类媒体一致，少数报道为传播城市形象，与地方政府意图一致，体现出政治意义。

　　游客及居民：珠江夜游的游客以外地游客居多，主要是想获得旅游体验，通过对建筑景观、灯光景观、游船景观所形成的景观体验，进而获得城市发展与形象、城市氛围的城市体验，及获得自我效能、自我情感、自我行为、自我憧憬的自我体验。居民，主要指广州市民，由于在城市多轮发展与更新进程中，珠江两岸现代的元素远远多于传统的元素，使得居民对于历史与传统的元素淡而化之，对该空间充满着混杂的态度。

（二）谁的空间：空间中的权力网络

　　福柯认为，微观权力无处不在，权力无主体性，权力是流动的。各种微观权力交织成网，时时刻刻地笼罩着我们，各个主体都成为权力网的组成部分，所以每个主体又都参与着权力的施行与运作。城市水上夜游空间的权力网，由地方政府、游船公司、冠名及广告企事业、媒体、游客、居民六种不同主体组成，其权力作用机制体现为由上而下的强权力机制（图6-1的实线箭头指向）与由下而上的弱权力机制（图6-1的虚线箭头指向）。

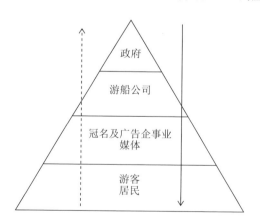

图6-1　城市水上夜游空间的权力网

资料来源：本研究整理。

政府－游船公司－冠名及广告企事业／媒体－游客／居民，体现为由上而下的强权力机制。政府通过规划举措、政策配套、实践推动等直接生产出珠江夜游空间，是对珠江夜游的空间表征，扮演着强权力的角色；游船公司借政府对空间的生产成果，通过提供游船及相应的服务，不同程度地承担并传播政府对该空间的表征，主要是将其进行商业化运作，扮演着较强权力的角色；冠名及广告企事业／媒体主要体现为对游船公司的依附，比较之下，扮演着较弱权力的角色；游客及居民，是对珠江夜游的表征空间，处于最弱权力的地位。由上而下的强权力机制，首先是政府的城市形象塑造与城市氛围营造诉求，即权力在顶层，进行主导性（顶层）设计；其次是以游船公司和冠名及广告企事业为代表的资本进行推动和运作；此后是游客与居民成为权力施行的指向，是珠江夜游空间的主要运作机制。游客／居民－冠名及广告企事业／媒体－游船公司－政府，是一种由下而上的弱权力机制，弱权力机制主要是列斐伏尔的表征空间、福柯的"只要存在着权力关系，就有反抗的可能性"、索亚的第三空间、德塞图的日常生活实践空间的体现。由于权力强弱的不对等，弱权力对强权力的影响具有效果不显、时效较短等特点，在权力链条中，弱权力面对强权力，往往采用德塞图所强调的在"日常生活实践"中，作为实践主体的大众相应于具体环境、具体机制而进行的"使用者"的运作方式[①]，特别是使用者以微小的、流动的、非制度化的战术（tactic）行为进行空间实践，从而对空间进行创造性的利用与改造。在城市水上夜游空间中，旅游实践的过程体现了德塞图的日常生活实践过程，如游客－游船公司权力链，游客买低价的首层座位而流动到高价的顶层空间、游客不接受游船公司摄影而进行自拍、游客占据有利的摄影空间等；居民－冠名及广告企事业／媒体－游船公司权力链，居民寄托于新闻媒体对游船上过度商业化的曝光来实现空间优化；游船公司－政府权力链，游船公司借助政府召开珠江两岸改建与布局的论证会，通过反馈意见与提供建议，试图为政府的相关规划提供依据。

珠江夜游所依托的珠江两岸及两岸的灯光，其规划建设与投资主要是政府工程，特别是政府借助历年重大事件为契机而进行系列城市改造与美化累加的结晶，在此不论及系列城市改造与美化在程序上与过程中的公正

---

① 练玉春.开启可能性：米歇尔·德塞都的日常生活实践理论［J］.浙江大学学报，2003，（6）：145-147.

性与合理性，但其结晶应惠及广大市民，是从政治性（城市形象）向公共性的回归，可以将政治性理解为手段，而公共性是目标，最终体现的是城市公共产品的身份，具有公共性而非排他性。因此，珠江夜游空间最核心本质属性应是公共性，是一个公共空间，其他属性都是建立在对公共空间的商业化（私有化／半私有化）基础上。

二、空间异化与人的异化

（一）空间异化

由上而下的强权力机制中，政府主导着珠江两岸的空间生产，该空间生产所涉及的政府部门主要是广州市人民政府、广州市国土资源和规划委员会、广州市住房和城乡建设委员会，这些政府部门具有级别高权力大的特点，能够发挥强权力的功能。然而在珠江夜游的实际运作中，这时珠江两岸的游线空间主要是一个旅游项目，以旅游的名义而存在，上述级别高权力大的政府部门自然而然地缺位，在位的政府部门只有广州旅游局与广州海事局。其中，广州海事局主要是对游船的安全运营、船舶污染治理的监管，如对珠江夜游游船的安全设施设备检查、安全培训与考核检查、游船对珠江水体的防污染监督检查等；广州旅游局主要是对珠江夜游的旅游宣传推广、旅游安全的综合协调和监督管理、规范旅游市场秩序和监督管理旅游服务质量等。一方面，囿于自身职责，对广州市政府所寄托于游船公司承担并传播政府对该空间的表征、对居民与游客所寄托于从游线空间获得休闲放松与旅游体验的诉求，广州旅游局与广州海事局未能有效进行监管；另一方面，广州作为改革开放的前沿地，市场经济发展较为充分，游船公司作为现代市场经济的重要组成部分，使其所开展的一系列商业化活动有了一定的合理依托。最终，强权政府的缺位、弱权政府的限权、利润导向的驱动，使得空间的公共本质属性让位于商品商业属性，结合游船公司的隐蔽性规训，引发了珠江夜游空间的异化。

突出表现为：从第三章和第四章的研究可知，在游船空间中，游船公司对游船空间的建构，突出的是游船空间形象的体验属性及商业属性，主要是一个被符号化的商业空间，由此渲染出极具消费色彩的游船空间表征；游船空间消费符号化、空间分层类型学秩序、座位排列等级性秩序、时间的分解及序列化、话语的编织及渗透、身体的安置、空间权力主体嫁接、空间意义重新抒写、空间性质改写，使得游船空间呈现为一个工具性空间。从第五章和第六章的研究可知，在游线空间中，珠江夜游建筑景观的空间形态以大型住宅或公寓、商务办公为主，其空间形态私有性突出；官方对游线空间的命名界定了"异托邦"空间的同一性理性逻辑，这一逻辑是对象物的视觉效应映衬出异质的心理空间，对象物功能属性转变为符号属性、使用价值让步于交换价值；官方对游线空间内容的阐述隐喻出"异托邦"空间，这是一个在现代性视野下充满着"消费想象"与"西方想象"的"异托邦"空间。

整体而言，体现出的是资本与权力将游船空间与游线空间打造成一个极具诱惑的"消费景观"空间，已逐渐背离了空间原有的本质属性。一方面，"消费景观"空间已不具有完整意义上的公共性，而是具有空间社会意义下的"伪公共性"，空间以一种隐蔽的隔离形式（如不同价位的游船、不同价位的座位、不同价位的游线、不同价位的服务，获取不同的空间体验），迎合着那些对其使用有倾向性的社会群体，潜在地拒绝和排斥着另外的群体，成为迈尔斯所声称的"消费划分出社会阶层的界限，甚至充当起构筑、维护阶层壁垒的机制"①。另一方面，游线空间已成为游船公司通过自媒介（主要指游船行驶于游线空间时所发挥的媒介作用）及其他大众媒介直接进行兜售的旅游商品，实现了从以往的在空间中的消费转变为对空间本身的消费，游线空间成为直接的消费对象。需要认识到，居民及游客在珠江夜游的"消费景观"空间中，可能隐藏着某种可怕的社会后果的力量，"消费欲望的符号刺激与消费能力的结构抑制形成了张力关系。消费张力会导致一系列负面社会后果：社会挫败感、社会失范、社会怨恨"②。

（二）人的异化

夜色、灯光、珠江、游船、桥、人，原本自然而然地令人想起诗人卞之琳《断章》"你站在桥上看风景，看风景人在楼上看你。明月装饰了你的窗子，你装饰了别人的梦"③下的充满多维与想象的画面感、空间感与意境感。然而第三章和第四章的研究显示，游船的空间表征使得游船成为被符号化的商业空间，游船的冠名及广告语使得游船的空间商品化，站在桥上

---

① 齐康.消费与城市［J］.建筑与文化，2016，（7）：27-31.

② 王宁.消费欲的"符号刺激"与消费力的"结构抑制"——中国城市普通居民消费张力的根源与后果［J］.广东社会科学，2012，（3）：196-208.

③ 该诗有多种解读，具体可参见孙玉石主编的《中国现代诗导读（1917—1938）》，北京大学出版社，2008年。

或岸上，极目之下，所见到的却是一个个漂浮在水面的流动的巨型广告空间，取而代之的是"你站在桥上看景观，看景观人在船上看你。霓虹灯点缀了你的窗子，你成就了商家的狂欢"下的充斥单一与苍白的景观社会，结合居民站在企事业所持有的强立场及"合理"与"真理"两种话语逻辑，共同构成了德波在《景观社会》中所阐述的"景观就是商品完全成功地殖民化社会生活的时刻。景观是一种更深层的无形控制，它消解了主体的反抗和批判否定性，在景观的迷入之中，人只能单向度地默从"①，逐渐使得本真的批判性迷失与创新性丧失，这些也成为后来列斐伏尔和福柯对空间批判的重点所在，其本质是一种空间异化与人的异化。列斐伏尔空间生产理论的核心指向在于揭示权力与资本下的空间生产同质化，造就了"现代社会单调乏味机器般的有节奏的日常生活"②，由此使主体的日常生活殖民化。福柯则强调，处于主导地位的权力主体（宏观与微观）生产了主流的价值观念、意识形态、知识体系以及对于社会现实的理解，而这些观念、意识与知识的集合建构了社会人的主体性，而处于无权或弱权的社会大众，则默许并认同了这一套知识、意识与观念。这些观念与知识本身都是社会建构的产物，却往往被社会成员看作是理所当然的"真理"③。第三章和第六章的研究表明，居民及游客主体潜在思想是丰富的，正如居民视角下的游船空间性质出现了五个不同立场，只不过这种潜在的思想一直受较强权力主体的规训，变得隐而不显，逐渐有被弱化甚至完全被殖民化的危险，正如居民所说的"商业社会都是如此"，游客在游线空间中所获得的娱乐自我与想象性满足，这种危险值得关注。实质是将列斐伏尔笔下的社会大众原本具有丰富且多姿多彩的每日生活（daliy life），殖民化为单调乏味的机器般的有节奏的日常生活（everyday life）。

三、城市水上夜游空间正义探索

（一）明确空间的价值取向

马克思指出，"价值这个普遍的概念是从人们对待满足他们需要的外界

---

① 德波.景观社会［M］.王昭风，译.南京：南京大学出版社，2006：15.
② 刘怀玉.现代性的平庸与神奇：列斐伏尔日常生活批判哲学的文本学解读［M］.北京：中央编译出版社，2006：186.
③ 钱俊希.后结构主义语境下的社会理论：米歇尔·福柯与亨利·列斐伏尔［J］.人文地理，2013，（2）：45–52.

物的关系中产生的"①。价值取向反映了人们在长期的历史社会实践过程中
所逐步形成的某种共同价值观念，凝聚着社会主体对客体能否实现自身利
益的根本态度和强烈追求，具有强烈的凝聚力和渗透力，影响和支配着社
会主体的实践活动。城市水上夜游空间的价值取向则是空间作为客体满足
相应主体利益的取向。在商业化大行其道的游船空间与游线空间中，珠江
夜游空间原本的公共本质属性有进一步弱化与隐化的趋势，明确空间的价
值取向，其前提是建立在对珠江夜游空间公共本质属性认识的基础上。以
此前提可知，珠江夜游空间应满足广大广州市民的需要。人的需要有物质
需要和精神需要，物质需要直接指向空间的功能价值，在人化空间迹象已
十分明显的珠江两岸中谈论空间的功能价值，需要考虑空间的生态价值；
精神需要则是空间的形式美学价值和人文价值。因此，珠江夜游空间的价
值取向应具有功能价值、生态价值、形式美学价值和人文价值四个取向。

功能价值取向：从第五章和第六章相关研究可知，珠江夜游所依托的
珠江及珠江两岸，空间的首要功能并非旅游。珠江发挥着预防水灾、净化
水体环境、降低城市热岛效应等确保人类可持续生存与发展的重大功能。
珠江两岸的功能涉及商务办公、商务洽谈、饮食、休闲、娱乐、购物、住
宿、观光、住宅、文化艺术、表演演艺、陈列展览、休闲游览、体育文化、
生态休闲、交通运输等。珠江夜游空间在特定地域（珠江广州城区段）特
定时间（18 点 30 分至 23 点）才突出其旅游功能，成为一个夜游空间，从
这个意义来看，旅游功能仅是衍生功能。夜游的景观空间包括建筑景观、
灯光景观和游船景观，严格意义来讲，灯光景观依附在建筑景观之上，因
此，珠江夜游的观赏重心是两岸的建筑和灯光。立足于功能价值取向，对
珠江及珠江两岸的改造与治理，应立足于广州市民长远的生存发展需要，
强调的是空间的自然协调、宜人与大众共享。一方面，从珠江宽度的演变
可知，珠江在秦汉时期，宽约 2000 米，到如今的海珠桥段只有 180 米。近
百年来，珠江宽度就缩窄了 200 米，缩窄原因最主要是人为的填江建楼群，
甚至高楼直接延伸到江面。如白鹅潭因沙面白天鹅宾馆的修建缩窄了近百
米，江湾桥附近，因江湾酒店的修建，1993 年的河道断面比 1979 年缩窄
了 100 米。2010 年，广州市举办第 16 届亚运会，海心沙岛作为亚运会开
闭幕式场馆被开发利用，按照古地图量测，海心沙岛面积为 9 万平方米，

① 中央编译局.马克思恩格斯全集：第 19 卷［M］.北京：人民出版社，1963.

建设完成后拓展为 17 万平方米①。这种填江建城的做法，其长期危害极其巨大，违背了珠江的自然协调和人类可持续生存与发展功能价值取向，违背了空间正义。另一方面，在第五章的珠江夜游空间当下主要形态的阐述中，对沿江两岸一线建筑的统计分析显示，其空间形态以大型住宅或公寓、商务办公为主，空间形态私有性突出，将城市公共江景建造为私家园林或高档商业办公区，这种"让少数私人在市区获得了对公共舒适物的优先摄取权或垄断权，同时也就剥夺了广大市民在这些位置上对公共舒适物（如江景、湖景或海景）进行摄取的准入权。这显然是违背空间正义的。同时，它也不利于城市旅游的开展"②。因此，需要明确珠江夜游空间的自然协调、宜人与大众共享功能价值取向。

生态价值取向：从第五章的珠江夜游空间形态演变来看，珠江夜游空间经历了从自然景观空间形态向人文景观空间形态的转变，使得景观从原来的依托自然天气气象所形成的景观，如傍晚黄昏的落日景观、入夜及晓晨的月色景观，到如今的依托象征城市繁华的现代建筑与灯光经济。这个转变的过程，首先，是一个人化自然的社会实践活动过程，秦汉时期的珠江是一个自然而然的过程，是一个未人化的自然空间，其景观类型为自然景观，是相对纯粹的地理地貌、天气气象的景观，随着人类社会实践活动对空间的开发、改造与形塑，演变为一个人化的生产性空间。其次，是一个逐渐渗透人们主体意识的空间趋利过程。从历史长河来看，这种趋利性不少是急功近利的表现，即已满足当时人们的生存与发展需要但仍对空间进行过度商业化开发。最后，是一个以牺牲自然景观换取人文景观的过程。这个转变的过程，已对珠江两岸的生态环境造成巨大的破坏，如过度开发对生态系统的破坏、两岸的灯光污染、高楼大厦有碍于植物的受光需求、地面硬质化不利于土壤水分涵养的均衡、干旱季节珠江水质的恶臭、生物多样性的缺失等，实质是未能认识到"绿水青山就是金山银山"。因此，需要明确珠江夜游空间生态平衡的生态价值取向。

形式美学价值取向：从第四章的游船游览时间编排可知，珠江夜游的航时，普遍在 60~80 分钟，其航线往返穿梭达 20 千米，除去游客熟悉游船、观看船上表演活动、等候离船等时间，真正观赏游线空间的时间极短，且

---

① 宫清华，袁少雄，陈波.珠江在广州城区河段的演变及其对城市生态环境的影响［J］.热带地理，2013，33（4）：394-399.

② 王宁.城市的舒适物配置与空间正义［J］.旅游学刊，2017，32（4）：2-4.

呈现为流动式的体验，短时长距流动的特点，表明游客主要是一种观光的体验。此外，珠江夜游的景观体验，主要是对人造景观的体验，直接带来的是视觉感官冲击。如建筑群的轮廓线条、建筑群的装饰、造型的独特性与新奇性、建筑群形态的多样性、建筑群的动态性、灯光的光亮程度、灯光色彩的搭配、灯光的图案等。快速观光体验及视觉感官体验决定了珠江夜游空间形式美学的重要性。现今的商业建筑过多、灯光广告过多、灯光设施缺少维护等不符合形式美学价值取向。

人文价值取向：珠江夜游空间中的表现形式、审美环境、历史事件等，都可以通过物质载体反映，而人文价值是珠江夜游景观物质载体所折射出的历史文脉与精神文化价值。珠江两岸建筑形体及游船的造型材质，鲜明地显示了地域的精神风貌，反映了城市的文化特征。从第三章至第六章相关研究可知：珠江两岸建筑景观，大多是不超过 30 年的摩天大楼，以现代建筑为主；游船的造型及材质亦以现代为取向，游船的冠名及广告语让人误以为这并非大众化的游船，游船空间的书画表演活动，在文化月的外衣下行使商业性的书画拍卖；在珠江夜游的导游词介绍中，主要在介绍中山大学北门牌坊等，让人感觉到文化气息，其他较多充满着"消费想象"与"西方想象"。广州是一个拥有千年历史的古城，然而在这个年轻的游线空间中，人文气息及历史文化底蕴并不突出，缺乏个性，游客视角下的高楼大厦、灯红酒绿、商业发达、人潮涌动，似乎成了西方早期资本主义发达城市的一个镜像。正如在问卷调研中，条款 A21 游览珠江两岸使我感受到广州的历史感的均值最低。因此，需要明确珠江夜游空间历史文脉与精神文化的人文价值取向。

正是因为价值取向一旦形成就具有较为牢固的稳定性，由此规范着社会主体所进行的价值认识、价值评价、价值取向、价值行为、价值实践等，成为社会主体认识世界或改造世界的内在准则，所以明确珠江夜游空间所应具有的功能价值、生态价值、形式美学价值和人文价值取向，有利于社会主体树立正确的空间正义理念，因而显得尤为重要与迫切。

（二）优化空间权力的行使

城市水上旅游空间不是传统的商业性旅游景区（景点），而是一个具有公共属性、体现政治意义的空间。珠江夜游空间的成果是一种优质公共舒适物，应让更多的人共同分享城市发展和繁荣带来的成果；珠江夜游的发展不是一个简单的以赢利为目标的旅游景点，而是一个城市营销、城市门面的体现。政府在珠江夜游的发展中，以往的强权政府的缺位、弱权政府的限权发展模式不利于实现空间正义。鉴于以广州市人民政府、广州市国土资源和规划委员会、广州市住房和城乡建设委员会为代表的强权政府对珠江两岸的规划与建设并非直接服务于珠江夜游，珠江夜游作为一个旅游项目的监管部门主要是广州旅游局。在实际运作中，上述强权政府直接监管珠江夜游不现实，且容易引发多头管理、权责不清、增加管治成本等问题。因此，空间正义视角下的空间权力行使优化，可从强权政府与弱权政府分别探讨，强权政府主要是优化空间公共属性，弱权政府主要是投射空间的政治意义，共同致力于通过权力运作来提升空间正义。

强权政府提升空间公共属性及优化空间的主要举措：立足于目前珠江两岸的实际情况，拆除已建的高楼大厦，拓宽珠江的作法不现实，直接将已建的私人空间转化为半私人与公共空间的作法亦不现实，只能在原有的基础上优化空间的公共属性。首先，对珠江两岸的规划要有超前性，一线沿江严禁再兴建任何私人性建筑。实际上，早于 2005 年，广州市政府已意识到珠江两岸开发过多过密等问题，当年，广州市规划局出台《珠江沿线（中心城区段）景观总体规划》（2005），提出严格控制江边一线建筑的高度，并且设置了具体的珠江两岸建筑高度的参考指标，如珠江沿线建筑高度一般不宜大于对应江面宽度的 1/4；地标性建筑或构筑物高度一般不宜大于对应江面宽度的 1/2。然而，该规划的执行效果并不明显，后续的规划调整与一线建筑已违反了参考指标，典型的如滨江东岸的"信达阳光海岸"等高层住宅延伸到珠江边。因此在 2011 年的广州市传达贯彻全国"两会"精神会议上，时任广州市委书记张广宁明确强调"珠江两岸不要再建太高的房子，城市要留点记忆，若为了子孙后代的需要就没必要建"。此后，2013 年广州市规划局出台的《关于推进"珠江黄金岸线"建设的工作方案》，再次强调"保证江边不会盖一排密集的高楼"。从上述对珠江两岸的规划与相关方案来看，对沿江一线的规划仍有待进一步优化，主要是不允许建高楼或将私人住宅纳入规划，而对于沿江一线的具体用途仍不清晰，目前沿江一线已有不少高档商业性建筑，且近来仍然有新建案例，典型的如 2017 年下半年在海心沙开业的由十几家高档餐厅连排组成的"海心沙风情街"，这条街已是直接延伸到珠江边上，类似这种高档的商业性场所，主要并非服务于广大市民，违背了空间的公共本质属性，其实质是阶层隔离（图 6-2）。因此，后续对沿江一线规划的优化，应以公共配套、公共服务、文化打造、自然景观点缀等为主，限制商业性设施，最大化地确保市民对沿江空间的拥有权及对珠江的亲水权。其次，对珠江两岸的规划要有执行力与监督力，职能部门应该定期或不定期召开市民听证会，向广大市民介绍规划实施执行情况，接受市民的监督，可通过开通珠江两岸意见反馈专线，畅通市民投诉与举报的渠道，形成有效的意见反馈机制，对市民意见及时反馈，对于违反规划的问题，本着谁主导谁负责的原则，依法从严处理。此外，加大对珠江及珠江两岸的整治工作的力度。从近几年的整治成效来看，对珠江两岸的整治成效优于珠江，如对两岸的商业性广告的整治、沿江码头的规范、两岸道路的改造等，均取得一定的成效，然而珠江由于历史污染严重、治理成本高、见效慢等特点，仍需长时加大力度治理与重点关注。正如访谈中一名在珠江两岸巡逻了十几年的城管所指出的"珠江的水就不好了，这几年有所改善了，但还是远远不够，现在两岸的整体环境中，最重要的，我觉得还是水的问题，有些时候比如较长时间不下雨，你站在岸上都会闻到异味，对于看的，我主要是觉得好看就行，其他的没考虑这么多，也不懂想它怎么样更有艺术更有文化，整体我是觉得比起以前亮比起以前更好看就好了。但水一闻就闻到了。"

图6-2　2017年开业延伸到江边的"海心沙风情街"

资料来源：作者自摄。

　　广州旅游局投射空间政治意义及优化空间的主要举措：重心在于广州

旅游局对珠江夜游的增权。如统一规范珠江夜游导游词，导游词需在充分尊重历史的前提下，建构广州文化的多元性，体现空间的人文价值取向，突出广州的历史感与现代感、文化底蕴与时尚气息、怀旧与新奇；规范导游词讲解时间，确保有较为充足的时间向游客介绍珠江两岸，而非将大部分时间用于开展商业活动；规范讲解人员的普通话标准，推行普通话、粤语和英语三语讲解，特别是在一年两届的"广交会"期间及其他国际重大事件举办期间，推行三语讲解，展示广州的本土化与国际化风范。规范航时、航程及载客量，珠江夜游的淡旺季较明显，夏季尤其是暑假是旺季，旺季着重规范游船的载客量，笔者暑假在游船调研时，每逢 19 点 20 分到 21 点 30 分的航班，几乎每趟都是满载，部分游船三层甲板空间不设座位，该区域更是人潮涌动，大量的游客首先带来安全隐患，尤其是游客倾向于在游船四周的围栏处进行拍照合影，拥挤的空间所产生的肢体碰撞无疑增大安全隐患；其次是降低游客体验，游客既难以清晰地听到游船讲解人员的介绍，亦难以在游船空间中自由流动，更无法真正地体验到乘游船游珠江的舒服、浪漫与愉悦，致使部分游客全程就待在座位上，极其拥挤的空间已失去游船的观光游览性质，在这个意义上，游船主要呈现为交通工具。冬季是淡季，在非周末及节假日，尤其遇上较为寒冷天或雨天时，较多码头的游船门可罗雀，笔者该时期在游船调研时，发现普遍存在同一码头重复载客及交叉码头载客的现象，比如游船 18 点 30 分在码头接一批游客，19 点又回到该码头接另一批游客，或者游船在不同码头轮番接游客游览，这种现象降低了游客的体验，且带来了管理的混乱。提升游船上的应急举措及票价和票位柔性管理，目前游船购票规定"本船票一经售出，概不退换，限当日当班有效，逾期作废；如遇不可抗力因素而造成航线改变或停航，我司不承担违约责任，敬请旅客谅解"，这种购票规定从字面上看较为合理。但有时会遇到下雨天，购买了顶层（三楼或二楼）露天票位的游客，由于游船没有遮挡的应急措施，游客不得不进船舱避雨。笔者曾购买某游船三楼顶层露天票，票价为 138 元，该船二楼票价为 88 元，一楼为 65 元，刚好当晚下雨，只能到一楼或二楼的船舱内，当向游船工作人员询问赔偿时，工作人员声称这种情况属于购票规定的不可抗力因素，是没有任何赔偿的，只能自行前往一二楼找座位，若没座位也只能在过道处，等待雨停时再上来。原本是 VIP 票位，结果全程连个座位都没有，将这种风险所产生的成本嫁接到游客身上，是很不合理的。目前绝大多数游船的票价整体是按楼层来定价，如以三层游船为例，首层票价最低、中间层居中、顶层最高，这种票位规定有一定合理性，但同样应该柔性管理。笔者在实地调研时，发现夏天遇上高温炎热天气时，特别是游船首航（晚上6点半至7点间），因太阳余热尚未散去，三楼依然热烘烘，其舒适度明显低于二楼，冬天遇上低温寒冷天气时，三楼极其寒冷且风大，其舒适度低于二楼，因此，高温炎热天气首航与低温寒冷天气均不应该将三楼票价定最高。规范安全教育安全示范，统一要求各艘游船上面配备与载客量一致的救生衣，游客登船后，要求游船工作人员讲解示范救生衣穿戴。鉴于目前游船冠名及广告并非定性为户外广告，游船冠名及广告监管宽松，有必要规范游船公司对游船的冠名与广告，规范冠名与广告内容与占船体的比例，要求游船公司与社会名声好、能体现与展示广州文化与形象或公益类的企事业单位合作。规范游船上的商业化活动，抑制打着文化口号行使诱惑游客的商业性活动，杜绝活动主持人一系列引诱游客购买甚至欺骗游客的话语。规范游船公司的日常经营行为，目前游船公司仍存在为了提高被检索概率，同一经营企业出现几个中文域名与网址，公司地址及联系电话均一样的现象，存在同一游船多家公司进行代理，出现报价不一致的现象。

（三）旅游视角下人的异化的消解

　　需要强调的是，居民及游客所出现的人的异化，这种现象已普遍且长时存在于社会各个领域中。将这种现象作为一个可辨识的理论问题，已进入了许多学术研究者（包括众多人文社会学科）的视野，主要起始于马克思的人的劳动异化，此后，卢卡奇的人的物化、列斐伏尔的人的日常生活异化、马尔库塞的人的单向化、德波的景观社会、鲍德里亚的消费社会等均对其进行研究。对于产生这种现象的社会根源的追溯，也已有较好的共识，普遍指向发轫于西方的"现代性"所产生的系列问题。在吉登斯看来，"现代性是17世纪以来出现于欧洲的社会生活方式与组织方式，这个术语首先意指在后封建的欧洲所建立而在20世纪日益成为具有世界历史性影响的行为制度与模式；'现代性'大略等同于'工业化的世界'……现代性的第二个维度是资本主义，它意指包含竞争性的产品市场和劳动力的商品化过程中的商品生产体系，是与现代社会生活的出现相联系的组织化权力大量增长的基础"[①]。由"现代性"产生的系列问题，主要指的是工具理性、

---

　　① 包亚明.现代性与空间的生产［M］.上海：上海教育出版社，2003：3-4.

资本逻辑和微观权力对物和人及社会关系等的裹挟与贬抑。"我们在现代社会中所看到的异化几乎是无孔不入的，它渗透到了人和他的工作、所消费的物品、国家、同胞以及和他自己等等这些关系中，人已经创造了一个前所未有的人造物的世界。"① 本文认为旅游领域中所表现出的人的异化，是人的异化在社会各个领域及各个方面的表现形式之一，对人的异化已有上述影响力大、思想洞察力强的研究成果，限于笔者自身学识及围绕本文所研究对象及研究问题，仅探讨旅游视角下人的异化的消解。

（1）旅游研究人员应加强对旅游本体论的研究，揭示旅游空间中对人的隐性规训。对旅游本体论的认识，即旅游"是什么"的问题尚未达成较好的共识。时下，有一种观点将"生产性消费"当成旅游学的逻辑起点②，这种认识将旅游视为恢复劳动力或促进消费的活动，容易成为以企业为代表的权力主体意识形态合法化灌输的隐形策略，同时也是现代性阴谋的重要体现，正如福柯将"'家居''老人院''监狱''精神病院'视为'异托邦'，其原因是那里的人要么不劳动、要么无法劳动，'闲暇活动'被资本主义规章所认可，它们是恢复劳动力，或者促进消费的活动空间，而'游手好闲'则是偏离，即被社会价值标准所排斥"③，这种权力主体意识形态下的社会价值标准一方面是对旅游本质的异化认识，另一方面是渗透在人们日常生活场景中并对人进行规训的一种新型手段。"公司发的船票才来的，这算不上什么，公司每半年还会组织出国游，奖励给业绩优秀的员工，让大家更有动力工作。"（游客 C10）这种意义上的旅游，其形式主要是作为工作激励的手段（来我们这里工作吧，我们有非常丰富的精神生活），其实质是放松人们过度劳作的身体与紧张的神经（旅游完整个人轻松很多，身心能够更好地工作）。人的主体性荡然无存，但在"旅游"的掩蔽下，不易觉察。因此，加强对旅游本体论的研究，尤其从目前产生较多共鸣，认为旅游本质是游客异地身心自由休闲体验及对生命自由和谐追求的

---

① E.弗洛姆，纪辉，高地.资本主义下的异化问题［J］.哲学译丛，1981，（4）：69-71.
② 张朝枝.面向旅游学一级学科的核心课程设置探讨［J］.旅游学刊，2015，30（9）：2-5.
③ 张锦.福柯社会空间"异托邦"思想研究［J］.文化与诗学，2013，（1）：103-130.

"旅游休闲体验说"①及 "人诗意地栖居"②③，这种共鸣与索亚的 "人是空间性存在者"④ 的命题较为吻合，该命题要求空间成为一个属人的生存性空间，简而言之，空间应是一个充满意义追求、感性经验、情感体验、精神超越、生命关怀的个性化差异世界⑤，由此展开对旅游本质的研究，强化人们对旅游本质的正确认识，由此致力于消解旅游现象中的人的异化。

（2）城市文化建设及旅游相关职能部门要善于引导人们的本真性反思与批判。如采用对比的手法，利用灯光技术，在珠江夜游空间中展示一幅幅高楼大厦与自然生态图景的对比，让人反思 "久在樊笼里，复得返自然"的重要性；展示一幅幅珠江及珠江两岸历史变迁图景的对比，让人反思保护珠江和自然生态环境的重要性；展示一幅幅城市景观开发建设过程中的大兴土木与开发前的自然景观图景对比，让人反思城市景观发展所付出的代价；展示一幅幅珠江两岸及游船上商业性广告林立与没有商业性广告图景的对比，让人反思商业性广告对景观的破坏；展示一幅幅灯红酒绿的城市快节奏生活与质朴无华的乡村生活图景的对比，让人反思回归质朴回归本真的重要性；展示一幅幅人们在游船上沉溺于用镜头机械化拍照和自媒体疯狂晒图与用身心感受景观图景的对比，让人反思旅游中人的体验寄托于感官与心灵的重要性。

---

① 谢彦君.旅游的本质及其认识方法——从学科自觉的角度看［J］.旅游学刊，2010，25（1）：26–31.

② 曹诗图，韩国威.以海德格尔的基础存在论与诗意栖居观解读旅游本质［J］.理论月刊，2012，（6）：156–175.

③ 杨振之.论旅游的本质［J］.旅游学刊，2014，29（3）：13–21.

④ 爱德华·索亚.后大都市：城市和区域的批判性研究［M］.李钧，译.上海：上海教育出版社，2006.

⑤ 谢纳.空间生产与文化表征：空间转向视阈中的文学研究［M］.李钧，译.北京：中国人民大学出版社，2010：73.

第七章　结　论

一、主要结论

列斐伏尔与福柯的空间生产学说具有相似之处。首先，两者都凸显空间的社会性，以一种生产话语对空间进行审视，刻画权力与资本互相交织作用下的空间[①]。其次，都认为现代社会是一个由权力构成的巨大的阴谋或策略总体，权力主要不是自上而下的上层建筑，而是日常生活中发散的微观实践[②]。此外，无论是列斐伏尔的空间政治经济学批判范式，还是福柯的空间微观政治学批判范式，两者都是对空间问题的现代性反思和批判。同时，两者的空间生产思想有不同之处，其突出的表现之一是，列斐伏尔将空间和社会的关系作为空间思考的重心，福柯更多地将空间和个体关系作为讨论重心[③]；列斐伏尔的空间三元论倾向于从整体上表明空间与社会的辩证关系，而福柯则力图呈现权力如何通过空间发挥作用，以及权力如何作用于空间对人进行管制与控制。本文立足于列斐伏尔与福柯的空间生产学说的异同，特别是认识到两者侧重点的不同具有良好的互补效果，将其应用于城市水上夜游游船空间和游线空间的研究，形成以下几点结论。

（1）城市水上夜游空间是一种特殊的旅游空间，是一个由游线决定的单质与异质辩证统一的空间，是一个动态、流动的旅游空间，游客在该空间上表现为一种"缺席的在场"。城市水上夜游空间的特殊性决定了空间具有场景转换、行为转换、动静转换和离合转换的空间逻辑。在文章的实

---

① Wegner P E. Spatial criticism: Critical geography, space, place and textuality. In introducing criticism at the 21st Century [M]. Edit by Julian Wolfreys, Edinburgh: Edinburgh University Press, 2002.

② 王戈璇. 列斐伏尔与福柯在空间维度的思想对话 [J]. 英美文学研究论丛，2010（2）：352-363.

③ 汪民安. 身体、空间与后现代性 [M]. 江苏：江苏人民出版社，2015：100-112.

证对象珠江夜游空间上，表现为，珠江广州城区段只有在夜间在游船上才是一个真正意义的旅游空间，此时旅游是空间的本质属性，在其他时间的珠江广州城区段突显的是饮食、休闲、娱乐、商务办公、商务洽谈、购物、住宿等异质功能。游客参加珠江夜游活动，需要在指定的码头上乘坐游船，在规定航时内往返于游线，其旅游吸引物主要是游船空间和游线空间，不仅借助于游船空间游览游线空间，而且游船空间旅游属性大于交通属性，旅游的过程在游船上实现也在游船中实现，此时游船空间与游线空间是一个流动的视觉旅游空间。

（2）城市水上夜游空间不仅是一个物理空间，还是一个社会空间，更是一个权力空间。在珠江夜游空间中，涉及地方政府、游船公司、冠名及广告企事业、媒体、游客、居民六种不同主体，各个主体的利益诉求都是在该空间中完成，导致了空间在物质形态及社会文化等方面的变化，在不同目的及力量悬殊等作用下，珠江夜游空间体现为列斐伏尔三元辩证与福柯微观权力交织下的各种关系，其实质是一个空间生产的过程。

（3）在游船空间实践中，游船空间不仅是一个由各种物质载体、材质结构、文字称呼等构成的表现对象和研究客体，更是隐匿着各个阶段珠江广州城区段的社会关系，游船所经历的从明末清初的画舫—清朝中后期和民国时期的珠江疍船/花船—新中国成立初期的轮渡—改革开放后的游船；早期的传统木质游船—1967年的钢丝网水泥游船—1978年的钢壳游船—21世纪初的现代钢化夹胶玻璃游船—现今的现代钢化玻璃融入传统木质游船的空间实践，正是其空间不断适应广州的城市发展、生活需求与文化变化的结果。游船官方是微观权力主体，通过官方宣传文本与官方命名两种方式建构游船空间形象，以满足（迎合）不同受众主体的需求。官方宣传文本所建构的游船空间形象，受众主要是游客，突出游船空间形象的物理属性、社交属性和体验属性三个维度，符合游船公司的核心收益为通过吸引游客购买船票而获得收入。游船官方命名所建构的空间形象，潜在受众是企事业单位，直接受众是社会公众，突出游船空间的商业属性，符合游船公司的另一核心收益为通过企事业单位冠名及广告而获得收入。居民对游船空间的认知在个人（自我）、企事业、政府、社会及城市五个不同主体立场间进行切换，而相对应主体立场对游船空间核心价值的认知分别为审美、经济效益、综合效应、公益和形象，体现出官方命名的建构对居民认知的映射性及居民认知的能动性。

（4）微观权力视角下的游船空间是一个规训权力生产与工具性空间。船向游船的转变，伴随而来的是游船空间权力的对象转变，由此促使新的权力文化的诞生，船的生产性向游船的消费性的转变，使得游船空间中物的使用价值让位于符号价值。立足于游船所具有的社会文化语境，进一步认识到，游船空间的冠名，既是冠名企事业单位对空间权力主体的嫁接，由此完美地嫁接了该地段具有的特殊性及重大意义，且是对空间意义的重新抒写，呈现出一幅词（广告文字）与物（游船）之间的空洞画面，还是对空间性质的改写，以隐蔽的方式实现了珠江及游船空间的商业性质转变；游船空间的分层体现出类型学秩序，座位的排列则渗透着等级性秩序，由此生产出不同性质的社会空间及社会关系；权力对时间的分解及序列化，确保能最大限度地使用稍纵即逝的时间来创造利润；话语的编织及渗透，形成了一种强大的心理控制场；对身体的安置，能提升权力支配及管理的效率。游船空间的规训权力生产与工具性空间生产过程，其实质是消费文化和市场逻辑深入渗透到了社会生活的各个方面，对公众的日常生活审美意识进行隐性规训与操纵，这些均成为福柯微观权力规训机制在当下的一种新表现形式。

（5）游线的空间实践表明，游线空间历经秦朝—宋元—明清—民国—新中国成立至今，其形态演化对应为城外边缘—城外郊区—城外商业区—城内重点区—城内核心区。游线空间历经8次羊城八景评选，其形态演化实现了从自然景观空间形态向人文景观空间形态的转变。游线空间的实践过程是一个空间社会实践性和空间趋利性的实践过程。游线的空间表征表明，处于不同时代与社会背景，城市政府对游线空间的构想不同，在旅游的民间外交功能时期，将珠江夜游等同于资产阶级来批判，此时政府将游线空间构想为商贸与生产空间；在旅游创汇、带动消费与就业时期，广州市城市总体规划提出建设"珠江游览线"，此时政府将游线空间构想为风景河段景观空间；在旅游战略性支柱产业及服务民生使命时期，广州市总体规划定位为珠江生态文化轴线，此时政府将游线空间构想为城市形象门户空间。政府部门成为游线空间生产的单一权力主体，游船公司是游线空间的经营主体，两者体现出自上而下的关系。游线的表征空间表明，通过游客评论建构出景观体验－城市体验－自我体验所形成的L–U–S游线空间体验理论模型，认为游客体验到的模式有"看景是景"的景观→自我，"看景非景"的城市→自我和"看景观己"的景观→城市→自我三种模式，认为游客三个层次的体验为景观—观光—载体，城市—关联—表征，自我—想象—向往。通过量表开发及问卷调查，结合结构方程模型分析验证了所建构理论模型的合理性及对相关的假设进行检验。

（6）微观权力视角下的游线空间是一个充满现代性色彩的"异托邦"空间。珠江夜游主要是一个"口头语"，对应的官方用语在广州新八景的名称是"珠水流光"，官方命名不仅划分了物理空间，而且还界定了空间内在的同一性理性逻辑，即现代性城市这个异托邦的理性逻辑。官方内容是对游线空间异托邦的隐喻，整体上建构起现代性城市这个异托邦空间的同一性理性逻辑，以"消费想象"与"西方想象"为主线。游客在游线空间上表现出镜像，即由差异性的意义镜像出混杂特质的"异托邦"，游客在游线空间上重构自我，要么回到现实，要么走向想象；游客在游线空间上表现出朝拜，游线空间展示出一幅极具整体－经济－氛围、尽现感官－物质－心理的理想场景，对"朝拜"于这个异托邦空间的游客描绘各种现代性的魅力。微观权力视角下的游线空间生产机制，是自上而下的权力实践，渗透出权力主体意识形态的规训机制。

（7）珠江夜游空间最核心本质属性应是公共性，是一个公共空间，其他属性都是建立在对公共空间的商业化基础上。强权政府的缺位、弱权政府的限权、利润导向的驱动，使得空间的公共本质属性让位于商品商业属性，结合游船公司的隐蔽性规训，引发了珠江夜游空间的异化。居民及游客主体潜在的丰富思想，逐渐有被弱化甚至完全被殖民化的危险，引发了珠江夜游中人的异化。研究认为，可以从三个方面探索城市水上夜游空间正义。价值取向方面，珠江夜游空间的价值取向应具有功能价值、生态价值、形式美学价值和人文价值四个取向。空间权力行使方面，强权政府主要是优化空间公共属性，弱权政府主要是投射空间的政治意义，都共同致力于通过权力运作来提升空间正义。人的异化消解方面，旅游研究人员应加强对旅游本体论的研究，城市文化建设及旅游相关职能部门要善于引导人们的本真性反思与批判。

（8）明确珠江夜游空间中的三元辩证关系，认为游船空间／游线空间经历了从原生空间向社会空间的转化，社会空间同时具有物理性、精神性与社会性。历时性通过空间实践予以演绎，共时性则主要呈现在空间表征与表征空间。游船空间／游线空间实践演绎体现出基础作用，正是有了空间实践，空间表征及表征空间才得以实现，亦可理解为正是在历时性空间实践累积下才有共时性空间构想与想象的呈现。游船空间 / 游线空间表征起着主导作用，是权力主体按照其主体意识将空间表征出来，以实现对该空间的生产与管控。权力主体对空间形象的建构形塑着、书写着空间实践，同时也映射到表征空间，形成人们视觉感官上、意识脑海中所浮现的空间形象。游船 / 游线表征空间在空间三元中最具丰富意义及能动作用，然而受限于自身所扮演的角色及力量的悬殊，往往无法撼动权力主体的构想，但仍然保持着主体思想的丰富性，间接地寻求机会对空间表征进行抵抗，其能动性亦影响着空间实践。

二、主要创新

（1）立足于列斐伏尔与福柯空间生产学说的异同，特别是认识到两者侧重点的不同具有良好的互补效果，以此贯穿游船空间和游线空间的空间生产研究，使得本文在研究视角上有一定新颖性。以往对旅游空间生产的研究，其理论基础主要渊源于列斐伏尔，尤其是对其著名的空间三元论，即空间实践、空间表征和表征空间的应用，直接体现在对旅游空间生产概念的界定，无论是从单一旅游类型角度界定还是从整体角度界定，均较为直接地从空间三元嫁接而来。本文综合运用了列斐伏尔与福柯空间生产学说，在一定程度上，可视为为旅游空间生产研究提供了另一重要的理论视角。同时，应该认识到，列斐伏尔与福柯的空间生产思想既博大精深又晦涩难懂，本文仅聚焦于列斐伏尔的空间三元论和福柯的微观权力空间学说，以此为理论框架，形成城市水上夜游空间生产理论的分析框架，在研究手法上亦表现为理论的三角互证。

（2）本文在实证对象的选取上有一定的新颖性。在以往旅游空间生产研究的实证对象上，主要涉及古镇旅游空间、民族旅游空间、乡村旅游空间、社区旅游空间、节事旅游空间、历史街区旅游空间的研究。本文研究的城市水上夜游空间，是一种特殊的旅游空间，为近程短时的江河湖型游船观光旅游，指在特定地域范围内，主要以游线空间的城市风光、人文历史、船舶休闲等为旅游吸引物，依托游船夜间较为固定的航线航时，开展观光游览、娱乐放松等游憩活动，其空间逻辑具有场景转换、行为转换、动静转换和离合转换的特殊逻辑。因此，不同于上述旅游类型的空间生产研究，在一定程度上，可视为将空间生产理论应用于"新"类型的旅游空间研究，开拓了新的实证对象。

（3）列斐伏尔空间三元辩证强调的超越以往对事物认识"非此即彼"的二元对立，空间三元中始终呈现出各种二元的张力。本文应用数学组合的思想来构建空间三元辩证下的二元张力基本模型和二元张力衍生模型，如生成空间元与元组合、空间各元组合、空间元与元组组合、空间元/元素与空间元/元素的组合、空间元/元素与空间元组/元组元素的各种有效组合，是对列斐伏尔空间三元辩证二元张力的数学描述及张力具象化，有助于开拓对列斐伏尔空间三元辩证的认识。

三、研究不足与展望

（一）研究不足

（1）珠江夜游空间权力主体，主要涉及地方政府、游船公司、冠名及广告企事业、媒体、游客、居民六种不同主体，文章较多关注的是游船公司、游客及居民，相应的观察、问卷、访谈等亦以这三类主体为主，对于另外三类主体的关注不够多，使得相应研究的全面性不够高。

（2）研究技术应用的创新性不够。虽然研究采用质性研究与量化研究相结合的混合研究方法，资料的处理亦涉及 Citespace、ROST CM、NetDraw、Nvivo、SPSS、AMOS 多种软件，但这些均是较为常见的研究技术，本文只是对多种研究技术的综合使用。

（3）本文实证对象属于个案研究，其理论建构依据的是"分析性归纳"，而非"统计性归纳"，并非想用个案来推论总体，而是致力于揭示个案的独特性与典型性，若论及对珠江夜游实证结论的推论，亦主要是在城市水上夜游这一同质范围内。未能对其他类型的水上夜游/水上游进行对比研究，是本文的又一局限。

（二）研究展望

（1）理论深化，案例跟进。文章在理论的解读及应用上，仍有待深化，后续研究需要将列斐伏尔的空间生产理论置于其大半生所批判的日常生活的异化上，置身于新马克思城市理论体系和马克思政治经济学上，以期对空间生产理论有更加深入、准确的认识和理解，从而能够从更深厚的理论背景来审视城市水上夜游空间的现象；需要更为深入且透彻地探讨列斐伏尔与福柯空间生产的异同，进一步优化将两者结合即空间三元论下的分析框架、微观权力下的分析框架，而形成的城市水上夜游空间生产理论分析框架。需要长期持续跟进珠江夜游，更为扎实更为深入地把握该空间的特殊性与空间逻辑，才能有助于透过现象看本质。

（2）通过跨学科学术交流，汲取多学科学术溢出。现阶段，国内对空间生产研究分散在哲学与马克思主义研究、建筑学、城乡规划学、地理学和文学等学科，从现有研究来看，尚难以赋予旅游一个独立学科的学术地位，旅游研究仍处于跨学科研究状态，而旅游空间生产更是跨学科旅游研究的重要表征及研究热点，因此，对城市水上夜游空间生产的研究，应该从跨学科学术交流中，积极汲取各个学科的学术溢出，才能从不同视角识别出旅游空间区隔、空间异化与空间不正义等现象的本质，才能有助于科学合理地解决这些问题。

（3）城市水上夜游与城镇水上夜游、乡村水上夜游不同，主要区别体现在游线空间上，后两者游线空间主要以自然生态、民俗文化、水体奇观、节事风情等为旅游吸引物，前者游线空间则处于城市最繁华的地段，以感受及领略城市的现代性景观为主。因此，除本文所研究的城市水上夜游外，还可以进一步与城镇、乡村水上夜游空间生产作对比研究。

参考文献

［1］顾玉兰，余芳．灯红酒绿不是春［M］．武汉：武汉大学出版社，2008.

［2］马润潮．人文主义与后现代主义之兴起及西方新区域地理学之发展［J］．地理学报，1999，54（4）：365-372.

［3］大卫·哈维，周宪，何成洲，等．空间转向、空间修复与全球化进程中的中国［J］．学术研究，2016，（8）：144-148.

［4］张凤超．资本逻辑与空间化秩序——新马克思主义空间理论解析［J］．马克思主义研究，2010，（7）：37-45.

［5］Bao J G, Chen G H, Ma L. Tourism research in China: Insights from insiders［J］. Annals of Tourism Research, 2014, 45 (1): 167-181.

［6］Xiao H G, Jafari J, Cloke P, et al. Annals: 40-40 Vision［J］. Annals of Tourism Research, 2013, 40 (1): 352-385.

［7］杨新军，马晓龙．区域旅游：空间结构及其研究进展［J］．人文地理，2004，（1）：76-81.

［8］郭文．旅游空间生产：理论探索与古镇实践［M］．北京：科学出版社，2015.

［9］张道武．亚里士多德空间观念的研究［J］．科学技术与辩证法，2002，19（2）：59-62.

［10］亚里士多德．物理学［M］．张竹明，译．北京：商务印书馆，1982.

［11］黄毅．论牛顿的作为上帝感官的空间理论及其对康德先验唯心论的影响［J］．自然辩证法研究，2016，32（4）：74-78.

［12］冷护基．牛顿时空观与爱因斯坦相对论——兼评肖引同志"对牛顿传统时空观评价的质疑"一文［J］．科学技术与辩证法，1995，12（3）：59-63.

［13］胡化凯.亚里士多德时空观与牛顿时空观比较［J］.科学技术与辩证法，2003，20（1）：76-80.

［14］黄吉繁.辩证时空观的科学基石——论爱因斯坦狭义相对论对辩证唯物主义时空观的科学意义［J］.科学技术与辩证法，2003，20（1）：76-80.

［15］中央编译局.马克思恩格斯选集（第2卷）［M］.北京：人民出版社，1995.

［16］爱德华·索亚.后现代地理学［M］.王文斌，译.北京：商务印书馆，2004.

［17］福柯.地理学问题［J］.转引自夏铸九，王志弘.空间的文化形式与社会理论读本［M］.台北：明文书局，2002：392.

［18］弗朗索瓦·利奥塔.后现代与公正性游戏［M］.谈瀛洲，译.上海：上海人民出版社，1997.

［19］弗雷德里克·詹姆逊.文化转向［M］.胡亚敏，译.北京：中国社会科学出版社，2000.

［20］爱德华·索亚.第三空间——去往洛杉矶和其他真实和想象地方的旅程［M］.陆扬，等译.上海：上海教育出版社，2005.

［21］Lefebvre H. The production of space［M］. trans. Donald Nicholson –Smith. Oxford: Blackwell, 1991.

［22］刘涛.社会化媒体与空间的社会化生产：福柯"空间规训思想"的当代阐释［J］.转引自夏铸九，王志弘.空间的文化形式与社会理论读本［J］.国际新闻界，2014，（5）：48-63.

［23］米歇尔·福柯.规训与惩罚［M］.刘北成，杨远婴，译.北京：生活·读书·新知三联书店，2016.

［24］大卫·哈维.后现代的状况：对文化变迁之缘起的探究［M］.阎嘉，译.北京：商务印书馆，2013.

［25］Harvey D. Space of global capitalism: Towards a theory of uneven geographical development. London: Verso. 2006. 转引自胡毅，张京祥.中国城市住区更新的解读与重构［M］.北京：中国建筑工业出版社，2015：35.

［26］Old S. Globalization and the production of new urban spaces: Pacific Rim Megaprojects in the Late 20th Century［J］. Environment and Planning A, 1995, 27 (11): 1713-1743.

［27］Peck F W. Regional development and the production of space: The role of infrastructure in the attraction of new inward investment ［J］. Environment and Planning A, 1996, 28 (2): 327–339.

［28］Koskela H. The gaze without eyes: video–surveillance and the changing nature of urban space［J］. Progress in Human Geography, 2000, 24 (2): 243–265.

［29］Gunder M. The production of desirous space: Mere fantasies of the Utopian City? ［J］. Planning Theory, 2005, 4 (2): 173–199.

［30］Yoo, Jae W. A study on the landscape of Tong–yeong during the process of the production of modern space –focused on study of the production space Henri Lefebvre ［J］. Journal of the Regional Association of Architectural Institute of Korea, 2007, 9 (4): 107–116.

［31］Ehrenfeucht R, Loukaitou–Sideris A. Constructing the sidewalks: municipal government and the production of public space in Los Angeles, California, 1880–1920 ［J］. Journal of Historical Geography, 2007, 33: 104–124.

［32］McGee T G. Interrogating the production of urban space in China and Vietnam under market socialism ［J］. Asia Pacific Viewpoint, 2009, 50 (2): 228–246.

［33］Buser M. The production of space in metropolitan regions: A Lefebvrian analysis of governance and spatial change ［J］. Planning Theory, 2012, (11): 279–298.

［34］Nasongkhla S, Sintusingha S. Social production of space in Johor Bahru ［J］. Urban Studies, 2013, 50 (9): 1836–1853.

［35］Zawawi Z, Corijn E, Van Heur B. Public spaces in the occupied Palestinian territories ［J］. Geoforum, 2014, 52: 180–192.

［36］Karplus Y, Meir A. From congruent to non–congruent spaces: Dynamics of Bedouin production of space in Israel［J］. GeoJournal, 2013, 78 (4): 743–758.

［37］Gotham K F. Theorizing urban spectacles: Festivals, tourism and the transformation of urban space ［M］. City, 9 (2): 225–246.

［38］Chapple K, Jackson S, Martin A J. Concentrating creativity: The planning of formal and informal arts districts［J］. City Culture & Society, 2010, 1 (4): 225–234.

［39］Kuppinger P. Cinderella wears a hijab: Neighborhoods, Islam and the everyday production of multi-ethnic urban cultures in Germany［J］. Space & Culture, 2013, 17 (1): 29–42.

［40］Beswick K, Parmar M, Sil E. Towards a spatial practice of the postcolonial city introducing the cultural producer［J］. Interventions-International Journal of Postcolonial Studies, 2015, 17 (6): 789–801.

［41］Gotham K F. Theorizing urban spectacles festivals, tourism and the transformation of urban space［J］. City: Analysis of Urban Trends, Culture, Theory, Policy, Action, 2005, 9 (2): 225–246.

［42］Gatrell J D, Collins-Kreiner N. Negotiated space: Tourists, pilgrims, and the Bahá'í terraced gardens in Haifa［J］. Geoforum, 2006, 37: 765–778.

［43］Amoamo M. Tourism and hybridity: Re-visting Bhabha's third space［J］. Annals of Tourism Research, 2011, 38 (4): 1254–1273.

［44］Frisvoll S. Power in the production of spaces transformed by rural tourism［J］. Journal of Rural Studies, 2012, 28 (4): 447–457.

［45］Galani-Moutafi V. Rural space (re) produced Practices, performances and visions: A case study from an Aegean island［J］. Journal of Rural Studies, 2012, 32 (1): 103–113.

［46］Everett S. Production places or consumption spaces? The Place-making Agency of Food Tourism in Ireland and Scotland［J］. Tourism Geographies, 2012, 14 (4): 535–554.

［47］Buzinde C N, Manuel-Navarrete D. The social production of space in tourism enclaves: may an children's perceptions of tourism boundaries［J］. Annals of Tourism Research, 2013, (43): 482 –505.

［48］Yrigoy I. The production of tourist spaces as a spatial fix［J］. Tourism Geographies, 2014, 16 (4): 636 –652.

［49］Mason C W. The Banff Indian Days tourism festivals［J］. Annals of Tourism Research, 2015, 53: 77–95.

［50］Kordel S. The production of spaces of the "good life"—the case of lifestyle migrants in Spain［J］. Leisure Studies, 2016, 35 (2): 129–140.

［51］Luo F, Moyle B D, Bao J G, et al. The role of institutions in the production of space for tourism: National Forest Parks in China ［J］. Forest Policy and Economics, 2016, 70: 47–55.

［52］Smith A. "Borrowing" public space to stage major events: The Greenwich park controversy ［J］. Urban Studies, 2014, 51 (2): 247–263.

［53］Stevens Q, Shin H. Urban festivals and local social space ［J］. Planning, Practice & Research, 2014, 29 (1): 1–20.

［54］McGillivray D, Frew M. From Fan Parks to Live Sites: Mega events and the territorialisation of urban space ［J］. Urban Studies, 2015, 52: 1–15.

［55］Wynen N H. A survey of the cruise ship industry 1960–1990 ［D］. Boca Raton: Florida Atlantic University, 1991.

［56］Teye V B, Leclerc D. Product and service delivery satisfaction among North American cruise passengers ［J］. Tourism Management, 1998, 19 (2): 153–160.

［57］Petrick J F. Segmenting cruise passengers with price sensitivity ［J］. Tourism Management, 2005, 26 (5): 753–762.

［58］Larsen S, Wolff K. Exploring assumptions about cruise tourists' visits to ports ［J］. Tourism Management Perspectives, 2016, 17: 44–49.

［59］Dwyer L, Forsyth P. Economic significance of cruise tourism ［J］. Annals of Tourism Research, 1998, 25 (2): 393–415.

［60］Braun B M, Xander J A, White K R. The impact of the cruise industry on a region's economy: A case study of Port Canaveral, Florida ［J］. Tourism Economics, 2002, 8 (3): 281–288.

［61］Diakomihalis M N, Lagos D G. Estimation of the economic impacts of yachting in Greece via the tourism satellite account ［J］. Tourism Economics, 2008, 14 (4): 871–887.

［62］Klein R A. Responsible cruise tourism: Issues of cruise tourism and sustainability ［J］. Journal of Hospitality and Tourism Management, 2011, 18 (1): 107–116.

［63］Caric H, Klobucar G, Stambuk A. Ecotoxicological risk assessment of antifouling emissions in a cruise ship port ［J］. Journal of Cleaner Production, 2016, 121: 159–168.

［64］Stewart E, Dawson J, Draper D. Cruise tourism and residents in Arctic Canada: Development of a resident attitude typology［J］. Journal of Hospitality and Tourism Management, 2011, 18 (1): 95–106.

［65］London W R, Lohmann G. Power in the context of cruise destination stakeholders' interrelationships［J］. Research in Transportation Business & Management, 2014, 13: 24–35.

［66］Steinbach J. River related tourism in Europe—An overview［J］. GeoJournal, 1995, 35 (4): 443–458.

［67］Kearsley G W. Tourism and resource development conflicts on the Kawarau and Shotover Rivers, Otago, New Zealand［J］. Geographical Research, 1993, 29 (3): 263–270.

［68］Fluker M R, Turner L W. Needs, motivations, and expectations of commercial whitewater rafting experience［J］. Journal of Travel Research, 2000, 38 (4): 380–389.

［69］Bricker K S, Kerstetter D E. An interpretation of special place meanings whitewater recreationists attach to the South Fork of the American River［J］. Tourism Geographies, 2002, 4 (4): 396–425.

［70］Howard J L. The future of the Murray River: Amenity re-Considered?［J］. Geographical Research, 2008, 46 (3): 291–302.

［71］Kainzinger S, Burns R C, Arnberger A. Whitewater boater and angler conflict, crowding and satisfaction on the North Umpqua River, Oregon［J］. Human Dimensions of Wildlife, 2015, 20 (6): 542–552.

［72］Savage V R, Huang S, Chang T C. The Singapore River thematic zone sustainable tourism in an urban context［J］. The Geographical Journal, 2004, 170 (3): 212–225.

［73］Chang T C, Huang S. Recreating place, replacing memory creative destruction at the Singapore River［J］. Asia Pacific Viewpoint, 2005, 46 (3): 267–280.

［74］Bederson B, Shneiderman B. The craft of information visualization: Readings and reflections［M］. San Francisco: Morgan Kaufmann Publishers, 2003.

［75］Chen C M. CiteSpace II: Detecting and visualizing emerging trends and transient patterns in scientific literature［J］. Journal of the American Society for Information Science and Technology, 2006, 57 (3): 359–377.

［76］庄友刚. 空间生产与当代马克思主义哲学范式转型［J］. 学习论坛，2012，28（8）：62–66.

［77］王玉珏. 都市化、全球化与空间政治批判［J］. 天津社会科学，2011，（1）：31–34.

［78］高峰. 城市空间生产的运作逻辑——基于新马克思主义空间理论的分析［J］. 学习与探索，2010，（1）：9–14.

［79］包亚明. 现代性与空间的生产［M］. 上海：上海教育出版社，2003.

［80］廖云路. 现代性与空间想象——拉萨报纸建构的城市空间研究［J］. 国际新闻界，2014，（12）：55–67.

［81］大卫·哈维. 希望的空间［M］. 胡大平，译. 南京：南京大学出版社，2006：53.

［82］唐正东. 当代资本主义的全球化：一种批判性的解读［J］. 河海大学学报（哲学社会科学版），2015，17（4）：1–6.

［83］胡大平."地方性空间生产知识"的公正之维［J］. 探索与争鸣，2016，（8）：73–78.

［84］陆小成. 新型城镇化的空间生产与治理机制——基于空间正义的视角［J］. 城市发展研究，2016，23（9）：94–100.

［85］陆小成，万千. 新型城镇化的空间生产与网络治理——基于五大发展理念的视角［J］. 西南民族大学学报（人文社会科学版），2016，（9）：119–126.

［86］殷洁，罗小龙. 资本、权力与空间："空间的生产"解析［J］. 人文地理，2012，27（2）：12–16.

［87］庄友刚，仇善章. 资本空间化与空间资本化：关于空间生产的现代性和后现代性话语［J］. 山东社会科学，2013，（2）：33–37.

［88］王丰龙，刘云刚. 空间生产再考：从哈维到福柯［J］. 地理科学，2013，33（11）：1293–1301.

［89］张羽佳. 权力、空间知识型与乌托邦［J］. 探索与争鸣，2016，（8）：84–88.

［90］陆扬. 社会空间的生产——析列斐伏尔《空间的生产》［J］. 甘肃

社会科学，2008，（5）：133–136.

　　［91］孙小逸.空间的生产与城市的权利：理论、应用及其中国意义［J］.公共行政评论，2015，（3）：176–206.

　　［92］宋桐庆，朱喜钢，宋伟轩.城市新空间——商业公共空间系统［J］.城市规划，2012，36（5）：66–71.

　　［93］钱俊希，朱竑."非正常"的文化标签下"同志"社会空间的生产——以广州市 X 公园"同志渔场"为例［J］.人文地理，2014，29（3）：35–43.

　　［94］李雪萍，曹朝龙.社区社会组织与社区公共空间的生产［J］.城市问题，2013，（6）：85–89.

　　［95］张京祥，邓化媛.解读城市近现代风貌型消费空间的塑造——基于空间生产理论的分析视角［J］.国际城市规划，2009，24（1）：43–47.

　　［96］赵丹，张京祥.消费空间与城市发展的耦合互动关系研究——以南京市德基广场为例［J］.国际城市规划，2015，30（3）：53–58.

　　［97］王德刚.空间再造与文化传承——栖霞古镇都村"非遗"保护工程实验研究［J］.民俗研究，2014，（5）：13–25.

　　［98］朴松爱，樊友猛.文化空间理论与大遗址旅游资源保护开发——以曲阜片区大遗址为例［J］.旅游学刊，2012，27（4）：39–47.

　　［99］温莹蕾.文化空间理论视角下的乡村发展路径探索——以山东省章丘市朱家峪村为例［J］.城市发展研究，2016，23（2）：64–70.

　　［100］孙江.工业资本主义时代的空间拜物教批判［J］.学习与探索，2010，（1）：21–23.

　　［101］陈忠.空间批判与发展伦理——空间与伦理的双向建构及"空间乌托邦"的历史超越［J］.学术月刊，2010，42（1）：17–23.

　　［102］杨芬，丁杨.亨利·列斐伏尔的空间生产思想探究［J］.西南民族大学学报（人文社会科学版），2016，（10）：183–187.

　　［103］陈金美.论主体性与客体性、主体间性的关系［J］.求索，1997，（5）：85–88.

　　［104］Foucault M. "Questions and Geography"［J］. In C. Gordon (Ed.), Power/Knowledge: Selected Interviews and Other Writings 1972–1977［M］, 1980: 63–77.

　　［105］王志刚.论社会主义空间正义的基本架构——基于主体性视

角［J］．江西社会科学，2012，（5）：36-40.

［106］王丰龙，刘云刚．空间的生产研究综述与展望［J］．人文地理，2011，26（2）：13-30.

［107］刘怀玉．现代性的平庸与神奇：列斐伏尔日常生活批判哲学的文本学解读［M］．北京：中央编译出版社，2006.

［108］宗晓莲．旅游地空间商品化的形式与影响研究——以云南省丽江古城为例［J］．旅游学刊，2005，20（4）：30-36.

［109］刘俊，黄秀波．空间思想演变视角下的西方滨海旅游研究［J］．人文地理，2014，（3）：22-27.

［110］张敏，张捷，姚磊．南京大学文化地理学研究进展地理科学，2013，33（1）：23-28.

［111］朴松爱，樊友猛．文化空间理论与大遗址旅游资源保护开发——以曲阜片区大遗址为例［J］．旅游学刊，2012，27（4）：39-47.

［112］桂榕，吕宛青．符号表征与主客同位景观：民族文化旅游空间的一种后现代性——以"彝人古镇"为例［J］．旅游科学，2013a，27（3）：37-49.

［113］桂榕，吕宛青．民族文化旅游空间生产刍论［J］．人文地理，2013b，（3）：154-160.

［114］明庆忠，段超．基于空间生产理论的古镇旅游景观空间重构［J］．云南师范大学学报（哲学社会科学版），2014，46（1）：42-48.

［115］郭文，王丽，黄震方．旅游空间生产及社区居民体验研究——江南水乡周庄古镇案例［J］．旅游学刊，2012，27（4）：28-38.

［116］郭文，黄震方．基于场域理论的文化遗产旅游地多维空间生产研究——以江南水乡周庄古镇为例［J］．人文地理，2013，（2）：117-124.

［117］郭凌，王志章．乡村旅游开发与文化空间生产——基于对三圣乡红砂村的个案研究［J］．社会科学家，2014，（4）：83-86.

［118］孙九霞，周一．日常生活视野中的旅游社区空间再生产研究——基于列斐伏尔与德塞图的理论视角［J］．地理学报，2014，69（10）：1575-1589.

［119］韦俊峰，吴忠军．"隐性介体"视野下的旅游地空间生产与形象建构话语——以龙胜金坑大寨红瑶梯田为例［J］．人文地理，2015，（6）：153-159.

［120］黄剑锋，陆林.空间生产视角下的旅游地空间研究范式转型——基于空间涌现性的空间研究新范式［J］.地理科学，2015，35（1）：47-55.

［121］郭凌，阳宁东，王志章.民族旅游开发与民族文化的空间生产研究——基于对四川省凉山彝族自治州盐源县泸沽湖的个案研究［J］.西南民族大学学报（人文社会科学版），2014，（2）：144-149.

［122］郭凌，王志章，陈丹丹.旅游影响下城市历史街区的空间再生产研究——基于列斐伏尔空间生产理论视角［J］.四川师范大学学报（社会科学版），2016，43（4）：53-60.

［123］黄剑锋，陆林.旅游业"新常态"：空间生产与空间重构的新动力［J］.南京社会科学，2015，（6）：39-44.

［124］黄娅.后现代结构主义空间范式下民族旅游的符号建构［J］.新疆社会科学（汉文版），2010，（1）：96-101.

［125］郭文，黄震方，王丽.文化旅游地空间生产背景下居民社会空间感知模型与实证研究——基于对周庄古镇的调查［J］.地理研究，2015，34（4）：762-774.

［126］李鹏，张小敏，陈慧.行动者网络视域下世界遗产地的空间生产——以广东开平碉楼与村落为例［J］.热带地理，2014，34（4）：429-437.

［127］蔡运龙，叶超，马润潮，等.马克思主义地理学及其中国化："跨国、跨界、跨代"知识行动［J］.地理研究，2016，35（7）：1205-1229.

［128］孙玉琴.我国水上"三游"产业发展研究文献综述［J］.上海海事大学学报，2011，32（3）：79-84，89.

［129］王宁.长江三峡游船服务质量游客评价实证研究［J］.旅游学刊，2005，20（3）：69-73.

［130］王宁.长江三峡游船旅游行为及市场特征研究［J］.西南民族大学学报（人文社会科学版），2007，（2）：166-170.

［131］郑文俊.游船旅游者对漓江景观的期望与感知研究［J］.中国人口·资源与环境，2013，23（6）：143-148.

［132］王宁.长江三峡游船旅游及其发展的阶段性特征［J］.旅游学刊，2006，21（10）：55-58.

［133］赵小鲁.长江三峡游船旅游特征分析及发展战略［J］.生态经济，2007，（8）：117-120，125.

［134］李胜芬，李树峰.秦皇岛海上游船旅游开发对策［J］.经济地理，2006，（专辑）：95-97.

［135］阚如良，邓念梅，牟晓娟.后三峡工程阶段库区游船转型发展研究［J］.改革与战略，2011，27（7）：65-68.

［136］宋立中，李芬，王会.欧洲内河游船业的运营区域与经营策略及其启示［J］.世界地理研究，2011，20（2）：107-118.

［137］鲍捷，陆林.河流旅游：缘起、内涵及其研究体系——一个本体论的诠释［J］.地理科学，2017，37（7）：1069-1079.

［138］王守书.河流旅游功能构建与产品开发研究——以海南万泉河为例［D］.上海：上海师范大学，2009.

［139］沈虹，冯学钢.都市文化型河流旅游开发研究——以上海苏州河为例［J］.桂林旅游高等专科学校学报，2006，17（5）：542-545.

［140］张建国，庞赞.城市河流旅游开发适宜性评价模型建构及实证分析［J］.经济地理，2017，37（2）：209-215.

［141］傅桦，赵丽娟，徐晓进.北京市昆玉河旅游与沿岸景观规划建设［J］.首都师范大学学报（自然科学版），2008，29（5）：57-61.

［142］张晨，林章林.我国水上旅游业的发展现状与对策研究［J］.经济问题探索，2009，（6）：121-125.

［143］广州市地方志编纂委员会.广州市志（卷三）［M］.广州：广州出版社，1995.

［144］王佳.加强广州市珠江夜游安全管理的思考［J］.珠江水运，2013，（15）：92-93.

［145］陈向明.质的研究方法与社会科学研究［M］北京：教育科学出版社，2000.

［146］孙进.作为质的研究与量的研究相结合的"三角测量法"［J］.教育学研究，2006，（10）：122-128

［147］Denzin N K. The research act a theoretical introduction to sociological methods［J］. Teaching Sociology, 1978, 17 (4): 271-293.

［148］俞宗丽.长三角水上旅游合作模式研究［D］.上海：华东师范大学，2008.

［149］张睿.长三角水上旅游整合研究［D］.上海：华东师范大学，2012.

［150］文彤.城市夜间旅游产品研究［J］.城市问题，2007，（8）：42-45.

［151］曹新向.我国城市夜间旅游的开发——以开封市为例［J］.商业研究，2008（11）：213-216.

［152］岳超.基于多视角的曲阜夜间旅游开发研究［D］.济宁：曲阜师范大学，2014.

［153］古诗韵，保继刚.城市旅游研究进展［J］.旅游学刊，1999，（2）：15-20，78.

［154］刘住，樊小兰.都市旅游研究：多维透视与发展模式［J］.旅游学刊，2008，23，（1）：26-29.

［155］宋家增.发展都市旅游之我见［J］.旅游学刊，1996，（3）：23-25.

［156］张毓峰，张梦，胡雯.都市旅游可持续发展：一个理论分析框架［J］.财经科学，2009，（2）：116-124.

［157］林淑芬.傅科论权力与主体［J］.人文及社会科学集刊，2004，16（1）：117-150.

［158］谢立中.现代性、后现代性社会理论［M］.北京：北京大学出版社，2004.

［159］赫伯特·阿特休尔.权力的媒介［M］.黄煜，裴伯康，译.北京：华夏出版社，1989.

［160］杨宇振.资本空间化：资本积累、城镇化与空间生产［M］.南京：东南大学出版社，2016.

［161］保继刚，李郇."借口"：中国城市资本高度集聚的政治经济学分析框架［J］.人文地理，2012，27（4）：1-8.

［162］冯雷.理解空间：现代空间观念的批判与重构［M］，北京：中央编译出版社，2008.

［163］叶超，谢瑜莺.权力的空间意象——《癌症楼》的新文化地理解读［J］.地理科学，2015，35（12）：1585-1590.

［164］郑震.空间：一个社会学的概念［J］.社会学研究，2010，25（5）：167-191.

［165］胡大平.测绘现代性权力的基础——福柯空间分析视角及其对激进社会理论的贡献［J］.学海，2012，（5）：163-170.

［166］王雪晔，王玉玮.草根明星的空间展演分析——基于列斐伏尔和福柯"空间思想"的思考［J］.新闻界，2016，（16）：10-15.

［167］Foucault M. Security, territory, population: lectures at the College de France, 1977-78［M］. Translated by Graham Burchell.New York: Palgrave Macmillan, 2007.

［168］许桂灵.广州水文化景观及其意义［J］.热带地理，2009，29（2）：182-187.

［169］阮元.广东通志［M］.卷一百二十五，何彦. 总督吴公筑省外城序.上海：上海商务印书馆，1934.

［170］屈大均.广东新语［M］.卷十七：宫语.卷十八：舟语.北京：中华书局，1997.

［171］周霞.广州城市形态演进［M］.北京：中国建筑工业出版社，2005.

［172］张超杰.平民视野中的广州花船与社会变迁［J］.大众文艺，2016，（20）：266-267.

［173］邓大情.广州与上海：近代小说中的商业都会［D］.上海：上海师范大学，2010.

［174］（清）赵翼.檐曝杂记（卷四）［M］.上海：中华书局，1982.

［175］（清）徐珂.清稗类钞（第11册）［M］.上海：中华书局，1984.

［176］冷东，张超杰.清代中期的广州花船［J］.史林，2013，（1）：1-7.

［177］彭勇.中国旅游史［M］.郑州：郑州大学出版社，2006.

［178］孟顺方.近二十年明代旅游研究综述［J］.西北工业大学学报（社会科学版），2010，30（2）：87-89.

［179］陈梦雷.古今图书集成：职方典第六百七十六卷［M］.上海：中华书局，1934.

［180］丁国祥.明季秦淮脂粉文化与复社文人精神走向［J］.学术交流，2015，（12）：209-213.

［181］宋立中.论明清江南游船业的经营空间、服务方式及其变

迁［J］.西南大学学报（社会科学版），2007，33（4）：50-57.

［182］武舟.中国妓女文化史［M］.上海：中国出版集团东方出版中心，2006.

［183］欧安年.旧广州娼妓问题之历史回顾［J］.岭南文史，1995，（1）：44-48.

［184］沈云龙.近代中国史料丛刊续编：91辑［M］.台北：台湾文海出版社，1982.

［185］王书奴.中国娼妓史［M］.北京：团结出版社，2004.

［186］邵雍.中国近代妓女史［M］.上海：上海人民出版社，2005.

［187］慈航氏.广州指南：卷四［M］.上海：上海新华印书局印行，1919.

［188］伊凡.广州城内——法国公使随员1840年代广州见闻录［M］.张小贵，杨向艳，译.广州：广东人民出版社，2008.

［189］郑泽隆.1909年：珠江大火夜烧花艇［J］.出版参考：新阅读，2009，（8）：26.

［190］广州市地方志编纂委员会.广州市志（卷六）［M］.广州：广州出版社，1996.

［191］陈经序.疍民的研究［M］.上海：商务印书馆，1946.

［192］广州市地方志编纂委员会.广州市志（卷三）［M］.广州：广州出版社，1995.

［193］李劲波.浅谈新型"珠江游"客船的设计特点和发展趋向［J］.广东造船，2003，（1）：1-3.

［194］郭锋，李绍滋，周昌乐，等.基于词汇吸引与排斥模型的共现词提取［J］.中文信息学报，2004，18（6）：16-22.

［195］Holsti O R. Content analysis for the social sciences and humanities［M］. DonMills: Addison-Wesley Publishing Company, 1969.

［196］爱德华·W.索亚.社会生活的空间性：迈向转型性的理论重构［C］.德里克·格利高里，约翰·厄里，谢礼圣，吕增奎，等译.社会关系与空间结构.北京：北京师范大学出版社，2011：92-93.

［197］Herman R D K.The Alosa State place names and the anti-conquest of Hawaii［J］. Annals of the Association of American Geographers, 1999, 89 (1): 76-102.

［198］高峰．广州市客轮公司战略转型［D］．广州：华南理工大学，2006.

［199］列斐伏尔．空间与政治［M］．李春，译．上海：上海人民出版社，2008：30.

［200］Glaser B G, Strauss A L. The discovery of grounded theory: Strategies for qualitative research［M］. New Brunswick Aldine Transaction, 1967.

［201］Strauss A, Corbin J M. Grounded theory in practice［M］. Thousand Oaks: Sage Publications, 1997.

［202］Charmaz K. Constructing grounded theory: A practical guide through qualitative analysis［M］. Thousand Oaks: Sage Publications, 2006.

［203］Shields R. Lefebvre, Love & Struggle: Spatial Dialectics［M］. New York: Routledge, 1999.

［204］Goonewardena K, Kipfer S, Milgrom R, et al. Space, difference, everyday life: Reading Henri Lefebvre［M］. New York and Londom: Routledge, 2008: 43.

［205］Hollinshead K. Surveillance of the worlds of tourism: Foucault and the eye-of-power［J］. Tourism Management, 1999, 20: 7-23.

［206］Cheong S M, Miller M L.Power and tourism: a Foucauldian observation［J］. Annals of Tourism Research, 2000, 27 (2): 371-390.

［207］周宪．福柯话语理论批判［J］．文艺理论研究，2013（1）：121-129.

［208］曾昭璇．广州历史地理（广州史志丛书）［M］．广州：广东人民出版社，1991.

［209］李华．"羊城八景"的历史变迁和发展现状［J］．学术论坛，2012，（12）：97-100.

［210］包亚明．后现代性与地理学的政治［M］．上海：上海教育出版社，2001.

［211］Foucault M. Of other spaces, heterotopias［J］. Architecture, Mouvement, Continuite, 1984: 46-49.

［212］孙江．空间生产——从马克思到当代［M］．北京：人民出版社，2008.

［213］汪民安，陈永国，马海良．福柯的面孔［M］．北京：文化艺术出版社，2001.

［214］福柯．权力的眼睛——福柯访谈录［M］．严锋，译．上海：上海人民出版社，1997.

［215］汪民安．身体、空间与后现代性［M］．江苏：江苏人民出版社，2015.

［216］黄凤祝．城市与社会［M］．上海：同济大学出版社，2009.

［217］张广利，汪冬冬．福柯微观权力的时空特点及其控制与应用［J］．学术交流，2008，（2）：15-18.

［218］路易斯·麦克尼．福柯［M］．贾湜，译．哈尔滨：黑龙江人民出版社，1999.

［219］Henri Lefebvre. The Survival of Capitalism［M］. London: Allison and Busby, 1976.

［220］张骁鸣．旅游地空间话语的社会建构——以世界遗产地西递村为例［J］．思想战线，2011，37（3）：99-105.

［221］许苗苗．北京都市新空间与景观生产［M］．北京：中国社会科学出版社，2016.

［222］Foucault M. This is not a pipe［M］. trans. James Harkness. University of California Press, 1983.

［223］Lefebvre H. Everyday life in the modern world［M］. Translated by Sacha Rabinovitch, with a new introduction by Philip Wander, Transaction Publishers, 1984.

［224］Harvey D. Between space and time: reflections on the geographical imagination［J］. Annals of the Association of American Geographers, 1990, 80 (3): 418-434.

［225］米歇尔·福柯．性经验史［M］．佘碧平，译．上海：上海人民出版社，2002.

［226］周宪．文化现代性与美学问题［M］．北京：中国人民大学出版社，2005.

［227］曼纽尔·卡斯特尔．网络社会的崛起［M］．夏铸九，王志弘，等译．北京：社会科学文献出版社，2001.

［228］仇巨川．羊城古钞［M］．广州：广东人民出版社，1993.

［229］陈代光.试论广州城市的形成［J］.暨南学报（哲学杜会科学版），1990，（3）：65-72.

［230］吴庆洲.古广州城与水［J］.中外建筑，1997，（4）：13-14.

［231］潘建非.广州城市水系空间研究［D］.北京：北京林业大学，2013.

［232］何健飞.旧广州的水故事［N］.博闻周刊B10羊城沧桑，2012-11-3.

［233］邓颖贤.羊城八景与广州市城市形态演变关系研究［D］.广州：华南理工大学，2011.

［234］曾昭璇.古代羊城八景的历史地貌研究［C］.参加广东省地理学会历史地理专业委员会论文，年代不详：7-8.

［235］黄佛颐.广州城坊志［M］.广州：广东人民出版社，1994.

［236］广州城市规划发展回顾编纂委员会.广州城市规划发展回顾（1949—2005）：上卷［M］.广州：广东科技出版社，2006.

［237］彭长歆."铺廊"与骑楼：从张之洞广州长堤计划看岭南骑楼的官方原型［J］.华南理工大学学报（社会科学版），2008，8（6）：66-69.

［238］宫清华，袁少雄，陈波.珠江在广州城区河段的演变及其对城市生态环境的影响［J］.热带地理，2013，33（4）：394-399.

［239］沈括.梦溪笔谈校证（卷十七）［M］.胡道静，校注.上海：上海古籍出版社，1987.

［240］刘亦文."羊城八景"古与今［J］.环境，2000，（5）：12-13.

［241］刘亦文."羊城八景"古与今（二）［J］.环境，2000，（6）：13.

［242］刘亦文."羊城八景"古与今（三）［J］.环境，2000，（7）：16-17.

［243］刘亦文."羊城八景"古与今（四）［J］.环境，2000，（8）：27-28.

［244］广州艺术博物院.古今羊城八景萃集 谢志峰昆仲捐赠书画选集［M］.广州：广州出版社，2006.

［245］新世纪羊城八景［EB/OL］.www.guangzhou.gov.cn/zhuanti/2002/yc8j/index02.html

［246］刘亦文."羊城八景"古与今（五）［J］.环境，2000，（9）：

28-29.

［247］刘亦文."羊城八景"古与今（六）［J］.环境，2000，（10）：29-30.

［248］张嘉盈.宋代至今羊城八景演变的特点及其规律［J］.广州大学学报（社会科学版），2003，2（11）：42-44，97.

［249］李华."羊城八景"的历史变迁和发展现状［J］.学术论坛，2012，（12）：97-100.

［250］屈大均.广东新语（水语·白鹅潭）［M］.上海：中华书局，1985.

［251］荔枝湾园林学会.关于规划建设广州城西江岸和荔枝湾古河道旅游资源的建议［J］.环境，2000，（1）：23-25.

［252］肖苑.小议新加坡河规划和珠江两岸建设［J］.南方建筑，2003，（3）：58-60.

［253］佚名.关于加快"珠江彩虹"灯饰工程施工进度问题的会议纪要［J］.广州政报，1994，（1）：33.

［254］佚名.市政府研究广州市实施"光亮工程"的问题［J］.广州政报，2001，（16）：20.

［255］方雪妃，林桦.让"珠江游"重新兴旺起来［J］.中国水运，2005，（2）：38-39.

［256］陈竹，叶珉.什么是真正的公共空间？——西方城市公共空间理论与空间公共性的判定［J］.国际城市规划，2009，24（3）：44-53.

［257］金凤君.论人类活动的空间趋利行为［J］.地理研究，2014，33（1）：191-198.

［258］许桂灵，司徒尚纪.广州作为古都的历史地理因素［J］.岭南文史，2004，（6）：1-5.

［259］周尚意.发掘地方文献中的城市景观精神意向——以什刹海历史文化保护区为例［J］.北京社会科学，2016，（1）：4-12.

［260］杨颖宇.近代广州长堤的兴筑与广州城市发展的关系［J］.广东史志，2002，（4）：12-17.

［261］Whisman S A, Hollenhorst S J.A path model of whitewater boating satisfaction on the Cheat River of West Virginia［J］. Environmental Management, 1998, 22 (1): 109-117.

［262］Dickson S, Hall T E.An examination of whitewater boaters' expectations: Are pre-trip and post-trip measures consistent?［J］. Leisure Sciences, 2006, 28 (1): 1-16.

［263］Beckman E, Whaley J E, Kim Y K.Motivations and experiences of whitewater rafting tourists on the Ocoee River, USA［J］. International Journal of Tourism Research, 2017, 19 (2): 257-267.

［264］Hosany S, Witham M. Dimensions of cruisers' experiences, satisfaction, and intention to recommend［J］. Social Science Electronic Publishing, 2010, 49 (3): 351-364.

［265］Huang J, Hsu C H C. The impact of customer-to-customer interaction on cruise experience and vacation satisfaction［J］. Journal of Travel Research, 2009, 41 (1): 79-92.

［266］Boorstin D. The image: a guide to pseudo-events in America［M］. New York: Harper& Row, 1964.

［267］Pearce P L. The ulysses factor: evaluating visitors in tourist settings［M］. New York: Springer Verlag, 1988.

［268］Julie E O, Ritchie J R B.The Service Experience in Tourism［J］. Tourism Management, 1996, 17 (3): 165-174.

［269］Milman A. The impact of tourism and travel experience on senior travelers' psychological well-being［J］. Journal of travel Research, 1998, 37 (6): 166-170.

［270］Pine B J, Gilmore J H. The experience economy［M］. Boston: Harvard University Press, 1999.

［271］Schmitt B H. Experiential marketing: How to get customers to sense, feel, think, act, relate to your company and brands［M］. New York: The Free Press, 1999.

［272］Brakus J J, Schmitt B H, Zarantonello L.Brand experience: What is it? How is it measured? Does it affect loyalty?［J］. Journal of Marketing, 2009, 73 (5): 52-68.

［273］谢彦君. 旅游体验研究——一种现象学视角的探讨［D］.大连: 东北财经大学，2005.

［274］Kline R B. Software programs for structural equation modeling:

AMOS, EQS, and LISREL［J］. Journal of Psychoeducational Assessent, 1998, (16): 302–333.

［275］张文彤，董伟. SPSS 统计分析高级教程［M］. 北京：高等教育出版社，2015.

［276］Lederer A, Sethi V. Critical dimensions of strategic information systems planing［J］. Decision Sciences, 1991, 2 (4): 104–119.

［277］吴明隆. 结构方程模型——AMOS 的操作与应用［M］. 重庆：重庆大学出版社，2017.

［278］王济川，王小倩，姜宝法. 结构方程模型：方法与应用［M］. 北京：高等教育出版社，2011.

［279］汪民安. 大都市与现代生活［J］. 西北师大学报（社会科学版），2006，43（3）：7–12.

［280］成伯清. 格奥尔格·齐美尔：现代性的诊断［M］. 杭州：杭州大学出版社，1999.

［281］本雅明. 巴黎，19 世纪的首都［M］. 刘北成，译. 上海：上海人民出版社，2006.

［282］汪民安. 现代性［M］. 南京：南京大学出版社，2012.

［283］王宁. 旅游、现代性与"好恶交织"——旅游社会学的理论探索［J］. 社会学研究，1999，（6）：93–102.

［284］夏赞才，刘婷. 旅游何以与文明有关：从鲍曼的旅游者隐喻说开去［J］. 旅游学刊，2016，31（8）：1–3.

［285］郗戈. 资本、权力与现代性：马克思与福柯的思想对话［J］. 哲学动态，2010，（12）：13–20.

［286］Johnson P. Unravelling Foucault's different spaces［J］. History of the Human Sciences, 2006, 19 (4): 75–90.

［287］福柯. 词与物——人文科学考古学［M］. 莫伟民，译. 上海：上海三联书店，2002.

［288］张一兵. 福柯的异托邦：斜视中的他性空间［J］. 西南大学学报（社会科学版），2015，41（3）：5–9.

［289］张一兵. 暴力性构序：主体对客体的存在论命名——福柯否定性的历史存在论［J］. 学术月刊，2013，45（8）：52–59.

［290］齐美尔. 时尚的哲学［M］. 费勇，吴燕，译. 北京：文化艺术

出版社，2001.

［291］波德莱尔.巴黎的忧郁［M］.亚丁，译.北京：生活·读书·新知三联书店，2015.

［292］杨向荣.现代性视域下的商品化都市景观及其批判——从齐美尔到法兰克福学派［J］.广东开放大学学报，2016，25（6）：55-61.

［293］徐康宁，陈丰龙，刘修岩.中国经济增长的真实性：基于全球夜间灯光数据的检验［J］.经济研究，2015，（9）：17-29，57.

［294］弗里斯比.现代性的碎片——齐美尔、克拉考尔和本雅明作品中的现代性理论［M］.卢辉临，等译.北京：商务印书馆，2013.

［295］王炳钧，王炎，汪民安，等.空间、现代性与文化记忆［J］.外国文学，2006，（4）：76-87.

［296］吉登斯，皮尔森.现代性——吉登斯访谈录［M］.尹宏毅，译.北京：新华出版社，2001.

［297］晏辉.现代性与现代道德困境：科学的立场与哲学的视野［J］.学习与探索，2015，（8）：29-35.

［298］练玉春.开启可能性：米歇尔·德塞都的日常生活实践理论［J］.浙江大学学报，2003，（6）：145-147.

［299］齐康.消费与城市［J］.建筑与文化，2016，（7）：27-31.

［300］王宁.消费欲的"符号刺激"与消费力的"结构抑制"——中国城市普通居民消费张力的根源与后果［J］.广东社会科学，2012，（3）：196-208.

［301］德波.景观社会［M］.王昭风，译.南京：南京大学出版社，2006.

［302］钱俊希.后结构主义语境下的社会理论：米歇尔·福柯与亨利·列斐伏尔［J］.人文地理，2013，（2）：45-52.

［303］中央编译局.马克思恩格斯全集：第19卷［M］.北京：人民出版社，1963.

［304］王宁.城市的舒适物配置与空间正义［J］.旅游学刊，2017，32（4）：2-4.

［305］E.弗洛姆，纪辉，高地.资本主义下的异化问题［J］.哲学译丛，1981，（4）：69-71.

［306］张朝枝.面向旅游学一级学科的核心课程设置探讨［J］.旅游学

刊，2015，30（9）：2-5.

［307］张锦.福柯社会空间"异托邦"思想研究［J］.文化与诗学，2013，（1）：103-130.

［308］谢彦君.旅游的本质及其认识方法——从学科自觉的角度看［J］.旅游学刊，2010，25（1）：26-31.

［309］曹诗图，韩国威.以海德格尔的基础存在论与诗意栖居观解读旅游本质［J］.理论月刊，2012，（6）：156-175.

［310］杨振之.论旅游的本质［J］.旅游学刊，2014，29（3）：13-21.

［311］爱德华·索亚.后大都市：城市和区域的批判性研究［M］.李钧，译.上海：上海教育出版社，2006.

［312］谢纳.空间生产与文化表征：空间转向视阈中的文学研究［M］.李钧，译.北京：中国人民大学出版社，2010.

［313］Wegner P E. Spatial criticism: Critical geography, space, place and textuality. In introducing criticism at the 21st Century［M］. Edit by Julian Wolfreys, Edinburgh: Edinburgh University Press, 2002.

［314］王戈璇.列斐伏尔与福柯在空间维度的思想对话［J］.英美文学研究论丛，2010（2）：352-363.

附　录

附录 1　游船空间形象测量量表

第一部分：游船空间形象的认知

认同度是您在乘坐游船以后对于该问题描述内容的认同程度（1= 很不认同　2= 比较不认同　3= 一般认同　4= 比较认同　5= 十分认同）。

	题项	认同度				
1	露天敞开式的游船观光平台（甲板）观赏效果很好	1	2	3	4	5
2	露天敞开式的游船观光平台（甲板）很适合摄影	1	2	3	4	5
3	大型宽敞的游船很适合游玩	1	2	3	4	5
4	游船内外各种装饰很得体	1	2	3	4	5
5	游船各项配套完备、功能齐全	1	2	3	4	5
6	游船能满足政务或商务接待的需求	1	2	3	4	5
7	游船适合举行私人聚会	1	2	3	4	5
8	游船整体风格独特（如体现出了岭南风格 / 传统风格 / 现代风格 / 中式风格 / 仿古风格 / 西式风格 / 欧式风格）	1	2	3	4	5
9	在游船中，能够感受到浓郁的地域文化	1	2	3	4	5
10	乘坐不同的游船，是不同品味和身份的象征	1	2	3	4	5
11	游船提供了多元服务（如自助餐、包厢等）	1	2	3	4	5
12	游船工作人员的服务态度好	1	2	3	4	5

续表

	题项	认同度				
13	游船工作人员的服务专业	1	2	3	4	5
14	游船中的娱乐表演活动很精彩	1	2	3	4	5
15	通风透气的游船令我感觉到很舒适	1	2	3	4	5
16	乘坐游船，感觉很浪漫	1	2	3	4	5
17	只有在游船中，才能更好体验到两岸迷人的夜景	1	2	3	4	5
18	我感觉到游船很先进豪华高端	1	2	3	4	5
19	我感觉到游船如水晶般亮丽	1	2	3	4	5
20	我感觉到游船很动感时尚	1	2	3	4	5
21	整体而言，在游船中我能够体验到各种乐趣	1	2	3	4	5

22. 请用 3 个词或词语描述您对游船空间的直观印象 _____

_____

23. 结合您刚刚所提到的词或词语，请您谈谈在游船空间的感受？

第二部分：基本信息（匿名，仅用于研究，绝对保密，请您放心填写）

1. 您的性别：□男　□女

2. 您的年龄：

□ 18 岁以下　□ 18–30 岁　□ 31–45 岁　□ 46–60 岁　□ 60 岁以上

3. 您的受教育程度：

□初中或以下　□高中/中专/技校　□大专/本科　□硕士或以上

4. 您的职业：

□政府机关/事业单位职工　□企业职工　□学生

□文教科技人员　□自由职业　□工人　□农民

□军人　□离退休　□其他

5. 您的税前月收入（元）：

□≤ 2000　□ 2001–4000　□ 4001–6000　□ 6001–8000　□ >8000

6. 您是：

□广州本地人　□非广州人，但现在广州居住　□外地游客

7. 您此次旅游方式：

□独自一人　□与家人一起　□与同事/朋友/同学一起

□其他，请注明：＿＿＿＿

8. 您第几次乘船夜游珠江：

□第 1 次　□第 2 次　□ 3 次及以上

问卷至此结束，再次感谢您的帮助。祝您生活愉快！

附录 2　珠江夜游中对珠江两岸体验的调查问卷（预调查）

编号：_____

第一部分：珠江夜游中对珠江两岸的体验

一、下列有关珠江两岸建筑的描述，请在对应的序号上打√	很不认同	不认同	一般	认同	很认同
01 两岸的建筑很宏伟壮观	1	2	3	4	5
02 两岸的建筑风貌很有特色	1	2	3	4	5
03 两岸的建筑形态多样化	1	2	3	4	5
04 两岸有许多标志性建筑	1	2	3	4	5
05 两岸有许多历史建筑	1	2	3	4	5
06 两岸有许多现代建筑	1	2	3	4	5
07 两岸建筑高低起伏、错落有致	1	2	3	4	5
二、下列有关珠江桥梁建筑的描述，请在对应的序号上打√	很不认同	不认同	一般	认同	很认同
08 珠江上的大桥各有特色	1	2	3	4	5
09 珠江上的大桥装饰很好看	1	2	3	4	5
10 珠江上的大桥很宏伟壮观	1	2	3	4	5
三、下列有关珠江码头建筑的描述，请在对应的序号上打√	很不认同	不认同	一般	认同	很认同
11 珠江上的码头各有特色	1	2	3	4	5
12 珠江上的码头装饰很好看	1	2	3	4	5
四、下列有关珠江两岸灯光的描述，请在对应的序号上打√	很不认同	不认同	一般	认同	很认同
13 珠江两岸灯火通明	1	2	3	4	5
14 珠江两岸灯光的光亮程度很舒适	1	2	3	4	5
15 珠江两岸灯光五彩斑斓	1	2	3	4	5
16 珠江两岸灯光很有艺术感	1	2	3	4	5

五、下列有关珠江游船的描述，请在对应的序号上打√	很不认同	不认同	一般	认同	很认同
17 珠江上的游船大型宽敞适合游玩	1	2	3	4	5
18 珠江上的游船外观独特	1	2	3	4	5
19 珠江上的游船装饰得很漂亮	1	2	3	4	5
20 珠江上的游船很动感时尚	1	2	3	4	5
21 珠江上的游船如水晶般亮丽	1	2	3	4	5
22 珠江上的游船是一道流动的风景	1	2	3	4	5
六、下列有关城市发展的描述，请在对应的序号上打√	很不认同	不认同	一般	认同	很认同
23 我感受到广州城市的变化	1	2	3	4	5
24 我感受到广州城市建设的高速发展	1	2	3	4	5
七、下列有关城市形象的描述，请在对应的序号上打√	很不认同	不认同	一般	认同	很认同
25 我觉得珠江两岸是认识广州的窗口	1	2	3	4	5
26 我觉得珠江两岸浓缩着广州现代化建设的风光	1	2	3	4	5
27 我觉得珠江两岸反映出广州是一个现代化城市	1	2	3	4	5
28 我觉得珠江两岸能够代表广州城市形象	1	2	3	4	5
八、下列有关城市氛围的描述，请在对应的序号上打√	很不认同	不认同	一般	认同	很认同
29 游览珠江两岸使我感受到广州的历史感	1	2	3	4	5
30 游览珠江两岸使我感受到广州的现代感	1	2	3	4	5
31 游览珠江两岸使我感受到广州的文化底蕴	1	2	3	4	5
32 游览珠江两岸使我感受到广州的时尚气息	1	2	3	4	5
33 游览珠江两岸使我感受到广州的城市氛围	1	2	3	4	5

续表

九、下列有关自我效能的描述，请在对应的序号上打√	很不认同	不认同	一般	认同	很认同
34 游览珠江两岸可以满足我旅游观光的需求	1	2	3	4	5
35 游览珠江两岸可以满足我休闲放松的需求	1	2	3	4	5
36 游览珠江两岸可以满足我约会聚会的需求	1	2	3	4	5
37 游览珠江两岸可以满足我社会交往的需求	1	2	3	4	5
38 游览珠江两岸可以令我增长知识	1	2	3	4	5
十、下列有关自我情感的描述，请在对应的序号上打√	很不认同	不认同	一般	认同	很认同
39 游览珠江两岸使我感觉到舒服	1	2	3	4	5
40 游览珠江两岸使我感觉到浪漫	1	2	3	4	5
41 游览珠江两岸使我感觉到愉悦	1	2	3	4	5
十一、下列有关自我意向的描述，请在对应的序号上打√	很不认同	不认同	一般	认同	很认同
42 有机会，我还会再次游览珠江两岸	1	2	3	4	5
43 我会对游览珠江两岸给予正面评价	1	2	3	4	5
44 我会向别人推荐游览珠江两岸	1	2	3	4	5
十二、下列有关自我憧憬的描述，请在对应的序号上打√	很不认同	不认同	一般	认同	很认同
45 我向往珠江两岸的繁华美丽	1	2	3	4	5
46 珠江两岸的繁华美丽会激励我奋斗前进	1	2	3	4	5
47 珠江两岸的繁华美丽使我对未来生活更加憧憬	1	2	3	4	5

第二部分：基本信息

1. 您的性别：□男　□女
2. 您的年龄：
□ 18 岁以下　□ 18–30 岁　□ 31–45 岁　□ 46–60 岁　□ 60 岁以上

3. 您的受教育程度：
□初中或以下　□高中 / 中专 / 技校　□大专 / 本科　□硕士或以上

4. 您的职业：
□政府机关 / 事业单位职工　□企业职工　□学生
□文教科技人员　□自由职业　□工人　□农民
□军人　□离退休　□其他，请注明：

5. 您的税前月收入（元）：
□≤ 2000　□ 2001–5000　□ 5001–10000　□ >10000

6. 您是：
□广州本地人　□非广州人，但现在广州居住　□外地游客

7. 您此次旅游方式：
□独自一人　□与家人一起　□与同事 / 朋友 / 同学一起
□其他，请注明：____

8. 您第几次乘船夜游珠江：
□第 1 次　□第 2 次　□ 3 次及以上

问卷至此结束，再次感谢您的帮助。祝您生活愉快！

附录3　珠江夜游中对珠江两岸体验的调查问卷（正式）

编号：_____

第一部分：珠江夜游中对珠江两岸的体验

一、下列有关珠江两岸建筑的描述，请在对应的序号上打√	很不认同	不认同	一般	认同	很认同
01 两岸的建筑很宏伟壮观	1	2	3	4	5
02 两岸的建筑风貌很有特色	1	2	3	4	5
03 两岸的建筑形态多样化	1	2	3	4	5
04 两岸有许多现代建筑	1	2	3	4	5
05 两岸建筑高低起伏、错落有致	1	2	3	4	5
二、下列有关珠江桥梁与码头建筑的描述，请在对应的序号上打√	很不认同	不认同	一般	认同	很认同
06 珠江上的大桥很宏伟壮观	1	2	3	4	5
07 珠江上的码头各有特色	1	2	3	4	5
08 珠江上的码头装饰很好看	1	2	3	4	5
三、下列有关珠江两岸灯光的描述，请在对应的序号上打√	很不认同	不认同	一般	认同	很认同
09 珠江两岸灯火通明	1	2	3	4	5
10 珠江两岸灯光的光亮程度很舒适	1	2	3	4	5
11 珠江两岸灯光五彩斑斓	1	2	3	4	5
12 珠江两岸灯光很有艺术感	1	2	3	4	5
四、下列有关珠江游船的描述，请在对应的序号上打√	很不认同	不认同	一般	认同	很认同
13 珠江上的游船外观独特	1	2	3	4	5
14 珠江上的游船装饰得很漂亮	1	2	3	4	5

续表

15 珠江上的游船很动感时尚	1	2	3	4	5
16 珠江上的游船是一道流动的风景	1	2	3	4	5
五、下列有关城市发展和形象的描述，请在对应的序号上打√	很不认同	不认同	一般	认同	很认同
17 游览珠江两岸能够感受到广州的变化	1	2	3	4	5
18 游览珠江两岸能够感受到广州城市建设的高速发展	1	2	3	4	5
19 我觉得珠江两岸是认识广州的窗口	1	2	3	4	5
20 我觉得珠江两岸反映出广州是一个现代化城市	1	2	3	4	5
六、下列有关城市氛围的描述，请在对应的序号上打√	很不认同	不认同	一般	认同	很认同
21 游览珠江两岸使我感受到广州的历史感	1	2	3	4	5
22 游览珠江两岸使我感受到广州的现代感	1	2	3	4	5
23 游览珠江两岸使我感受到广州的时尚气息	1	2	3	4	5
24 游览珠江两岸使我感受到广州的城市氛围	1	2	3	4	5
七、下列有关自我效能的描述，请在对应的序号上打√	很不认同	不认同	一般	认同	很认同
25 游览珠江两岸可以满足我旅游观光的需求	1	2	3	4	5
26 游览珠江两岸可以满足我休闲放松的需求	1	2	3	4	5
27 游览珠江两岸可以满足我约会聚会的需求	1	2	3	4	5
28 游览珠江两岸可以满足我社会交往的需求	1	2	3	4	5

续表

八、下列有关自我情感的描述,请在对应的序号上打√	很不认同	不认同	一般	认同	很认同
29 游览珠江两岸使我感觉到舒服	1	2	3	4	5
30 游览珠江两岸使我感觉到浪漫	1	2	3	4	5
31 游览珠江两岸使我感觉到愉悦	1	2	3	4	5
九、下列有关自我意向的描述,请在对应的序号上打√	很不认同	不认同	一般	认同	很认同
32 有机会,我还会再次游览珠江两岸	1	2	3	4	5
33 我会对游览珠江两岸给予正面评价	1	2	3	4	5
34 我会向别人推荐游览珠江两岸	1	2	3	4	5
十、下列有关自我憧憬的描述,请在对应的序号上打√	很不认同	不认同	一般	认同	很认同
35 珠江两岸的繁华美丽会激励我奋斗前进	1	2	3	4	5
36 珠江两岸的繁华美丽使我对未来生活更加憧憬	1	2	3	4	5

第二部分:基本信息

1. 您的性别:□男　□女

2. 您的年龄:

□ 18 岁以下　□ 18-30 岁　□ 31-45 岁　□ 46-60 岁　□ 60 岁以上

3. 您的受教育程度:□初中或以下　□高中 / 中专 / 技校

□大专 / 本科　□硕士或以上

4. 您的职业:□政府机关 / 事业单位职工　□企业职工　□学生

□文教科技人员　□自由职业　□工人　□农民　□军人

□离退休　□其他,请注明:____

5. 您的税前月收入(元):

□≤ 2000　□ 2001-5000　□ 5001-10000　□ >10000

6. 您是:

□广州本地人　□非广州人,但现在广州居住　□外地游客

7. 您此次旅游方式：

□独自一人　□与家人一起　□与同事/朋友/同学一起

□其他，请注明：____

8. 您第几次乘船夜游珠江：

□第1次　□第2次　□3次及以上

问卷至此结束，再次感谢您的帮助。祝您生活愉快！

附录 4　访谈提纲

一、针对公司的主要访谈提纲

1. 请您简单介绍蓝海豚游船公司，如目前组织架构、员工人数、经营历史、发展战略等。

2. 蓝海豚游船公司哪一年成立，当时，省珠江航运公司基于什么样的考虑作出经营珠江夜游并成立专门游船公司的决策？当时公司采用什么经营管理体制，是否实施经营承包责任制？从成立至今，公司经营管理体制及发展战略历经哪些重大变革？ 2001 年，由"蓝海豚号"游船负责接待李鹏委员长畅游珠江，这个事件对公司产生何种影响？当时"蓝海豚号"所有权隶属如何？基于什么原因引入"蓝海豚号"游船？

3. 请问蓝海豚游船公司主营业务有哪些？主利润来源业务是什么？公司成本开支主要有哪些？

4. 能否大致介绍目前有哪些公司在经营珠江夜游？各个公司经营现状如何？

5. 珠江夜游主要依托的是珠江两岸景观，游船公司为珠江夜游的发展开展了哪些事件 / 活动，发挥了什么作用？政府部门主导的两岸景观工程主要是城市形象工程还是服务于珠江夜游？

6. 珠江夜游游线节点的演变如何？如哪一年从白鹅潭到大沙头码头，哪一年从白鹅潭到广州塔码头，哪一年从白鹅潭到琶洲会展中心。游线的伸与缩，基于什么原因？

7. 在珠江夜游的经营历史中，哪些年的经营业绩较好，哪些年较不理想？是什么原因引起？公司有哪些策略？

8. 有哪些重大事件（如亚运会、财富论坛等）对珠江夜游带来影响？影响是否突出？利弊有哪些？

9. 珠江夜游发展过程中，最主要的契机 / 机遇有哪些？

10. 早期珠江夜游的票价是多少？

11. 珠江夜游游客中，外地人、本地人比例大致如何？

12. 目前蓝海豚公司有几艘游船？各艘游船历史如何？这些游船似乎都

是企事业单位冠名，什么样背景／原因促使游船冠名／广告？

13. 对于冠名／广告的企事业单位有什么要求？能否了解冠名／广告具体合作方案？

14. 哪一年哪一艘游船率先冠名／广告？截至目前，冠名／广告的企事业单位有哪些？

15. 游船冠名／广告由哪个单位审批？是否是海监局和工商局？

16. 蓝海豚公司是否拥有码头？有哪些码头？

17. 对比其他游船公司，蓝海豚游船公司的优劣势如何？与其他游船公司是否有合作，在哪些方面有合作？

18. 珠江夜游游船票价定价的指导单位是哪个？下限、上限各多少？指导单位定价是否有约束力？是否合理？

19. 什么时候游船上有活动？有哪些活动？

20. 珠江游从日游向夜游的转变发生在哪个时期？

21. 哪些码头是旅游专用码头？

22. 市客轮公司的水上巴士业务是否对珠江夜游业务有影响？

23. 能否提供游船上的导游解说词？

二、针对居民的主要访谈提纲

1. 请简单说下您现在所处的这个地段对于广州的意义。

2. 请谈谈现在您在珠江上观看到什么。

3. 平常是否有留意到珠江上的游船？

4. 夜晚的珠江上有游船好还是没有好，还是无所谓，请谈谈您的看法。

5. 您留意到游船哪些方面？

6. 是否见到游船船身外的企事业单位名称及广告？

7. 对于游船接受企事业单位的冠名，打着广告行驶于珠江这一作法是否认同？

8. 请谈谈认同或不认同的看法。

三、针对游客的主要访谈提纲

1. 您知道羊城八景吗？能否说一说有哪些？

2. 您有听说过"珠水流光"吗？

3. 请您描述在游览"珠江夜游"两岸景观时立刻联想到的一个词 / 词语?

4. 能否结合您刚刚所提到的这个词 / 词语,谈谈您在观看两岸景观时的感受?

后　记

城市滨水区是城市与江、河、湖、海水体接壤的水陆生态交融带，城市的发源、繁盛与滨水区联系紧密，城市空间形态始终倾向于保持临水与亲水空间布局的特色。在人类长期生产生活中，滨水区遗留了大量历史文化遗产，这些遗产成为重要的旅游资源。进入后工业时代，滨水区的更新成为各国城市更新的重要议题，许多城市将滨水区建设纳入重点市政工程建设，甚至单独出台城市滨水区系列专项发展规划，致力于滨水两岸环境治理和城市亲水平台建设，打造休闲旅游空间。城市滨水区以其独特的自然景观和人文景观成为各国城市旅游的重要名片，城市水上旅游应运而生。城市水上旅游主要指城市水上夜游，是旅游研究中的前沿研究对象。

城市水上夜游空间处于城市最核心最繁华的地段，既是现代性的重要表征，是城市形象展示的门户空间，又是政府着力打造的城市理想生活样板区，具有政治叙事和政治身份的意义。同时，城市水上夜游空间也是一个被当作旅游体验来消费的地方，游客在这里体验到城市的现代气息与繁华景象，反过来又激发游客对未来进行设想与建构，游客在这里寻找到向往和憧憬的工作生活之处，在这里可以看到社会的一个缩影。因此，本书认为城市水上夜游空间是一个蕴含各种社会关系的时空建构，从空间生产理论视角，探讨多元权力主体博弈下的城市水上夜游空间生产机制。

至此，书稿终告段落。深夜广州，掩卷思量，饮水思源，在此向为本书的写作及出版提供帮助的师长、同行等致以最真挚的谢意。首先，感谢我的博士生导师华南理工大学戴光全教授。戴老师不仅以自己读博及做研究的经历，勉励我做研究要心无旁骛、谨言慎思，要能够在研究与写作中感到"好玩""有趣"，沉浸其中；而且对本书的选题及案例地选择，给予最初灵感与指引，在写作过程中，亦予以点拨与无私帮助。

感谢中山大学地理科学与规划学院曹小曙教授，在曹教授的帮助下，我得以到广州之星游轮有限公司调研。感谢广东蓝海豚旅运有限公司董事长罗健先生、广州蓝海豚游船有限公司副总经理张朝银先生、产品研发部经理谢秋桂先生、营业部经理范杰辉先生等领导及各艘游船的主管及工作人员对实地调研的支持与帮助。感谢广州之星游轮有限公司市场部部长蔡晓君女士、人力资源部主管许锦润先生对实地调研的支持与帮助。感谢广州市国土资源和规划委员会一处黄晓芬女士及珠江新城政务服务窗口工作人员对资料收集的帮助。

　　感谢妻子邓肖平，她不仅帮助我开展问卷调查及录入问卷，对我的焦虑与烦躁亦予以极大的理解与包容。感谢我的女儿余依潼、儿子余依扬，有她（他）俩的陪伴，让我在研究过程中感到特别温馨。最后，特别感谢生我养我育我的父亲余进文、母亲吴如仙，他（她）们善良勤劳朴实坚韧的品质深深感染教育了我，更默默地为我付出了一切，使我有精力投入课题研究。2019 年，81 岁的父亲与世长辞，每当想起，无比痛心，愿父亲在天堂一切安好！